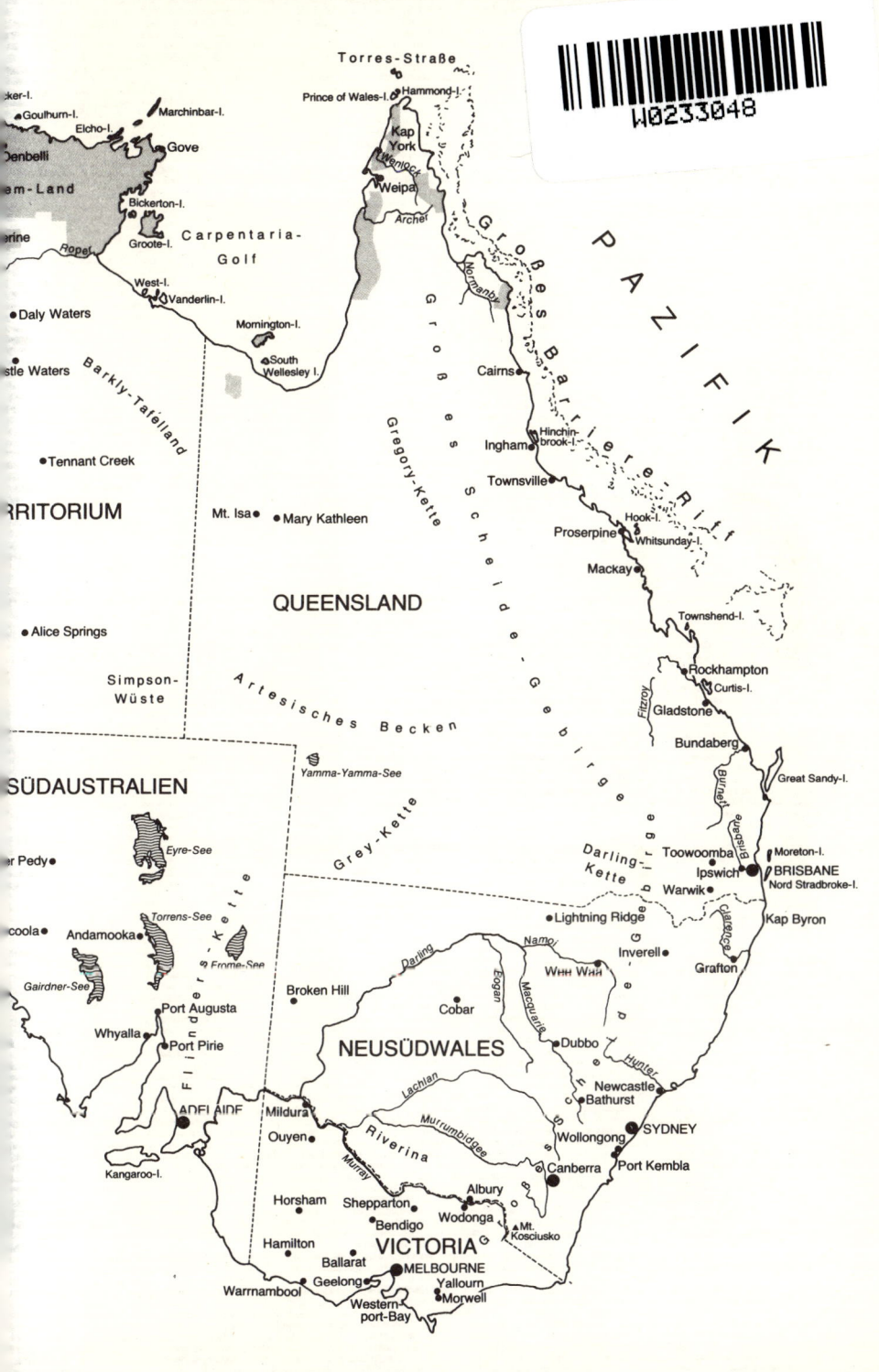

Joachim Fuchsberger

Guten Morgen, Australien

Meine Begegnung mit
dem Fünften Kontinent

Hoffmann und Campe

Die Kapitel »Sie nannten es ›Warrane‹«, »Tasmanien« und »Südaustralien« schrieb Eckhart Schmidt.

CIP-Titelaufnahme der Deutschen Bibliothek

Fuchsberger, Joachim:
Guten Morgen, Australien : meine Begegnung
mit d. 5. Kontinent / Joachim Fuchsberger. –
Hamburg : Hoffmann u. Campe, 1988
ISBN 3-455-08271-8

Copyright © 1988 by Hoffmann und Campe Verlag, Hamburg
Umschlaggestaltung: Manfred Waller unter Verwendung
eines Fotos von Ingo F. Meier und Mark Burgin
Vorsatz: Mit freundlicher Genehmigung des Pinguin-Verlages, Innsbruck
Karten S. 349/352: Alfred Skowronski
Karten S. 350/351: Merian Dokumentation, Bernhard Ziegler
Gesetzt aus der Excelsior
Satzherstellung: Fotosatz Otto Gutfreund, Darmstadt
Druck- und Bindearbeiten: Ebner Ulm
Printed in Germany

Inhalt

Weit weg – von wo?

Liebe auf den ersten Blick

Australien als zweite Heimat

Eine faire Chance

Tasmanien – Inselstaat
südlich des Inselkontinents

Südaustralien – Im »Heiligen Land«
des Fünften Kontinents

Advance Australia – Vorwärts, Australien!

Karten

Up jumped the swagman and sprang into the
    billabong;
»You'll never catch me alive!« said he;
And his ghost may be heard as you pass by
    that billabong,
You'll come a-waltzing Matilda with me!

(Letzte Strophe aus A. B. Pattersons
    »Waltzing Matilda«)

Weit weg – von wo?

Neugier auf alles, was die Welt zu bieten hat

Fernweh als Erbe

Wenn du irgendwo ankommen willst, mußt du den Entschluß fassen, irgendwohin zu wollen.« So ungefähr verstand ich meinen Vater, als der das Gefühl hatte, es sei an der Zeit, ernsthaft mit mir zu reden.

Vorausgegangen waren diesem Gespräch zwei Ereignisse, die mein damals noch sehr junges Leben nachhaltig beeinflussen sollten: ein Jungenstreich, der meine Eltern erschreckt darüber nachdenken ließ, ob ihr Erstgeborener kriminelle Eigenschaften entwickelte, und die darob beschlossenen Strafmaßnahmen meines Vaters, eine halbjährige absolute Sendepause zwischen uns beiden. Nicht nur, daß er kein Wort mehr mit mir sprach, viel schlimmer waren eine Kette und ein beachtliches Vorhängeschloß, mit welchen mein Fahrrad an einem Heizungsrohr im Keller fixiert war. Die Sprachlosigkeit zwischen meinem Erzeuger und mir war nur dadurch etwas erträglicher geworden, daß Wilhelm Fuchsberger, Reisevertreter der Mergenthaler Setzmaschinenfabrik in Berlin, dem deutschen Stammhaus von Linotype in Brooklyn bei New York, oft wochenlang unterwegs war.

Mit meiner Mutter konnte ich immer reden. Sie hatte

13

zwar ziemlich genaue Verhaltensregeln, was ihre Kommunikation mit mir während der verordneten Strafzeit betraf, aber welche Mutter bringt es übers Herz, sich an so was zu halten. Das wußte sicher auch mein Vater. Deshalb blieb mein Flehen, das Fahrrad im Keller loszuketten, ohne Erfolg. Er hatte den Schlüssel entweder versteckt oder immer bei sich, so genau weiß ich das nicht mehr. Aber der Tag der Wiedererlangung meiner ersehnten Bewegungsfreiheit wird mir immer unvergeßlich bleiben.

Vater, von einer seiner langen Reisen zurück, erwartete einen Geschäftsfreund. Solche Besprechungen in unserer Wohnung in der Heidelberger Bergstraße fanden immer mit Zigarren und einer ausgesucht guten Flasche Wein statt. Letztere lagerten in verschiedenen Jahrgängen und Provenienzen im Keller. Richtig ausgewählt, fand mein Vater, hatten sie einen positiven Einfluß auf die Abschlußfreudigkeit seiner Verhandlungspartner. Wie eben auch eine gute Zigarre. Aber es waren keine mehr da, und so kam die große Wende für mich. In einer Mischung zwischen aufgeregt und glücklich teilte Mutter mir mit, daß Vater mich in seinem Arbeitszimmer zu sprechen wünsche. Nach einem halben Jahr Funkstille schlug mir das Herz bis zum Hals, als ich vor seinem Schreibtisch stand. Jetzt mußte er sein Schweigen brechen. Und er tat es gekonnt, in Raten gewissermaßen. Er mußte sich vorbereitet haben, denn schweigend, den Blick unverwandt auf seinen achtjährigen Sohn gerichtet, griff er bedächtig in seine Westentasche und holte, mir verschlug es den Atem, den Schlüssel zu meinem Fahrrad heraus:

»Fahr zum Tabakladen in der Rottmannstraße und hol mir eine Kiste Zigarren, die zu dreißig Pfennig.«

Welcher Art die ersten Worte waren, die mein Vater nach einem halben Jahr an mich richtete, war mir ziemlich egal. Ich griff nur nach dem Schlüssel und wollte den Auftrag so schnell und so akkurat wie möglich ausführen. »Du brauchst Geld«, stoppte mich, schon halb an der Tür, Vaters Stimme. Er hielt es mir hin, ich ging langsam auf ihn zu, streckte die Hand danach aus, und er hielt sie fest.

»Wenn du zurückkommst, stell dein Fahrrad wieder in den Keller und warte auf deinem Zimmer, bis ich dich rufe.«

Trotz des strengen Tones meinte ich irgendwo ganz hinten in seinen blauen Augen ein Lächeln zu entdecken; wenigstens wünschte ich mir das. Jedenfalls werde ich nie das Glücksgefühl vergessen, mit dem ich im Keller mein geliebtes Fahrrad von der Kette befreite und mit hängender Zunge und beachtlicher Schräglage den Weg zum Tabakhändler und zurück strampelte. Mein Vater sprach wieder mit mir, und ich liebte ihn.

In diesen Tagen wäre er hundert Jahre alt geworden. In seinem Geburtsschein steht: Wilhelm Fuchsberger, geboren am 7. April 1888 in Witzighausen, Kreis Söflingen, Königreich Bayern. Irgendwas muß mit der Familie im Jahrhundert davor schiefgegangen sein. Damals waren die Fuchsbergers in der Steiermark zu Hause und hatten ein »von« vor dem Namen. Raubritter sollen sie gewesen sein und es dabei so übertrieben haben, daß man sie wieder entadelt und einige davon des Landes verwiesen hat. Noch früher, um 1450 herum, gab es in Steyr einen Bürgermeister namens Johann Fuchsberger. Zwar existiert kein Beweis dafür, daß ich diesen frühen Kommunalpolitiker zu meinen Vorfahren zählen dürfte, aber es könnte immerhin sein.

Der Familienzweig jedenfalls, den es in das an der Grenze zwischen Bayern und Württemberg gelegene Witzighausen verschlagen hatte, war inzwischen wieder arm und ehrlich. Aber vielleicht hat irgendwas in der Erbmasse des jungen Wilhelm rumort. Jedenfalls war er ein überdurchschnittlich begabter Schüler, übersprang einige Klassen, nicht zuletzt durch seine Leistungen in Erdkunde und Geschichte. Alles, was sich außerhalb der kleinen Welt abspielte, in die er hineingeboren war, interessierte ihn. Lesen soll seine Lieblingsbeschäftigung gewesen sein, und hatte er zu Weihnachten oder zum Geburtstag einen Wunsch frei, so war es zum Erstaunen der Eltern meist ein Buch.

Und so kam es wohl, daß er, als es an der Zeit war, sich für einen Beruf zu entscheiden, seine Eltern damit überraschte: »Ich will Buchdrucker werden.« In Stuttgart fand er eine Lehrstelle, wurde Schriftsetzer und fügte nicht nur Bleibuchstaben zu Zeilen zusammen, sondern las auch, was ihm an Manuskripten vorgelegt wurde. Das erweiterte seinen Horizont derart, daß ihn auch die Großstadt Stuttgart nicht mehr hielt. Er wollte »auf die Walz« gehen, wie man die Wanderjahre der Handwerksgesellen nannte.

1907 landete er in Hamburg, arm wie eine Kirchenmaus, und stellte sich mit seinem schwäbischen Dialekt vergeblich bei vielen Dienstherren vor. Ein »Rundstück«, mit betontem »st«, die Hamburger Version einer bayerischen Semmel oder eines rheinischen Brötchens, damals für zwei Pfennige, gehörte bereits zum Luxus, den er sich nicht täglich leisten konnte. Was er aber im Überfluß hatte, war Zeit, die er oft und gern im Hafen verbrachte. Das Gewimmel der Barkassen zwischen den großen ein- und auslaufenden Schiffen, das Auf und Ab der gewaltigen Kräne an den Kais, die Manöver der Bugsierer und Schlepper, all das ließ ihn noch am ehesten seinen knurrenden Magen vergessen. Und eines Tages sah er ein prächtiges weißes Passagierschiff die Elbe heraufkommen und am Überseekai festmachen. Er mußte hin, um einen Hauch vom Duft der großen, weiten Welt zu schnuppern. Er mußte einen ganzen Tag dastehen und zuschauen, was sich am Landungssteg abspielte, und am Abend dieses Tages wußte er, was er wollte. Er wollte zur See fahren. Ganz egal wie oder als was, er mußte einfach.

Mit diesem unabänderlichen Entschluß kam er hungrig in die Gesellenherberge zurück. Vielleicht hat er auf seinem Strohsack laut nachgedacht, wie er seinen kühnen Plan in die Tat umsetzen konnte, vielleicht hat er auch gezielt bei einem anderen armen Schlucker Rat geholt, auf jeden Fall erhielt er die alles entscheidende Information, daß es auf den großen Passagierschiffen der Hamburg-Südamerika-Linie so etwas gab wie eine Schiffsdruckerei. Das war's. Er stellte sich vor und wurde angenommen. Ab da setzte der gewiefte junge Mann aus Witzighausen, Kreis Söflingen, im Königreich Bayern, auf dem Luxusliner »Cap Trafalgar« zwischen Hamburg und Rio de Janeiro seine Bleibuchstaben aneinander, für Bordspeisekarten, Börsenberichte, Verlobungsanzeigen und andere Druckerzeugnisse, mit denen die Passagiere während der Überfahrt versorgt wurden. Wilhelm Fuchsberger lernte die Welt kennen.

Die Zigarren waren im Rekordtempo abgeliefert, das Fahrrad stand, vorsichtshalber nicht angekettet, wieder im Keller, und ich saß mit gemischten Gefühlen, wie

17

befohlen, in meinem Zimmer. Auf dem Tisch vor mir lag
der Schlüssel für die Kette, und meine Gedanken beschäftigten sich heftig mit der Frage, wie es auf meinen
Vater wirken würde, wenn ich ihm nach erfolgtem Ruf
still und ergeben diesen Schlüssel hinhielte. Als Einver-
ständnis zur Fortführung der gerechten Strafe gewissermaßen. Oder ob es nicht doch besser wäre, so zu tun,
als ob ich ihn vergessen hätte. Es konnte ja immerhin
sein, daß er auch nicht mehr daran dachte oder vielleicht so tat. Ich entschied mich für den Ergebenheits-
beweis, hielt ihn für diplomatisch wirkungsvoller – und
hatte Erfolg.

Wesentlich erfolgreicher aber war die Wiederaufnahme
der Beziehung zwischen Vater und Sohn. Durch die
halbjährige Unterbrechung jeglicher Kommunikation
hatte sie eine andere Qualität bekommen. Beide Seiten,
wenn auch ganz unterschiedlich, demonstrierten Verständnis füreinander. Mein Vater verstand es, mich am
langen Zügel zu führen. Er kümmerte sich um mich in
der Form, daß mir die Stunden, die er für mich übrig
hatte, zum Erlebnis wurden. Nicht nur, daß er mir die
Augen für Recht und Unrecht öffnete, er fand ebenso
den Weg, mir die Welt zu schildern, die er kennengelernt hatte.

Begierig nahm ich seine Geschichten aus fremden Län-
dern in mich auf, seine Erlebnisse in Städten, deren
Namen mir damals neu waren – Buenos Aires, Rio de
Janeiro, Santiago, San Francisco. Er wurde zu meinem
Karl May, zu meinem James Fenimore Cooper, zu mei-
nem Jules Verne. Zugegeben, gehört hatte ich diese
Namen schon, von meinen Schulkameraden. Ihre
Bücher aber hatte ich noch nicht gelesen, den »Schatz
im Silbersee«, den »Lederstrumpf« oder die »20 000

Meilen unter dem Meer«. Erzählt hat mir mein Vater auch von Christopher Kolumbus, und er hat mir den Polarstern gezeigt, dem er folgte. Aber noch nie hatte ich gehört vom Kreuz des Südens, dem Leitstern der Seefahrer James Cook und Arthur Phillip, die genau einhundert Jahre vor der Geburt meines Vaters die »Terra Australis«, die größte Insel der Welt, entdeckten. Er hat sie nie gesehen, konnte mir keine Geschichten über die südliche Halbkugel unserer Erde erzählen. Aber eines hat er mir zweifellos vererbt – sein Fernweh.

Im zarten Alter von acht Jahren reagiert man das normalerweise noch in der heimischen Umgebung ab. Das waren eben die Heidelberger Neckarauen, die alten Gemäuer des Schlosses, in denen für uns der Geist des Saufzwerges Perkeo spukte, das war für uns Buben die abenteuerliche Schmalspur-Bimmelbahn zwischen Handschuhsheim und Weinheim, »der feuerige Elias« genannt. Das Aufspringen auf offener Strecke zu einer Schwarzfahrt gehörte zu den beliebtesten Abenteuern. Völlig ungefährlich, denn der Zug ratterte mit einer Geschwindigkeit durch die liebliche Landschaft an der Weinstraße, daß Spötter meinten, das Blumenpflücken während der Fahrt sei verboten. Die sportliche Herausforderung bestand eher darin, dem fluchenden Kondukteur über die Trittbretter zu entwischen.
Gefährlicher waren da schon die Mutproben im Eisenbahntunnel unter dem Schloßberg. Da lagen ein paar wildgewordene Lausbuben mit den Ohren auf der Schiene, um zu hören, wann ein Zug in den Tunnel einfuhr. Völlig idiotisch, denn die Lokomotivführer kündeten diesen Vorgang vorschriftsmäßig durch ein gellendes Pfeifsignal an. Wie auch immer, gewonnen hat

die Mutprobe jeweils derjenige von uns, der seinen Kopf als letzter vor der heranschnaubenden Lokomotive vom Gleis nahm, um dicht an die Tunnelwand gedrückt und mit klopfendem Herzen den Zug vorbeidonnern zu lassen.

Mut war damals sehr gefragt, gehörte gewissermaßen zur Grundausstattung eines »deutschen Jungen«. Nach der »nationalen Erhebung« hat man uns täglich darauf hingewiesen, daß wir die Garanten des neugeschaffenen Dritten Reiches seien. Dafür mußte man schließlich auch was tun. Und es war eine wirkungsvolle Entschuldigung gegenüber den leidgeprüften Eltern, denen der Staat mit seinen Jugendorganisationen mehr und mehr die erzieherischen Verpflichtungen abnahm. Wir wuchsen hinein in ein wiedererstarkendes Deutschland, und unser jugendlicher Drang nach Abenteuern paßte sich der Zielsetzung unserer politischen Führung an, er wurde grenzenlos. Aber je weiter sich die geographischen Grenzen Großdeutschlands dehnten, desto enger wurde der innere Spielraum, den man den Menschen ließ, die in diesem Lande lebten.

Für mich wurde aus kindlichem Spiel immer mehr blutiger Ernst. Aus beliebten Geländespielen, so eine Art Räuber und Gendarm, wurde schnell vormilitärische Ausbildung mit Karabiner und Handgranaten. Aus Zeltlager mit Sonnwendfeuer und Gulaschkanone wurde eine Flak-Stellung, in der Kinder als Luftwaffenhelfer feindliche Bomber vom Himmel holten. Und aus der Realschule wurde der Reichsarbeitsdienst und die Fallschirmjäger-Springerschule in Wittstock an der Dosse. Und auf dem Weg über die Ostfront, das Lazarett in Stralsund, die zerbombten Städte in der Heimat und das Kriegsgefangenenlager wurde aus dem abenteuerlustigen »Halbstarken« ein gehorsamer Vaterlandsverteidiger, ein gezwungener Nahkampfspezialist, ein nachdenklich gewordener Rückzugsverteidiger und zum Schluß ein um seine Ideale betrogener Kriegsgefangener, den britische Lageroffiziere über ihre Stöckchen springen und Hitlerbriefmarken fressen ließen.

Glück, unglaubliches Glück hat mich das alles überleben lassen. Vieles ist vergessen, vieles verdrängt. Aber eines ist mir aus dieser Zeit geblieben, der unwiderstehliche Drang, mich jedem Zwang zu entziehen, mich freizuboxen aus jeder Ecke, in die ich mich selber manövriert habe oder in die mich andere stellen wollen. Die Nase hinausstrecken über den eigenen Dunstkreis, neugierig auf alles, was die Welt zu bieten hat, auf unserer und auf der anderen Seite.

Botany Bay und Sydney Cove

Berichte vom Fünften Kontinent

Neugierde ist die eine Triebfeder im Menschen, Unzufriedenheit mit dem Erreichten die andere. Zufriedenheit ist Stillstand. Das sind Sprüche, die manche Leute bereits für Philosophie halten. Trotzdem ist etwas Wahres daran. Neugierde und Unzufriedenheit haben viele Fortschritte gebracht – oder zumindest etwas, was wir als das empfinden. Beide Eigenschaften wären aber sicher ebensooft erfolglos geblieben, wenn ihnen der Zufall nicht auf die Sprünge geholfen hätte.

Vielleicht ließ all das zusammen den einunddreißigjährigen James Cook im Jahre 1759 in die königlich britische Marine eintreten. Er bekam neun Jahre später das Kommando über das Kriegsschiff »Endeavour« und den Auftrag, den Venusdurchgang nach Tahiti zu beobachten. Nach einer Umsegelung Neuseelands stieß er auf die noch weitgehend unbekannte Ostküste Australiens, die als ziemlich öde galt.

Wahrscheinlich wollte Cook seine Vorräte an Wasser und Lebensmitteln auffrischen. Vielleicht wollte er sich auch nur mal wieder die Beine vertreten, wer weiß das schon so genau. Jedenfalls schickte er zunächst seine Experten an Land – und die waren höchst überrascht über Fülle und Art der vorgefundenen Vegetation. Blühende Bäume und Büsche unbekannter Art. Trotzdem hielt es James Cook nicht lange an dieser Stelle. Die seltsamen Eingeborenen, auf die man traf, waren auch nicht gerade freundlich. Möglicherweise wollte er seinen Botanikern an Bord, Solander und Banks, eine Freude machen, nannte die Stelle »Botany Bay«, ließ Segel setzen und steuerte die »Endeavour« gen Norden.

Hätte er geahnt, daß er sein schönes Schiff zweitausend Meilen weiter auf eines der tödlichen Korallenriffs im Great Barrier Reef setzen würde, vielleicht wäre er geblieben. Und was wäre gewesen, wenn er nicht allzu weit nach Botany Bay die beiden steilen Felswände auf der Backbordseite seines Schiffes entdeckt hätte? Hat sein Ausguck da gerade gepennt oder zufällig auf die andere Seite gesehen, in den Pazifik hinaus?

Wie auch immer – was hat Captain James Cook auf seinen drei Weltumsegelungen zwischen 1768 und 1779 nicht alles entdeckt, bis er von Eingeborenen auf

Hawaii wegen eines Verstoßes seiner Mannschaft gegen die Tabugesetze unrühmlich erschlagen wurde. Die beiden Felsenköpfe an Backbord also hat er nicht gesehen und damit die Entdeckung des schönsten Naturhafens der Welt verpaßt. Diese Tat blieb einem anderen Weltumsegler vorbehalten, nur wenige Jahre später: Captain Arthur Phillip.

Nach acht Monaten großer Fahrt, in denen rund 23 000 Kilometer zurückgelegt wurden, näherte sich eine Flotte von elf Segelschiffen – zwei Kriegsschiffe, drei Versorgungssegler und sechs Sträflingstransporter – diesen beiden aus dem Pazifik aufragenden Felswänden. König Georg III. hatte »The First Fleet«, wie dieser historische Schiffsverband heute genannt wird, unter dem Kommando von Captain Arthur Phillip auf diese ungewisse Reise geschickt. Auf dem Weg von England nach Südamerika starben sechsunddreißig Männer und vier Frauen, sieben Kinder wurden geboren.

Es ist heute kaum mehr vorstellbar, welche Strapazen die Besatzung und die unfreiwilligen Passagiere während ihrer Reise um die halbe Welt zu erdulden hatten. Männer, Frauen und Kinder, aus ihrer Heimat deportiert, nachdem sie sich oft nicht mehr hatten zuschulden kommen lassen als einen kleinen Diebstahl, begangen aus bitterster Not. Vielleicht waren auch ein paar Mörder dabei, wer weiß. Dieser ausgestoßene und verlorene Haufen war auf dem Weg in eine ungewisse Zukunft. Man hatte ihnen Getreidesaat, Pflanzen, einige Pferde und Kühe, ja sogar Weinstöcke mitgegeben. Wo immer sie in der neuen Kolonie an Land gingen, die Überlebenden sollten die Chance haben, nach harter Siedlungsarbeit irgendwann unabhängig zu werden.

Ebenso schwer vorstellbar, was diese Menschen empfunden haben, als Captain Arthur Phillip angesichts der beiden Felsen, heute »Heads« genannt, seine Flotte stoppen ließ. In einem Ruderboot wollte er erkunden lassen, ob sich hinter den Felsen eine sichere Landungsstelle für seine elf Schiffe bot. Er traf auf eine herrliche von Osten nach Westen verlaufende Bucht, im Norden und Süden von sanften, dicht bewachsenen Hügeln umgeben. Die neue Heimat war gefunden. Wo sich Nord- und Südufer am nächsten kamen, an der Stelle, die heute die gewaltige Harbour Bridge überspannt, genau dort ließ der Captain seine Schiffe vor Anker gehen. Er war so begeistert von dem, was er sah, daß er alsbald eine Depesche an Britain's Home Secretary, Viscount Sydney, schickte, ungefähr folgenden Inhalts:

»Eure Lordschaft, wir glauben einen der schönsten Naturhäfen der Welt gefunden zu haben. Leicht tausend Schiffe könnten hier sicher vor Anker liegen. Die Bucht soll Euren Namen tragen: Sydney Cove.«

Man schrieb den 26. Januar 1788.

Es sollen kaum mehr als tausend Menschen gewesen sein, davon über neunhundert »convicts«, Männer, Frauen und Kinder, die dort zu siedeln begonnen haben, wo sich heute die Silhouette der Dreieinhalb-Millionen-Stadt in den Himmel über dem südlichen Pazifik reckt. Aus der halbrunden Sydney Cove wurde der rechteckige Circular Quay, an dem heute noch die großen Passagierschiffe anlegen. Von hier aus beginnen die Captain-Cook-Hafenrundfahrten. Warum es keine Arthur-Phillip-Rundfahrten gibt, weiß niemand. Und hier treffen sich nicht nur die gemütlichen Fähren, die statt Straßenbahnen die nördlichen und südlichen Stadtteile miteinander verbinden, sondern vor allem die pfeilschnellen Hydrofoils, die mit sechzig Sachen auf Gleitflächen zwischen Sydney und Manly pendeln. Dazwischen Hunderte von Freizeitseglern, auch an Wochentagen, von der kleinsten Nuckelpinne bis zur feudalen Hochseejacht.

Eingeweihte wissen, wann sich Mitglieder der zahllosen Jachtklubs zu Regatten im Hafen verabreden. Interessierten Zuschauern wird der Kurs bekanntgegeben, und mittendrin wird man plötzlich einen ganz normalen Ausflugsdampfer entdecken, dessen Passagiere sich für den Verlauf der Regatta so sehr interessieren, daß das Schiff mal nach Steuerbord und mal nach Backbord erhebliche Schlagseite hat. Kein Wunder, denn an Bord wird auf den Verlauf der Regatta gewettet, was das Zeug hält. Das kann ungeheuer interessant werden, denn der Kurs ist nicht abgesperrt. Mitten hinein fährt ein Riesentanker, den schönsten Kurs durchkreuzen Fähren und Hydrofoils, ihr öffentliches Vorfahrtsrecht demonstrierend; es kommt aber auch vor, daß sich ein startendes oder landendes Wasserflugzeug seinen Weg durch das Gewimmel der Boote sucht. Für einen auf Verbote und Verordnungen getrimmten Bundesrepublikaner kaum vorstellbar! Aber es ist so.

Zum erstenmal wurde uns dieses Bild in einem Brief geschildert. Er kam von Isabel Biggs, Tochter eines britischen Kapitäns zur See, Freundin eines Freundes unseres Sohnes Tommy. Also, Isabel war mit leicht verwundetem Herzen nach Australien ausgewandert, zu Verwandten. Nicht unseres Sohnes wegen, vielleicht legt er Wert auf diese Feststellung. Wegen ihrer feinen britischen Art mögen wir sie besonders gern. Darum tat

25

uns wohl, wie begeistert ihr erster Brief aus Sydney klang.

»Nun bin ich seit einem halben Jahr hier. Bei der Lufthansa habe ich Arbeit gefunden. Ich sitze an einem Tisch in der oberen Etage in der Macquarie Street, mit einer unbeschreiblichen Aussicht auf den Botanischen Garten, das Konservatorium und die Rückseite des weltberühmten Sydney Opera House am Bennelong Point. Jeden Morgen komme ich mit der Fähre von der anderen Hafenseite, von Cremorne, zum Circular Quay. Das Wasser im Hafen ist blitzsauber, und die Menschen sind eigentlich immer fröhlich, auch wenn's mal regnet, was recht selten vorkommt.

Wenn ich in der Nacht durch die Straßen gehe und hinter mir Schritte höre, drehe ich mich nicht mehr ängstlich um. Aber was soll ich Euch das alles lange erzählen, am besten, Ihr kommt einfach mal her und seht selber, wie schön es hier ist.«

Anfang 1982 kam noch ein Brief. Aus Perth, der idyllischen Stadt am Swan River, an der Westküste Australiens. Rainer Erler, Regisseur, Filmproduzent, Schriftsteller und Freund aus alten Tagen, schilderte diese Seite des fernen Landes in den schönsten Farben. Vor allem aber auch die beruflichen Möglichkeiten, die ihm dort geboten wurden. Er drehte gerade einen Film, den er für das Fernseh-Festival in Monte Carlo gemeldet hatte. Auch er meinte am Ende seines Berichtes: »Komm und sieh selber, vielleicht können wir zusammen was machen.«

»Wenn Sie nach Australien kommen, rufen Sie mich an.«

Vom Strandgut zum Millionär

*I*m Briefkasten lag eine Einladung. Luise Gräfin zu Castell-Rüdenhausen – die Schauspielerin Luise Ullrich also – bat in ihr Grünwalder Haus zu einem Abendessen. Dort lernten wir Erich und Edith Glowatzky kennen, ein bemerkenswertes Paar. Sie: Berlinerin mit Mutterwitz und Mundwerk, klein und liebenswert auf den ersten Blick; elegant gewandet, ausgesuchter Schmuck, den Erfolg ihres Mannes signalisierend. Er: Sachse mit unverfälschtem Dialekt, flinken Augen, aus denen der Schalk blitzt; auch er kein Riese, aber ein Mann mit Wirkung. Beide in einem Alter, auf das man Anspruch hat, stolz zu sein.

»Wissen Se«, lachte er mich an, »wir leben schon über fuffzig Jahre in Australien, aber – je oller, je doller – zweimal im Jahr machen wir rüber nach München. Meine Frau braucht neue Fummel, und ich muß unbedingt uff'n Viktualienmarkt. Wissen Se, die scheenen Bratwürstchen, die Thüringer und die Nürnberger, also die hammer nich in Sydney. 'n richtiches Bier hammer ooch in Australien, aber soon Viktualienmarkt, nee, das hammer nich. Und dafür hammer 'ne kleene Wohnung hier in München. Wir sind so gerne hier.«

»Die viele Sonne bei uns«, meldete sich Frau Edith, »die macht uns fertig. Da sind wir lieber hier in Europa. Diesmal waren wir mit einem Schiff auf der Donau, bis Budapest.«

»Schön war's«, meinte Erich Glowatzky.

»Lauter olle Leute«, sagte Edith leise und nickte bestätigend.

»Na, und wir?« konterte Erich.

»Blöder Kerl«, raunzte Edith ihren Erich an, und ich spürte die Liebe einer langen Ehe.

»Also fünfzig Jahre sind Sie schon in Australien?« wollte ich das Gespräch fortsetzen, und Erich nickte.

»Exactly sechsundvierzig«, korrigierte Edith, »und die Betten auf dem Schiff waren viel zu schmal.«

»Aber das Essen war gut«, verteidigte Erich die Donaudampfschiffahrt.

»Wir sind eh zu dick. Ich war froh, als wir endlich wieder runter waren von dem Kahn.«

Er machte die resignierende Handbewegung eines geprüften Ehemannes. Edith gab aber nicht so schnell auf: »Da war's in Baden-Baden viel schöner ...«

Erich holte zum letzten Schlag aus: »Da waren ooch bloß olle Leute ...«

Und nun schwieg Edith. Wir mochten die beiden auf Anhieb.

»Zweimal im Jahr Australien – Europa«, wollte ich wissen, »ist das nicht eine ungeheuer lange Reise?«

»Och, wissen Sie, eigentlich nee. Liegesitze, Kaviar, schöne Weine, gutes Essen, also, mir macht das nichts aus.«

»Aber nich an einem Stück, das dauert viel zu lange«, widersprach Edith aus dem Sessel. »We have a stop in Bangkok, da sind friends von uns, da kann man gut shopping, und das Hotel Oriental ist very nice.«

Ich spürte leises Fernweh.

»Ist das immer Ihre Route, über Bangkok?«

Edith hielt ihrem Erich ihr leeres Glas hin. »Kannst du mir mal einen Whisky holen?« Und zu mir gewandt,

»der läßt mich hier verdursten. Nee, manchmal fliegen wir auch über San Francisco – New York. Aber I don't like New York, die Leute sind da so hektisch, nich so gemütlich wie hier.« Wieder nickte sie bekräftigend.

Unter den Gästen war auch Elly Beinhorn. Seit ich denke kann, verehre ich diese faszinierende Frau. Ihre Bücher habe ich verschlungen, nachdem ich sie 1935 bei einem Flugtag in Mannheim zusammen mit Ernst Udet gesehen hatte. Im Messerflug griff er ein Taschentuch vom Boden auf und stieg damit senkrecht in den Himmel. Am selben Tag nahmen mich meine Eltern zu einer Besichtigung des größten Flugbootes der Welt mit, der Dornier »DO-X«, die auf dem Rhein bei Ludwigshafen wasserte. Nachdem ich mit großen Augen den Kommandanten der »DO-X«, Flugkapitän Merz, in seiner dunkelblauen Uniform mit den vier goldenen Ärmelstreifen bewundert und so lange gequengelt hatte, bis sich mein Vater zu einem Rundflug mit einer Me-108-Taifun entschloß, stand eines für mich fest: Ich wollte Pilot werden. Kommandant auf einem Schiff, mit dem man um die Welt fliegen konnte.

Meine kindliche Bewunderung stieg ins unermeßliche, als die berühmteste Fliegerin ihrer Zeit den damals populärsten Autorennfahrer heiratete. Elly Beinhorn und Bernd Rosemeyer, was für ein Paar! Die Nation nahm Anteil an allem, was die beiden taten. Man war stolz auf die attraktive junge Frau, die als erste Pilotin mit einem kleinen, einmotorigen Flugzeug ganz allein die Erde umrundet hat. Und man war aus dem Häuschen vor Begeisterung, wenn der neue Stern am Rennfahrerhimmel in seinem Auto-Union-Rennwagen von Sieg zu Sieg fuhr. Allerdings brachten sie mich damals erheblich durcheinander. Ich wußte auf einmal nicht mehr, was ich werden wollte. Pilot oder Rennfahrer?

Elly Beinhorn war überrascht, als ich ihr an diesem Abend auch erzählte, daß ich als Elfjähriger an der Autobahnstrecke zwischen Frankfurt und Darmstadt miterlebt habe, wie Bernd Rosemeyer bei seinem Weltrekordversuch tödlich verunglückte. Bei einer Geschwindigkeit von fast 450 Kilometern hob eine Bö den Wagen von der Bahn und schleuderte ihn gegen eine Brückenböschung.

Wir haben noch viele Gedanken ausgetauscht, sprachen über unsere Erlebnisse in der Sportfliegerei und verbrachten einen Abend, der uns zu Freunden machte und der mir die Gelegenheit bot, diese Zeugin unseres Jahrhunderts als Gesprächspartnerin in meine ARD-Talkshow »Heut abend« einzuladen, wie auch unsere Gastgeberin, Luise Ullrich.

»Es ist später, als du denkst«, drängte Edith ihren Erich zum Aufbruch.

»Na, wenn du meinst«, brummte er und gab zu erkennen, daß er anderer Ansicht war. Er versicherte Gundel und mich seiner Freude, uns kennengelernt zu haben, und verabschiedete uns mit einem Satz, der von besonderer Bedeutung für uns werden sollte: »Na, wenn Sie mal nach Australien kommen, rufen Sie uns an.«

*E*rich Glowatzkys erstaunliche Karriere hatte mit einer höchst unangenehmen Überraschung begonnen. Die »Neckar«, ein deutsches Handelsschiff mit einigen Passagierkabinen, lief im Herbst des Jahres 1935 in den Hafen von Sydney ein. An Bord breitete sich, wie meistens nach langen Wochen auf hoher See, Vorfreude auf ein paar interessante Tage an Land aus. Besonders

natürlich unter der Besatzung, zu der auch der Schiffsingenieur Erich Glowatzky gehörte. Als Techniker war
er besonders gespannt auf das neue Wahrzeichen dieser
wachsenden Stadt, die zwei Jahre zuvor fertiggestellte
Harbour Bridge.

Wie immer seine Pläne für die wenigen Tage in Port
Jackson gewesen sein mögen, es kam ganz anders. Die
Besatzung der »Neckar« wurde von der Nachricht aus
der Heimat überrascht, daß ihr Schiff an eine australische Reederei verkauft worden sei.

Erich Glowatzky wollte auch unter dieser Bedingung
gerne auf dem Schiff bleiben, um die Fernostroute zu
fahren. Aber die Gewerkschaftsbestimmungen besag-
ten, daß nur australische Seeleute anheuern konnten.
Man legte ihm nahe, sich naturalisieren zu lassen. Das
wollte er nicht. Aber selbst wenn, sicher wäre das nicht
so schnell gegangen. Sein Schiff war weg, und er saß auf
der Straße. Was blieb ihm übrig als der Versuch, aus
dieser Not eine Tugend zu machen.

Diese Tugend begegnete ihm in einer deutschstämmi-
gen Krankenschwester. Sie hatte sich darauf speziali-
siert, rheumatische Australier in heilenden Schlamm
zu verpacken. Sie half Erich Glowatzky über die erste
schwere Zeit hinweg, in der er vergeblich versuchte,
einen einträglichen Job zu finden. Seine Finanzen ließen noch nicht einmal mehr den Gedanken an eine
Rückkehr in die Heimat zu.

Ähnlich erging es einem Schotten, mit dem er sich an-
gefreundet hatte. Es mußte etwas unternommen werden. Erich bedankte sich bei seiner Krankenschwester
für die »erste Hilfe« und tauschte mit seinem schotti-
schen Freund zusammen das teure Pflaster Sydneys
gegen das harte Buschland in den Outbacks im Norden

des Landes ein. Sie jagten Känguruhs und verkauften Fleisch und Fell an seltene Interessenten. Der Erfolg des »joint venture« muß nicht überwältigend gewesen sein, denn bald besann Erich sich auf seine technischen Fähigkeiten und ging zurück nach Sydney, um sich als Hilfsarbeiter bei einer Installationsfirma zu verdingen. Am Rande der Legalität, denn er war nach wie vor nicht naturalisiert. Die Überlegung, daß es dafür eigentlich an der Zeit sei, wurde durch die weltpolitischen Ereignisse überholt. Der Zweite Weltkrieg brach aus, und mit vielen anderen drohte Erich Glowatzky die Internierung.

Der Zufall wollte es, daß ausgerechnet die Firma, in der er zur besonderen Zufriedenheit des Besitzers arbeitete, einen Rüstungsauftrag erhielt, für dessen Ausführung man den ehemaligen Schiffsingenieur dringend brauchte. Von seinen Motoren her war er mit Dichtungen aller Art bestens vertraut. Warum sollte er das Problem von Präzisionsdichtungen für Gasmasken nicht lösen? Er löste es bravourös und wurde dem Inhaber des Unternehmens unentbehrlich. Erich Glowatzky wäre nicht der helle Sachse gewesen, der er war, wenn er aus diesem Vorteil nicht zwei Fliegen mit einer Klappe geschlagen hätte. Seine Internierung war, auch vor den Behörden, kein Thema mehr, und seine Präzisionsdichtungen brachten ihm eine zwanzigprozentige Beteiligung an der Firma ein. Nun war er, ohne naturalisiert zu sein, legalisiert.

Zwei Monate vor Kriegsausbruch, im Juli 1939, erreichte Edith, eine junge Berlinerin auf der Flucht vor Hitler, über Kanada ihr Emigrationsziel Australien. Endlich konnte sie sich wieder frei unter Menschen bewegen, ohne Angst vor der Gestapo und Einlieferung in ein Konzentrationslager. Dennoch, sie war in einem fremden Land, dessen Sprache man auch bei ganz guter Kenntnis des Englischen nicht auf Anhieb versteht. Da muß ihr Erich Glowatzkys rein sächsische Konversation bei ihrer ersten Begegnung immerhin so gut gefallen haben, daß sie sein Angebot, sie nach Hause zu begleiten, mit ihrem typisch berlinerischen Charme akzeptierte: »Wenn Se unbedingt wollen!«

Sie hatte auch nichts dagegen, daß sich seine Einladungen zum Tanz häuften. Was der zart erblühenden sächsisch-berlinerischen Liebe ein bißchen hinderlich war, war Erichs klare Vorstellung von dem, was er einen gemütlichen Abend nannte. Ein paar Bierchen und dazwischen ein paar Schnäpschen. Das mußte sein. Und das war eine Art Test.

Edith mußte es gespürt haben, also ließ sie sich wenigstens zu einem Pfefferminzlikör überreden. Wie sie an dem herumnippte, das war kaum die Art, mit der man einem Erich Glowatzky imponieren konnte.

»Nu, denn wird das ja wohl nüscht auf Dauer«, zweifelte er und wollte erst mal einen zweiten Test abwarten. Den hat sie ganz offensichtlich bestanden.

Nach der Hochzeit hatte Edith eine Idee: »Warum machst du aus deinen zwanzig Prozent Beteiligung nicht ein eigenes Geschäft mit hundert Prozent?«

Auch den Namen hatte sie bereits – und so gründete Erich Glowatzky sein Unternehmen mit dem stolzen Namen »Eglo Engineering«.

*E*iner der ganz großen Tage in der Geschichte Sydneys war zweifellos der Tag der Einweihung der Harbour Bridge im Jahre 1932. Dieses technische Wunderwerk galt als die längste einbogige Brücke der Welt. »Symphony in steel« nannten sie die einen voll Bewunderung, die anderen »The Hanger« – Kleiderbügel. Nicht alle Bürger der Stadt hatten diesen Giganten über den Port Jackson haben wollen. Für »extravagant« und »völlig unnötig« hielten manche das kühne Vorhaben. Und für zu teuer außerdem. Zwanzig Millionen Dollar waren veranschlagt. Und was sollte aus den Fähren werden, die bis dato die Menschen zwischen der City im Süden und den Vororten im Norden zuverlässig beförderten?

Die Befürworter hatten damals schon ähnliche Argumente, wie sie uns heute vertraut sind. Diese Brücke wird die Eiserne Lunge der Stadt, die ihr in schlechten Zeiten neues Leben einhauchen wird. Tausende von Arbeitslosen werden eine langfristige Beschäftigung finden, und die Menschen auf beiden Seiten des Port Jackson werden näher zusammenrücken.

Heute ist die Sydney Harbour Bridge alles zusammen: eines der Wahrzeichen der Stadt, die unverzichtbare Verbindung zwischen den Stadtteilen der Dreieinhalb-Millionen-Stadt und mit sechzig Millionen mautpflichtigen Fahrzeugen im Jahr auch eine nicht zu verachtende Einnahmequelle.

Aber bei ihrer Einweihung, 1932, gab es noch nicht die vielspurige südliche Zufahrt, den Cahill Express Way. Erst einige Jahre später wurde ein australisches Unternehmen mit der Planung und Ausführung einer solchen Zufahrt beauftragt – und scheiterte. Inzwischen hatte sich ein junges Konstruktionsbüro einen Namen gemacht. Es beteiligte sich an der Ausschreibung für die Stahlkonstruktion des Trassenunterbaus. Nach den vorherigen Erfahrungen war es offenbar auch kein Hindernis, daß sein Besitzer Deutscher war.

Nicht wenige hielten Erich Glowatzky für überge- schnappt, gelinde gesagt. Er aber wußte, diese Chance würde sich ihm und seiner Eglo Engineering nur einmal im Leben bieten. Er wagte alles – und gewann.

Das Unternehmen wuchs in Jahrzehnten zu stolzer Größe, mit bis zu zweieinhalbtausend Mitarbeitern während seiner Blütezeit. Erich Glowatzky konnte zu- frieden auf sein Lebenswerk zurückblicken, als er be- schloß, es in jüngere Hände zu legen. Daß sie so tüchtig sind, wie seine es ein halbes Jahrhundert lang waren, sei ihm gewünscht.

Jetzt genießt er mit seiner Edith die Früchte seines Flei- ßes. Bewundernswert, wie die beiden in ihrem achten Lebensjahrzehnt den Globus bereisen. Respekt vor die- ser Generation, verdammt noch mal, und uns ge- wünscht!

Respekt vor den Glowatzkys und einer Elly Beinhorn, die gerade zu ihrem achtzigsten Geburtstag geehrt wurde und nach wie vor die Kontinente bereist. Wenn auch nicht mehr selbst am Steuerknüppel, aber immer noch als Kopilotin.

»Australien – das ist so weit weg.«

Dreißig Stunden bis »down-under«

Wir trafen Elly Beinhorn wenig später wieder. Sie war eben aus Südafrika zurückgekommen und erzählte von ihren Flügen. Und wir erzählten ihr so nebenbei, daß wir die Absicht hätten, irgendwann, in nicht allzu ferner Zeit, nach Australien zu fliegen.

Alle Welt weiß, daß Elly Beinhorn ihr Leben lang eine schnell entschlossene Frau war. Sein mußte, sonst hätte sie sicher manches Abenteuer nicht überlebt. Aber wie schnell entschlossen sie auch heute noch ist, haben wir ein paar Tage später erfahren.

*E*in Anruf am frühen Morgen. Sehr früh. Zuerst ein Pieps, ein Rauschen, dann eine Stimme mit Satellitenecho.

»Erich Glowatzky – aus Sydney – können Sie sich erinnern?« Reinstes Sächsisch aus dem Weltraum.

Und ob ich mich erinnern konnte. Trotzdem war meine Überraschungspause wohl etwas lang.

»Wir haben gehört, Sie kommen. – Wann denn?«

Donnerwetter, woher wußte er auf der anderen Seite des Globus, was Gundel und ich insgeheim planten?

»Die Beinhorn hat eine Fliegerfreundin hier angerufen, daß sie sich um euch kümmern soll. Sie hat den Namen aber nicht behalten. Sie wußte nur, daß es ein Fernsehtyp sein soll, den wir auch kennen. Nancy Bird heißt sie. Die ist bei uns hier genauso bekannt wie die Beinhorn bei euch drüben. Also, wann kommt ihr? Wir holen euch am Airport ab.«

Ich mußte lachen. Das war derselbe Mann, der damals meinte: »Wenn Sie mal nach Australien kommen, rufen Sie mich an.« Jetzt stellte er mich quasi vor vollendete Tatsachen, ließ Gundel und mir keine Wahl, als uns hinzusetzen und ernsthaft zu überlegen, wann fliegen wir los.

Nicht nur, weil ich da mit jemand auf der anderen Seite der Erde sprach, also über einen geostationär am Him-

36

mel fixierten Satelliten in 36 000 Kilometer Höhe, nein, eher im Bewußtsein, daß es jetzt wohl ernst würde mit unserem Abenteuer Australien, war meine Stimme etwas höher und aufgeregter als normal: »Also gut, Mister Glowatzky, wir rufen an, wenn wir unsere genaue Ankunftszeit wissen. Wir freuen uns! Und grüßen Sie Ihre Frau!«
Jetzt gab's kein Zurück mehr.

*E*s ist schon komisch. Man erregt heutzutage kein besonderes Aufsehen, wenn man der Umgebung mitteilt, daß man nach Afrika fliegt oder nach Amerika. Südamerika erzeugt da schon eher ein leicht neidisches Staunen. In einem Reisebüro begegnet man einem Kunden, der nach Australien will, mit vollem Respekt.
»Da gibt es mehrere Möglichkeiten«, erklärte man uns beflissen. »Über Frankfurt – London – Hongkong – Melbourne – Sydney. Oder über Dubai – Kuala Lumpur – Melbourne.
»Wie lange dauert der Flug?« wollte Gundel wissen.
»Sie können durchfliegen, mit drei Zwischenlandungen, das sind dann dreißig Stunden.«
Donnerwetter!
»Bis Garmisch geht's, aber dann zieht sich's«, meinte Gundel trocken.
»Sie können natürlich auch einen Stopp einlegen, in Hongkong oder in Kuala Lumpur, je nachdem, für welche Linie Sie sich entscheiden.«
Hongkong – bei Gundel und mir klingelte es. Wie schön waren unsere Erinnerungen an diese faszinierende Stadt. »Das Mädchen von Hongkong« hieß der Film, den ich 1972 mit Jürgen Roland dort gedreht hatte. Fast zwei Monate zogen wir von Motiv zu Motiv, prügelte ich

mich mit Gangstern, die mir nach dem Leben trachteten, im Hafen, in den Straßen von Kaulun und zwischen den Booten der »floating people« in Aberdeen herum. Zerschunden und todmüde kam ich abends ins Hotel Mandarin zurück, aber bei weitem nicht müde genug, um nicht doch noch nach einer schnellen Dusche runterzugehen, in die Captain's Bar, in der es fast rund um die Uhr von Gästen nur so wimmelte.

Dicht an dicht standen sie da, Menschen aus aller Herren Länder, mit einem Glas in der Hand, in dem Eiswürfel klingelten. Es dauerte auf jeden Fall länger, an der Bar einen Drink zu bekommen, als mit einem »Hello – where are you from, what brings you to Hong Kong?« in dieses kosmopolitische Geschnatter einbezogen zu werden. Hatte man gar noch den General Manager des Mandarin, einen besonders tüchtigen Deutschen mit dem heroischen Namen Andreas Hofer, zum Freund, lernte man an einem Abend mehr interessante Leute kennen als normalerweise in einem halben Jahr.

»Wir fliegen über Hongkong«, entschied Gundel, und wir freuten uns auf das Wiedersehen mit dieser aufregenden Stadt, die in immer gewagteren Konstruktionen in die Höhe und aufs Wasser hinauswächst. Wir würden Andreas Hofer im Mandarin besuchen, in dem wir als Gäste von Wolf C. Hartig, dem Produzenten des Films, die rauschende Silvesternacht 1971/72 verbracht hatten. Und wir würden wieder auf dem Peak stehen, von dem die Insel wie ein ruhender Drache aussieht – geschützt von der glitzernden Weite des Südchinesischen Meeres...

»Bitte, bleiben Sie auf Ihren Plätzen!«

Der Fünfte Kontinent schützt sich mit Sprühdosen

Die vorletzte Etappe auf dem Weg nach Sydney lag vor uns: Hongkong – Melbourne. Neun Stunden Nachtflug. Ein Drink über dem Südchinesischen Meer, fernöstlich-liebenswürdiger Service über den Philippinen, anderthalb Stunden Film über Indonesien. Langsam schlägt sich das alles in 12 000 Meter Höhe auf die Augendeckel. Im Anflug auf die Nordküste Australiens wird eine leichte Decke gereicht, denn die restlichen Stunden zieht die Boeing 747 mit 900 Stundenkilometern ihre Bahn durch den Sternenhimmel über dem Fünften Kontinent. Wer wach bleibt, kann vielleicht, tief unten, die Lichter von Darwin, der Hauptstadt des Northern Territory, entdecken. Wen zwei Stunden später der Schlaf noch immer nicht übermannt hat, der kann möglicherweise einen Schimmer von Alice Springs ahnen und auf der Karte feststellen, daß er sich jetzt genau über dem geographischen Mittelpunkt Australiens befindet. Wäre es Tag, würde aus dem Südwesten der größte Monolith der Erde heraufleuchten, Ayers Rock.

Ich schlafe nicht gern im Flugzeug. Wahrscheinlich eine Folge meiner fünfzehnjährigen Privatpilotenzeit. Außerdem sind mir Flugzeugsessel zu unbequem, trotz aller Behauptungen aller Fluggesellschaften, ihre Sitze kämen gleich nach Abrahams Schoß. Und außerdem war ich viel zu aufgeregt, zu beeindruckt von der ungeheuren Größe dieses Inselkontinents. Da fliegt man stundenlang in einer Richtung und ist immer noch über demselben Land. Ein Land so groß wie ganz Europa, wie die Vereinigten Staaten von Amerika. Ohne Alaska allerdings. Kaum zu fassen, daß auf einer so riesigen Fläche nur fünfzehn Millionen Menschen wohnen. Umgeben, wenn auch in respektabler Entfernung, von Ländern, deren Bevölkerungen aus allen Nähten platzen: China, Indien, Japan. Daran denke ich unwillkürlich, auch wenn damals noch nicht die Ankunft des fünfmilliardsten Erdenbürgers gefeiert wurde.

Ein Blick auf die Karte sagt mir, daß wir uns schnell und sicher Adelaide nähern, der Hauptstadt Südaustraliens. Weitere Gedanken werden unterbrochen durch die Stimme einer Stewardeß, die sanft einen guten Morgen wünscht, verbunden mit der Ankündigung eines Frühstücks.

Aus den Sitzen ringsherum tauchen zerknitterte Gesichter auf, die suchenden Augen auf das erleuchtete Zeichen gerichtet, das über dem Durchgang der Kabine Auskunft über die Benutzung der zu diesem Zeitpunkt stets zu wenigen Toiletten gibt. Schnellentschlossene sind glücklich, vergessen aber über der Morgentoilette ihre Mitmenschen. Der Rest ist Beherrschung.

Dann haben auch wir es geschafft. Erfrischt, wohlduftend und rasiert, so wollen Gundel und ich das Land unserer gespannten Erwartungen zum erstenmal betreten.

Die Tür zum Cockpit im oberen Deck der Boeing 747 ist halb geöffnet, die Crew mit den Vorbereitungen zum Anflug auf Melbourne beschäftigt. Ich spiele die »procedures« im Geiste mit. Der Lotse im Tower wird jetzt wohl gerade den Sinkflug auf dem Gleitpfad freigeben: »Flight number..., you are cleared to descend from flightlevel soundso to flightlevel soundso – maintain present heading – you are cleared to runway soundso. Wind: 15 knots...« Und so weiter.

Nach neun Stunden setzte der Captain seinen Riesenvogel wie eine Feder auf die Betonpiste, schaltete die Hebel auf »reverse power«, um die etwa 240 Tonnen Gesamtgewicht sicher abzubremsen, und rollte gemächlich hinter dem »Follow me« an den vorbestimmten »Finger« des internationalen Flughafens von Melbourne. Zentimeter für Zentimeter näherte sich die Nase unseres Jumbos der in Augenhöhe des Captain angebrachten Ampel. Als sie von Rot auf Grün sprang, war die Reise über viele tausend Meilen mit einem fast unspürbaren Ruck beendet.

Die Ohren vermißten auf einmal das sichere, vertrauensvolle Singen der Turbinen. Dafür wurden sie mit einer Durchsage überrascht. Alle Durchsagen fangen an mit »Ladies and gentlemen« – diese auch. Den Damen und Herren Passagieren wurde mitgeteilt, daß sie so lange auf ihren Plätzen zu bleiben hätten, bis, einer Anordnung der australischen Gesundheitsbehörden zufolge, einer ihrer Beamten die Kabinen mit einem Desinfektionsmittel abgesprüht habe. Dieses Mittel sei von der Weltgesundheitsbehörde geprüft und für Menschen als ungefährlich eingestuft worden.

Der Beamte ließ einige Minuten auf sich warten, betrat dann aber mit einem zwischen Strenge und Bitte um Verständnis variierenden, einstudierten Blick unsere Abteilung, hielt zwei Sprühdosen über seinen Kopf und marschierte desinfizierend durch den Mittelgang. Einmal hin und einmal zurück. Irgendwie hatte ich das Gefühl, daß dem armen Kerl diese Prozedur zum Halse heraushing. Die Passagiere nahmen interessiert Anteil an seinem Desinfektionsmarsch, entweder belustigt, belästigt oder einfach nur blöde grinsend. Zu letzteren gehörte ich.

Ehrlich. Ich kam mir etwas seltsam bei der Sache vor. Zuletzt wurde ich abgesprüht, als ich Ende 1945 aus Kriegsgefangenschaft entlassen wurde. Auch damals war es ein englisch sprechender Mann in Uniform. Aber damals hatte ich Läuse, zugegeben. Jetzt nachweislich nicht. Der gesundheitsbehördliche Desinfektionsbeamte beendete seinen Sprühdienst direkt über meinem Haupt. Sicher nicht, weil er mich für besonders anstekkungsgefährlich hielt, sondern weil wir halt in der ersten Reihe vor der Wendeltreppe nach unten saßen. Dabei trafen sich unsere Blicke. Meine Gedanken konnte er bestimmt nicht erraten, aber ich hielt es für angebracht, ihn mit einem freundlichen »Good morning« zu bedenken. Er erwiderte meinen Gruß augenzwinkernd mit einem ebenso freundlichen und sehr deutlichen: »Sir«, und verschwand in die untere Region. Damit hatte ich außer dem gesprühten auch seinen mündlichen Segen. Ich fühlte mich geadelt. Wir durften australischen Boden betreten.

*I*m Flugzeug bereits hatte jeder auf einem gelben Zettel mit seiner Unterschrift bestätigen müssen, daß er die harten Strafbedingungen zur Kenntnis nehme, die jedem drohen, der sich des Vergehens der unerlaubten Einfuhr folgender Waren schuldig macht: Samen jeglicher Art, Pflanzen jeglicher Art, Lebensmittel jeglicher Art. Eine Bestimmung, die jedesmal unter den Passagieren einige Verwirrung stiftet. Was macht die Familie aus dem Schwarzwald, die für ihre Verwandten im Barossa Valley statt einer Flasche Kirschwasser ein Kilo

42

noch halbwegs frische Kirschen als Geschenk dabei-hat? Sorgsam über 16 000 Flugkilometer vor Druck bewahrt. Betreten schaut der schmucke Italiener auf seinen in violettem Glanzpapier luftdicht verpackten »Panettone«, süß gebackene Erinnerung für seine australische Freundin, die ihm in jener lauen Nacht am Lido von Venedig einfach nicht widerstehen konnte. Ratlos hält ein älteres holländisches Ehepaar eine Tüte mit Tulpenzwiebeln in Händen. Die sind für den Garten der Kinder bestimmt, die sich in den letzten zehn Jahren, flußabwärts am Brisbane River, ein hübsches Haus gebaut haben. Und dann der waschechte Bayer. Er hat für die ersten Tage im fernen Land so eine Art Marsch-verpflegung dabei, weil: »Nix G'nau's woaß ma net bei de Känguruhs!« – ein paar Landjäger, eine geräucherte, noch verpackte Salami.

Es hilft alles nichts. Große Kübel stehen zur Aufnahme all der Köstlichkeiten bereit – und schlucken sie erbarmungslos. Nur selten gelingt es, die Einwanderungsbe-amten zum Wegschauen zu verleiten. Man muß schon das Risiko auf sich nehmen, ihren strengen Blicken und Fragen höchst unschuldig zu begegnen, auf die Gefahr hin, gefilzt zu werden. Vor Übermut sei gewarnt, jeder hat unterschrieben. Als Transitpassagiere sind wir in Melbourne noch nicht davon betroffen. Aber das Beobachten der Seelenqualen bei der erzwungenen Trennung von Hab und Gut, gedacht als Freude für Freunde und Verwandte oder als Überlebensration zum eigenen Verbrauch bestimmt, ist eine gute Schulung und Anlaß zur Gewissensprüfung für unsere Endstation Sydney.

Überhaupt, dieser letzte einstündige Stopp, nach immerhin schon sechsundzwanzig Stunden Flug, geht einem auf den Keks, den man auch nicht einführen darf.

Eine Ankunfts- und Transithalle auf einem Flugplatz am frühen Morgen gehört wirklich mit zum Trostlosesten, was es gibt. Überall auf der Welt. Im Zeitlupentempo sich bewegende, Stielschaufeln mit Klappdeckeln vor sich herschiebende Putzmänner und Reinigungsfrauen sind auch nicht gerade eine erfrischende Abwechslung. Die sonst stimulierenden »Duty-free-Shops« mit überall ähnlichem Angebot von Feuerzeugen, Kameras, Sonnenbrillen, Stereogeräten – von Mini- bis zu Vierfachlautsprecher-Ghetto-Blasters – und Swarowski-Glastierchen sind noch geschlossen. Was soll's. Meist kommt man nach fieberhaften Umrechnungsanstrengungen zu spät darauf, daß man das gleiche zu Hause für das gleiche Geld auch bekommen hätte.

»Ladies and gentlemen, may I have your attention please. Flight 123 to Sydney is now ready for boarding. Passengers, please proceed through gate number 2. Transit passengers first. Please produce your transit card. Thank you.«

*E*ndlich! Die letzten sechzig Minuten. Melbourne verschwindet im Morgendunst. Die Boeing steigt den australischen Alpen entgegen. Jawohl, die gibt es. Da unten liegt der 7310 Fuß hohe Mount Kosciusko. Ob man da Skilaufen kann? Und ob!

Fast in der Mitte zwischen Melbourne und Sydney – Canberra, die Hauptstadt Australiens. Geplant zu diesem Zweck. Konstruiert und gebaut für diese Funktion.

Als sich 1901 die sechs australischen Staaten, New

South Wales, Queensland, South Australia, Victoria, West Australia und Northern Territory zu einem Bund zusammenschlossen, hatte man plötzlich keine Hauptstadt. Das Parlament trat zwar in Melbourne zusammen, gab aber den Auftrag, einen geeigneten Platz für den künftigen Sitz der australischen Regierung zu suchen. Man fand ihn fast in der Mitte der beiden Konkurrenten, Melbourne und Sydney. Verhandlungen zwischen dem Bundesland New South Wales und der australischen Regierung führten im Oktober 1909 zu dem Ergebnis, daß ein bestimmtes Gebiet innerhalb New South Wales abgetrennt und zum ACT, Australian Capital Territory, ernannt wurde. 1911 wurde mit dem Bau der neuen Hauptstadt begonnen, nach den Plänen eines bekannten und erfahrenen Architekten aus Chicago, Walter Burley Griffin.

Der Erste Weltkrieg unterbrach die Bauarbeiten. Erst 1921 wurden sie fortgesetzt. Am 9. Mai 1927 war es dann soweit. Das nationale Parlament zog in einer feierlichen Zeremonie in die neue Hauptstadt ein. Eine kleine Hauptstadt, die noch 1950 kaum mehr als 30 000 Einwohner hatte. (Inzwischen waren es rund zweieinhalb Millionen.)

Ladies and gentlemen, we are now approaching the city of Sydney and Kingsford Smith Airport, where we shall be landing within a few minutes.« Anschnallen, Rückenlehnen aufrecht, Tische hochklappen, nicht mehr rauchen. Danke schön.

Der Anflug auf Sydney. Ich bitte um Verständnis, wenn's ein wenig enthusiastisch wird. Wo sind wir nicht schon überall angeflogen! Hongkong, erst vor drei Tagen, beängstigend die letzte Minute, mitten zwi-

schen den Häusern durch; San Francisco, beeindrukkend, Golden Gate Bridge; Rio de Janeiro, faszinierend,
Corcovado mit dem segnenden Christus, Zuckerhut
und Copacabana; Buenos Aires, aufregend das Gewimmel da unten. Aber Sydney! Einfach unglaublich! Unzählige Buchten, weite Strände, sanfte grüne Hügel,
steil in den Pazifik abfallende Felsen, Port Jackson mit
Tankern, Frachtern und Containerschiffen zwischen
einer Armada von Seglern, nach allen Himmelsrichtungen kreuzend. Die wie weiße, geblähte Segel aussehenden Dächer des Opernhauses, der stolze Bogen der Harbour Bridge daneben. Dahinter die Silhouette der City
mit dem aus ihrer Mitte gertenschlank aufragenden
Centre Point. Was für eine Stadt!
Viel hätte ich gegeben für ein paar Runden über dieser
in der Morgensonne glitzernden Pracht.
Fahrgestell raus, ein leichter Ruck. Klappen raus, ein
sanftes Ziehen. Tief über ein paar Vororte. Weniger be-
rückend. Häuschen an Häuschen, Pool an Pool, zum Lachen fast. Eine Schleife aufs Wasser hinaus, ein herrli-
cher Strand, wenige Menschen, eine Menge Surfer in
langanlaufender Brandung. Zwei, drei leichte Korrek-
turen, links Wasser, rechts Wasser, die Landebahn-
befeuerung. Weiße Streifen rasen durch. Aufsetzen,
bremsen, ausrollen, abbiegen, Endposition, Turbinen
abstellen.
Wir sind da. An einem sonnigen Wintermorgen, Außen-
temperatur etwa 12 Grad Celsius, im Juli 1982.

»Herzlich willkommen!«

Nancy Bird – und ein Korb voll Kamelien

So nice, daß ihr da seid. Habt ihr einen guten flight gehabt?«

Edith und Erich Glowatzky standen gleich hinter den Zollkontrolltischen. Neben ihnen eine Dame, am Arm einen Korb voll blühender Kamelien. Aus dieser zierlichen Person kam eine fast metallische Stimme: »Welcome to Australia.« Den Korb mit der Blütenpracht reichte sie Gundel. »I am Nancy Bird-Walton, friend of Elly Beinhorn.«

Kaum zu glauben. Diese kleine, schlanke Person war also die berühmte australische Flugpionierin. Vor Jahrzehnten schon war sie aktiv am Aufbau des »Flying Doctor Service« beteiligt gewesen. Piloten und Ärzte, die die Menschen in den unendlichen Weiten des Inselkontinents medizinisch versorgten. Bücher über sie und von ihr sind eine spannende Lektüre über eine abenteuerliche Zeit. An diesem Morgen empfing sie uns auf dem Flughafen, auf dem sie 1932, also genau vor fünfzig Jahren, Elly Beinhorn nach ihrem aufsehenerregenden Flug um die halbe Welt begrüßt hatte.

Damals war Kingsford Smith Airport noch ein bescheidener Flugplatz. Schwer vorzustellen in diesem Trubel, während Jumbos aus aller Welt nach ihren Nachtflügen wie Heuschrecken einfallen. Jeder mit Hunderten von Passagieren an Bord, die in langen Reihen vor den zahlreichen Schaltern der Paßkontrollen mehr oder weniger geduldig auf ihre Abfertigung warten. Ein weißer Strich am Boden vor jedem Schalter markiert den gebührenden Abstand, den der Einreisende einzuhalten gebeten wird. Schilder über den Köpfen der Paßbeamten beiderlei Geschlechts machen höflich darauf aufmerksam, daß einzeln vorzutreten sei.

Gundel beschäftigte der Gedanke, ob das auch für Ehepaare gilt. Mutig traten wir gemeinsam an den Schalter einer völlig unbeteiligt dreinblickenden, dunkelblau uniformierten Stempeldame und blieben unbeanstandet. Aus Dank dafür und um die Formalitäten kooperativ zu unterstützen, hatten wir die Paßbildseite schon aufgeschlagen und die ausgefüllte und unterschriebene Erklärung über Zweck und Dauer unseres Aufenthalts eingelegt. Ein Hauch von Lächeln ließ erkennen, daß die Beamtin unseren guten Willen zur Mitarbeit anerkannte. Vielleicht machte es auf mich nur den Eindruck, aber ich hatte das angenehme Gefühl, als ob sich die Abfolge der Stempelschläge leicht beschleunigte. Vor allem aber – nicht daß wir etwas zu befürchten gehabt hätten – unterblieb ein längeres Suchen nach dem Namen in einem recht umfangreichen Verzeichnis. Sie hatte sich erkennbar dazu durchgerungen, uns nichts Böses zuzutrauen, behielt die Erklärungen ein, daß wir weder Samen oder Pflanzen noch Lebensmittel mit uns führten und daß wir weder in den letzten acht Tagen auf einer Tierfarm waren noch an einer ansteckenden Krankheit oder einem geistigen Defekt litten. Mit dem Ausdruck ihres Vertrauens schob sie die Pässe zurück und wünschte uns doch tatsächlich einen angenehmen Aufenthalt. »Have a nice staying«, sagte sie und gab den Weg in das Gewimmel der Gepäckhalle frei.

Der Grad der Spannung, ob man seine Koffer jemals wiedersieht, und wenn, in welchem Zustand, erhöht sich bei jedem erfahrenen Vielflieger mit der zurückgelegten Entfernung und mit der Anzahl der Mitreisenden. In einer Ankunftshalle, in der sich die Passagiere von mehreren kurz nacheinander eingetroffenen Jumbos auf die Füße treten, nähert sich diese Spannung der Schmerzgrenze. Gebannt starrt man auf eines der aus unbekannten Tiefen kommenden Förderbänder, das seine Ladung auf eine längst überfüllte Drehscheibe speit. Dort über- und durcheinandergetürmt, von kräftigen, mit langen Haken versehenen Männern energisch entwirrt und an den Rand gezerrt, versucht der gepeinigte Besitzer zu retten, was zu retten ist. In Sydney an einem solchen Morgen unter einer Stunde davonzukommen, wäre ein ausgesprochenes Erfolgserlebnis gewesen. Außerdem, bis heute bin ich noch nicht dahintergekommen, was den Packern an meinem Gepäck so gut gefällt, daß sie es mit schöner Regelmäßigkeit als letztes auf das Förderband werfen.

»So nice, daß ihr da seid«, versicherten uns Edith und Nancy noch einmal. Erich bestand in gepflegtem Sächsisch darauf, den Gepäckkarren selbst zum nahen Parkplatz zu schieben. Gepäckverteilung auf Erichs Mercedes und Nancys Japaner, Verabredung zu einem Begrüßungsdrink im Hotel Sebel Town House in Kings Cross, und los ging es, hinein in die Stadt, die wir vor einer Stunde von oben im schönsten Sonnenlicht gesehen hatten – Sydney.

Schon auf dem Weg in die Stadt fällt dem neugierigen Besucher eines auf: viele kleine rot-gelbe Schilder: »For sale« und »Inspection today«. Steht es so schlecht im Lande? Oder warum verkaufen die Leute alle ihre adretten Häuschen? Das beschäftigte mich. Ein anderer erster Eindruck: enorm sauber. Die Straßen, die Vorgärten, die Parks, alles. Und dann auf dem Weg vom

Flughafen in die City – zwanzig Minuten Highway mit 80 Stundenkilometer Geschwindigkeitsbegrenzung – zwei Golfplätze. Wie viele sind es in der Bundesrepublik? Ich glaube so an die zweihundert. Hundertundzehn sind es allein in Sydney.

Parks, einer nach dem anderen, einer schöner als der andere. Mammutbäume mit Stämmen, denen man gut und gern zweihundert Jahre zutraut. »Die sind noch nicht mal so alt wie ich«, sagte Erich. Und dann die Blumen. Eine wahre Pracht. Mitten im Winter.

Eine erstaunliche Abfolge sehr unterschiedlicher Straßenblocks. Aufwendig gestaltete Fassaden hinter gepflegten Vorgärten. Gleich daneben das Gegenteil. Von greller Farbe zusammengehaltener Mauerputz, zerteilt durch kreuz und quer laufende Außeninstallationen. Überhaupt – auf den ersten Blick kann ein instanzengeplagter bundesdeutscher Bausparer den Eindruck gewinnen, daß man es hier mit Bauverordnungen über einheitliche Fassaden, Fenster, Farben, Dachformen und andere Normen nicht ganz so streng nimmt. Eher ein bißchen nach dem Motto: Jeder, wie er hat und will und wie er sich wohl fühlt. Das sieht gar nicht so schlecht aus. Ein bißchen pittoresk halt. Zugegeben, manchmal treibt die individuelle Freiheit seltsame Baublüten. Aber bei uns vielleicht nicht?

Das Gesicht dieser kosmopolitischen Metropole wurde in den zweihundert Jahren seit ihrer Gründung geprägt durch die Menschen, die aus aller Herren Länder kamen und als ethnische Gruppen zusammenblieben. Es gibt in Sydney tatsächlich ein Stück Italien, ein Stück China, ein französisches Quartier, eine griechische Enklave, ein bißchen deutsches Fachwerk, britische

Vornehmheit und ungarisches Temperament – um nur wenige der mehr als fünfzig ethnischen Gruppen zu nennen. Wo man hinkommt und mit wem man auch spricht, kein Mensch käme je auf den Gedanken, sich seiner Sprache wegen zu genieren oder gar sein Gegenüber deswegen schräg anzusehen – Sydney ist eine Stadt der Akzente.

Der Verkehr wurde dicht. Eine steil nach Woolloomolloo, dem Hafenbecken der Navy, abfallende Straße. Elizabeth Bay Road.

»Da wären wir«, sagte Erich, »euer Hotel, Sebel Town House.«

Unsere erste »Bleibe«. Erfreulich, kein riesiger Betonkasten. Von außen eher bescheiden. Auch nicht mitten in der City, sondern am Rande des sündigen Stadtteils Kings Cross. Spielhallen und Spelunken, Bars und Bordelle, Peepshows und Pubs, Drogen und Dramen. Versorgungsmeile für Neugierige und Nepper. Aber auch hervorragende Restaurants und beste Hotels. Sebel Town House zum Beispiel. Donnerwetter, wer da alles »mit Dank und besten Wünschen« die Wand hinter der halbrunden Bar ziert: Elton John, Dean Martin, Sean Connery, Frank Sinatra, Sammy Davis junior, Barbra Streisand – und – und – und ... !

»Australien – na ja, sicher ganz schön, aber so weit weg!« Wie oft habe ich das gehört in den letzten Wochen. Weit weg von wo?

»Und dann kulturell. Was tut sich denn kulturell da unten?« Na schön, wer sich mit Pop- und Filmstars als Kulturvertreter nicht zufriedengeben mag – soll's ja geben, solche Leute –, bitte sehr: Leonard Bernstein, Sir Georg Solti, Sir Laurence Olivier. Auch die waren hier und haben sich wohl gefühlt, wenn man den Autogrammen glauben darf. Also ein bißchen vorsichtig mit der europäischen Hybris!

Gegenüber der Bar, auf der anderen Seite der Hotel-Lobby, gibt es einen kleinen Laden mit so ziemlich allem, was ein Gast brauchen kann. Der junge Mann hinter der Theke ist von bemerkenswerter Fröhlichkeit.

»Ich bin John. Und woher kommen Sie?«

In drei Minuten versteht er es, dem Neuankömmling das Gefühl eines Stammgastes zu geben, für dessen Wohlbefinden er sich persönlich verantwortlich fühlt. Der Mann hätte Talkmaster werden sollen.

Nach zehn Minuten weiß er alles, was man freiwillig zu offenbaren bereit ist. Zumindest aber, warum man hier ist und was man erleben möchte. Und dafür ist John der richtige Mann.

Nach einer halben Stunde weiß ich, wer sonst noch im Hotel wohnt, wen man wann treffen kann und wo, was zur Zeit in der Stadt los ist und wohin man unbedingt zuerst muß. Ich verlasse ihn mit dem Gefühl, einen Freund gefunden zu haben, und mit einem »Gregory« unterm Arm, dem dreifingerdicken Stadtplan, ohne den es unmöglich ist, sich in der Dreieinhalb-Millionen-Stadt auch nur halbwegs zurechtzufinden.

Wenn man ein Leben lang auf Reisen ist, bekommt man ein Gefühl dafür, ob einem der Ort gefallen wird, in den man zum erstenmal einfährt. Dabei spielt es für mich keine Rolle, ob ich mit dem Auto oder mit dem Zug ankomme oder ob ich aus den Wolken in eine neue Umgebung einschwebe; auch nicht, ob es regnet oder ob die Sonne scheint. Irgend etwas in mir entscheidet ganz schnell: Hier gefällt es dir – oder auch nicht.

Über Sydney hat mir jemand eine Geschichte erzählt.

Ein Bayer hatte sich zur Auswanderung nach Australien entschlossen. Seine Pflichten gegenüber jedermann waren erfüllt, was er besessen hatte, war verkauft. Die Brücken hinter ihm waren abgebrochen. Er saß im Flugzeug. Jede Stunde brachte ihn seiner neuen Heimat 900 Kilometer näher, und mit der gleichen Geschwindigkeit entfernte er sich von seiner alten. Langsam, aber stetig verstärkten sich seine Zweifel und steigerten sich bis zu einer Art Panik. Eine Zeitlang bekämpfte er sie mit der besten aller für ihn guten Medizinen. Die Stewardeß versorgte ihn mit bayerischem Exportbier – bis zum Tiefschlaf.

Irgendwann erwachte er, bestellte sich ein Bier und interessierte sich für die derzeitige Position. Die Mitteilung, man befinde sich über australischem Territorium, ließ ihn einen neugierigen Blick nach unten werfen. Was er sah – war nichts. Absolut nichts. Hellbraune Erde, so weit sein müdes Auge reichte. Wüste. Vereinzelt vielleicht ein See, einige wenige sich kreuzende Striche in der Landschaft, nicht zu erkennen, ob Straßen, Wege oder was, und nicht zu erkennen, von wo und wohin. Je länger sich seine Augen an diesem langsam unter ihm dahinziehenden Relief festsaugten, desto stärker wurden seine Bedenken. Und seine Gedanken wurden mir so überliefert – oder wenigstens so ähnlich: »Da drunt war nix, vastehst, überhaupt gar nix! Keine Wies'n, keine Bäum', koa Wasser, koa Kirchn, keine Häuser – stundenlang gar nix. Da kann koa Mensch leben.«

Er drückte auf den Knopf in der Seitenlehne seines Sessels, auf den mit dem Symbol einer weiblichen Figur. Gegen die Angst vor seiner trostlosen Zukunft in einer menschenleeren Wüste bat er die freundlich-nachsichtige Stewardeß um Nachschub bayerischen Gerstensaftes, von dem er sich für immer trennen zu müssen fürchtete. Kein Biergarten mehr unter alten Kastanien, keine Weißwürste mehr mit katholischem Senf und frischen Brezen. 16 000 Meilen weg vom gemütlichen Stammtisch, bestückt mit köstlichem Tellerfleisch und frischem Meerrettich, der einem das Wasser aus den Augen treibt. Was ihm von da unten herauf in die Augen sticht, läßt ihm den leichtfertigen Entschluß, auszuwandern, als selbstverschuldete Vertreibung aus dem Paradies erscheinen. Zu spät, alles verkauft, alles aus, der Rest seines Lebens Gefangenschaft in einer öden Wildnis!

Was danach kam, soll absolut wahr sein. Der Anflug auf die Stadt seiner trüben Zukunft – um sie nicht zu kränken, sei ihr Name verschwiegen – führte über keine besonders attraktive Einflugschneise. Industrievorort, Raffinerie, Barackensiedlung, graue Häuser, dicht an dicht, Autofriedhof. Panik! Und noch bevor das gewaltige Fahrwerk des Jumbos mit Quietschen (durch maximale Beschleunigung der Gummireifen) auf der rauhen Betonpiste aufsetzte, kleine, blaue Rauchwolken hinterlassend, stand sein Entschluß fest: »I steig erst gar net aus! Mit dem nächsten Flieger fahr i wider z'ruck!«

Nur mit Mühe konnte der verschreckte Bayer davon überzeugt werden, daß er das Flugzeug verlassen müsse, nach dem Sprühen selbstverständlich. Das hat ihm wahrscheinlich den Rest gegeben. Starren Blickes ließ er die Einreiseformalitäten über sich ergehen, nahm an der Schlacht um das rotierende Gepäck teil, lud seine Habe auf eines der heiß umkämpften Wägelchen, wechselte von der Ankunfts- in die darüberliegende Abflughalle, kaufte sich wiederum ein Einwegticket – das für

54

den Flug nach Australien war auch eines –, stellte sich in die Schlange vor dem Abfertigungsschalter, sah befriedigt sein Gepäck auf dem Förderband verschwinden, ging immer fröhlicheren Herzens auf ein australisches Bier ins Restaurant und wartete geduldig auf den Aufruf für seinen Flug zurück.

Bis zu seinem Abflug ist die Geschichte verbrieft. Danach bleibt nur Vermutung. Sein Bierkonsum aus Freude über die Heimkehr wird kaum geringer gewesen sein als der aus Gram über sein verlorenes Paradies. So wird er wohl bald wieder sanft entschlummert sein, ohne weitere Blicke auf das vermeintlich öde Elend da unten in den unendlichen Weiten des Fünften Kontinents.

Armer Kerl!

Sicher haben wir eine andere Einflugschneise erwischt, vielleicht war es auch eine andere Stadt. Mein erster Eindruck von Sydney war auf jeden Fall so, daß ein ganz anderes Problem entstand. Gleich in den ersten Tagen spürte ich, was ich immer spüre, wenn es mir irgendwo gefällt: Hier könnte ich leben. Zumindest aber beschäftigt mich der Satz leicht umgestellt, mit einem Fragezeichen versehen. Könnte ich hier leben? Normalerweise blieb die Beantwortung so einer Frage ganz unverbindlich. Besonders dann, wenn der Aufenthalt in einer Stadt mehr touristischer Natur und nicht von langer Dauer war. Während meiner Filmzeit hatte ich aber oft Gelegenheit, Länder, Städte und Menschen sehr viel intensiver kennenzulernen. Wochen und Monate anstrengender Arbeit und gemeinsamer Freizeit haben oft enge und dauerhafte Beziehungen geschaffen. Und dann konnte es geschehen, daß Gundel, meine sehr viel realistischer denkende Frau, ihre beachtliche

Energie darauf verwenden mußte, mich davon zu überzeugen, daß es Unsinn sei, in der Nähe von Alicante oder am Strand des Südchinesischen Meeres oder im argentinischen Hinterland günstig Haus und Grund zu erwerben. Es wäre unfair, nicht freimütig zuzugeben, daß sie natürlich immer recht hatte. Was mich keineswegs davor bewahrte, den gleichen Unsinn immer wieder zu versuchen.

Zwar waren erst wenige Tage seit unserer Ankunft in Sydney vergangen, aber schon verspürte ich wieder dieses leichte Ziehen in meinem Denkapparat. »Könnte ich hier . . .?« Wohlweislich behielt ich das für mich. Dafür beobachtete ich mit großem Vergnügen, wie begeistert Gundel, die Kritischere von uns beiden, die neuen Eindrücke aufnahm.

Wir waren uns eigentlich immer einig, wenn wir oft ausgedörrt und ausgehungert von unseren Ausflügen ins Sebel Town House zurückkamen: Diese Stadt ist aufregend, diese Stadt ist gastlich, sie ist unglaublich sauber, sie ist ganz einfach schön. Das muß wohl auf die Menschen abfärben, denn die sind offen, ansprechbar, hilfsbereit und gastfreundlich.

Liebe auf den ersten Blick

»Have you got a view?«

Gastfreundschaft auf australisch

Drei Wochen hatten wir vor uns, und wir ahnten, wie schnell sie vorüber sein würden. »Im schnellen Vorlauf«, klagte Gundel manchmal, wenn sie verweilen wollte, wo mich die Ungeduld trieb. Eine Einladung jagte die andere, die Gastgeber stellten die Kondition ihrer Gäste auf die australische Probe: rauh, aber herzlich. Das fing schon bei den Glowatzkys an.

»Wir machen eine Party für euch«, teilte Edith am dritten Tag nach unserer Ankunft mit. Morgens am Telefon, um halb acht. Edith rief gerne um halb acht in der Früh an.

»Wir laden eine Menge lovely people ein, die ihr kennenlernen müßt. Nächste Woche, Dienstag. Ein politician aus Bonn kommt auch; no idea, wie der heißt. Präsident ist er von irgendwas. Und der deutsche Generalkonsul kommt auch, mit seiner Frau. Die ist Italienerin, very attractive.«

Edith sprach das »R« immer noch deutsch aus. Ganz ungeniert, trotz der fünfzig Jahre Australien.

»Und unsere besten Freunde. Die haben eine Farm mit zigtausend sheep. Die kommen auch.«

Mir war schon klar, daß die Freunde kommen, nicht die zigtausend Schafe.

»So ungefähr dreißig Leute. Wir freuen uns schon riesig, my word. Also bis Dienstag! Good bye!«

Killara – ein gepflegter Vorort im Norden der Stadt. Zum erstenmal also über die Brücke. Acht Fahrspuren, in 52 Meter Höhe über den Port Jackson. Auf der Westseite die zweigleisige Eisenbahntrasse. Ohrenbetäubendes Getöse, wenn Züge die an dem gewaltigen Bogen hängende Stahlkonstruktion überqueren. Fast unbeschreiblich der Anblick, wie sich das dunkelgrau gestrichene Gewölbe über den Fahrbahnen im Widerschein der untergehenden Sonne buchstäblich glutrot färbt. 19 Uhr. »Rush-hour« – Hauptverkehrszeit. Sechs Bahnen stadtauswärts, zwei stadteinwärts. Je nach Verkehrsaufkommen elektronisch gesteuert. Linksverkehr. Offenbar beliebter Sport automobilistischer Brückenpendler, durch schnellen Fahrbahnwechsel jede sich bietende Lücke in der Fahrzeugschlange zu einem Sprung nach vorne zu nützen.

Meine höchste Aufmerksamkeit gehört dem rechtsgesteuerten Leihwagen. Über den Fahrspuren große grüne Schilder mit weißer Schrift und Richtungspfeilen: Manly – Kirribilli – Mosman – Northbridge. Natürlich sind wir in der falschen Spur.

»Ihr müßt ganz einfach immer nur den Pacific Highway entlang«, hatte Erich Glowatzky gesagt. Die zweite Spur von links. Wir sind in der fünften. Also links rüber. Gundel stützt sich diskret am Armaturenbrett ab. Ich registriere das. Jeder bundesdeutsche Autobahnbenutzer kennt sich aus im Kolonnenspringen. Im letzten Moment sind wir in der richtigen Spur. Anerkennung heischender Blick zu meiner immer noch abgestützten Frau. Das Abenteuer der ersten Brückenüberquerung scheint nicht ihre ungeteilte Begeisterung gefunden zu haben.

Auf dem Pacific Highway wird es etwas einfacher, vorausgesetzt, man hält stur die Spur. Irgendwann wird das Gewimmel sicher lichter werden. Vorbei an den Sendetürmen von ABC – Australian Broadcasting Commission –, der einzigen staatlichen Fernsehanstalt, und von Channel 10, einem der drei großen privaten Networks. Fünfzehn Kilometer weit links und rechts Geschäfte, kleine Fabriken, große Autovertretungen und noch größere Flächen mit Tausenden von Secondhand-Cars.

Langsam wird es lieblicher. Größere Lücken mit Grün. Einige Häuser im Kolonialstil, kunstvoll geschmiedete Geländer an den umlaufenden Balkons – und endlich das Ortsschild Killara. Links ab, in die Buckingham Road, eine wunderschöne Allee hinunter, entlang am Killara Golf Course, vorbei an Prachtvillen in gepflegten Parks, kurz rechts und gleich wieder links. Wir sind da. Das Haus von Erich und Edith Glowatzky. Respekt!

»Wenn Sie mal nach Australien kommen, rufen Sie uns an.« Jetzt stehen wir vor der Tür – mit einem Blumenstrauß.

Ein großzügiger moderner Bungalow, in einem subtropisch angelegten, parkähnlichen Grundstück. Botanischer Garten eher als die bei uns gewohnten gepflegten Rasenflächen. Niedere, leuchtend blühende Bodendekker gehen über in mittelhohe Sträucher, von Azaleen über Kamelien bis zu Rhododendren, alles im kühlen Schatten riesiger Bäume. Palmen, Eukalypten, Föhren.

In der Mitte der Pracht ein normal großer Swimming-pool, hellblau und weiß gekachelt, mit zarten Ornamenten. Vom angrenzenden Killara Golf Course dringt schrilles Gelächter herüber. Nicht von ausgelassenen Golfern, nein, von in den Bäumen versteckten, geradezu unglaublichen »Lachvögeln«. Gemeinsam bringt es ein Pulk solcher Lachvögel auf den »Sound« einer mittleren Knabenschulklasse bei Ferienbeginn.

Gepflegte Gesellschaft, dunkelblau die meisten. Edith stellte vor. »How do you do« und »nice to meet you«. Der Politiker aus Bonn entpuppte sich als Saarländischer Landtagspräsident auf Dienstreise. In seiner unmittelbaren Umgebung ein Mann, groß, graumeliert, leicht welliges Haar, grauer Anzug. Betont preußisch, etwas zu forsch und etwas zu laut für eine erste Begegnung, dachte ich. Von seinen geschätzten 1,95 Meter blickte er zu uns herunter und verpaßte Gundel einen perfekten Handkuß. Höchst unaustralisch!

»Der deutsche Generalkonsul für New South Wales und Queensland, Herr Dr. Gottfried Pagenstert, und Frau.«

Der Herr Generalkonsul schmetterte uns ein »Hallo-hallo« entgegen, »willkommen in Sydney. Hab schon viel von Ihnen gehört. Wie lange bleiben Sie? Würde Ihnen gerne einiges zeigen. Wann haben Sie Zeit? Wie wär's mit morgen?«

Ganz offensichtlich ein Mann der Tat, der schnellen Entschlüsse, unser Generalkonsul. Neben ihm seine Frau, Elena Pagenstert. Italienerin aus Mailand. Sehr attraktiv, diskrete Eleganz, vornehme Zurückhaltung.

Kellner reichten Snacks, ein hübsches, kurzes Wort für

unsere Imbißhappen, die reißend weggingen. Dafür wurde nach dem köstlichen australischen Champagner auffallend wenig gegriffen. Da hatte man uns aber was ganz anderes erzählt. Ausgesprochene Schluckspechte seien die Australier. Bei Glowatzkys ging besonders gut Mineralwasser, einige hielten sich recht lange an einem Glas Bier fest.

Elena Pagenstert, die in mehreren Sprachen bewundernswert konversierte, klärte mich über die demonstrative Enthaltsamkeit auf. »Boost-bus« hieß das Zauberwort. »Bus« war klar, der Autobus. Unter »boost« findet man in »Cassel's Wörterbuch« eine Menge unterschiedlicher Begriffe: Auftrieb, Unterstützung, Förderung, Aufschwung – und »Ladedruck«. Das ist die richtige Übersetzung. Boost-busses sind von der Polizei im ganzen Stadtgebiet willkürlich eingesetzte Omnibusse, deren Besatzungen zu jeder Tages- und Nachtzeit die Ein- und Ausfallstraßen sperren und jedem Autofahrer ein Alkohol-Teströhrchen zum Blasen reichen. Der erlaubte Grenzwert ist 0,5 – und der ist schnell erreicht. Ebenso schnell ist der Führerschein weg, wenn der gemessene »Ladedruck« des Fahrers auch nur um eine Stelle hinter dem Komma höher ist. Kein Pardon.

»Auch nicht gegenüber Touristen«, warnte Mrs. Pagenstert.

Die reichen Schafzüchter waren sicher die typischsten Australier an diesem Abend. Ein bißchen »maulfaul« und, wenn sie sprachen, nicht ganz einfach zu verstehen. Anfangs hat man das Gefühl, die australische Sprache habe mit Englisch nur entfernte Ähnlichkeit. Man muß sich langsam einhören. So folgte ich höchst aufmerksam der Erklärung des Farmers, daß es zuweilen Dürreperioden gebe, während derer Tausende Schafe erschossen werden müßten. Schreckliche Vorstellung.

Mr. White, einer der Direktoren von ABC, erklärte anschaulich die Zusammenhänge des Fernsehens und die Finanznot seiner eigenen Anstalt, weil sie ohne Werbung ausstrahlt. Der Generalkonsul berichtete von einer Anzahl deutscher Klubs, in die er uns zu führen gedächte, und Dr. Lando Lotter, Leiter der Australisch-Deutschen Handelskammer, veranschaulichte die umfangreichen Handelsbeziehungen beider Länder miteinander.

Wir verließen die Party – man geht gegen elf – mit der tröstlichen Mitteilung der Dame des Hauses, es gäbe, zum Beispiel in ihrem Schwimmbad, Spinnen, deren Biß absolut tödlich sei. Wenn wir richtig verstanden haben, heißt dieses liebe Tierchen »Sydney Funnel-Web« und ist nicht viel größer als ein Zweimarkstück.

»Viel größer sind die Taranteln, aber nicht so gefährlich. Die springen einen bloß an, von den Bäumen runter und so«, sagte Edith beim Abschied, als wir vor dem Haus standen, unter den Bäumen.

Wir fuhren zurück, über den Pacific Highway, fanden den Abend gelungen, die von Glowatzkys eingeladenen Leute nett und die Gastfreundlichkeit bemerkenswert, denn eine Menge Einladungen warteten auf uns. Die nächste schon am folgenden Nachmittag. Dr. Pagenstert wollte uns Vaucluse House zeigen. »Ein bißchen Geschichtsunterricht, in einem alten Haus, in einem schönen Park. Ich hole Sie im Hotel ab«, hatte er zum Abschied gesagt. Viel weniger preußisch, viel weniger laut, nur bemüht, uns etwas zu zeigen von den Schönheiten des Landes, in dem er als Diplomat die Bundesrepublik Deutschland vertrat.

Aber immer noch stand uns ein Erlebnis bevor, welches uns diesen Abend unvergeßlich machen sollte. Der Pacific Highway war inzwischen fast leer. Kein »boostbus«, der uns aufgehalten hätte, wobei ich ganz sicher auf Nachsicht gegenüber dem Fremden angewiesen gewesen wäre. Beschwingt und ohne Orientierungsschwierigkeiten folgten wir den Richtungstafeln Harbour Bridge, fanden die richtige Spur auf der zum Hafen abfallenden nördlichen Zufahrt – und da verschlug es uns den Atem. Vor uns lagen gegen den nächtlichen Himmel die angestrahlte Brücke, das Opernhaus, der Circular Quay und dahinter das Lichtermeer der City of Sydney. Langsam, ganz langsam fuhren wir über die Brücke, um zu verlängern, was uns da entgegenstrahlte. Ich nahm den Blick mit in unser Hotelzimmer, nahm einen Drink – und nahm mich sehr zusammen. Ich dachte: Hier könnte ich bleiben. Ich sagte: »Ich finde es hier wunderschön!«

»Ich auch«, sagte Gundel, und sie sagte es so, daß ich ahnte, daß sie wußte, was ich dachte.

William Charles Wentworth, Sohn einer Gefangenen und eines Arztes mit zweifelhaftem Ruf, beide mit der »First Fleet« im Jahre 1788 nach Sydney gekommen, muß eine Mischung von ganz großem Kaliber gewesen sein. Während der Amtszeit von Gouverneur Macquarie machte er sich einen Namen als Entdecker. Eine seiner gerühmten Taten war die Erschließung eines Verkehrsweges durch die hundert Kilometer südwestlich von Sydney aufragenden Blue Mountains. Später erwarb er sich große Verdienste als Journalist und Politiker. Einige Berichte bezeichnen ihn sogar als »Vater der australischen Verfassung«. William Charles Wentworth also machte eine steile Karriere. Bereits 1827 – er dürfte so Ende Dreißig gewesen sein – erwarb er ein Haus auf einem ungefähr vierzig Hektar großen Gelände. Vom Verkäufer wurde es beschrieben als »vornehm-eleganter Wohnsitz mit acht Räumen plus Nebengebäuden«. Wentworth hingegen war anderer Meinung. Er empfand seine Neuerwerbung als »unkomfortablen Aufenthaltsort«, begann mit Um- und Erweiterungsbauten, brachte von seinen Überseereisen wertvolle Möbel aus Venedig, Uhren aus Paris, ja sogar Bodenfliesen aus dem antiken Pompeji mit. Auf diese Weise entstand sein Nobelsitz Vaucluse House.

Dort, so berichtet die Geschichte, fand im Jahre 1831 eine der »größten Partys aller Zeiten« statt, mit der William Charles Wentworth »ein gewisses glückliches Ereignis« zu feiern gedachte. Dieses glückliche Ereignis war die Rückberufung des damals höchst unpopulären Gouverneurs, Ralph Darling, nach England. Für Wentworth ein Grund zum Feiern, denn er und der Gouverneur waren unversöhnliche Feinde. In einer dem Gouverneur auch nicht sonderlich wohlgesinnten Zeitung versprach Wentworth: »Jedermann ist willkommen. Ochsen und Schafe werden zur Gänze am Spieß gebraten, eine Kapelle mit Trommeln wird spielen ›Over the hills and far away‹. Feuerwerk kann mitgebracht werden.«

Ein späterer Bericht erzählt von einer riesigen Menschenmenge, die sich, mit Bändern und sonstigem Tand geschmückt, über die South Head Road in Richtung Vaucluse House drängte. Im späteren Verlauf des Festes sollen mehr als zweitausend Partygäste auf dem Grundstück des großzügigen Gastgebers versammelt gewesen sein. Wann immer sie seiner ansichtig wurden, feierten sie mit begeisterten Hochrufen den mutigen Mann und australischen Patrioten William Charles Wentworth.

Nach unserem Rundgang durch die gepflegten, kaum besuchten Räume führte uns Dr. Pagenstert in den sonnigen Park. Es war reizvoll, sich mit etwas Phantasie in das Jahr 1831 zurückzuversetzen, mitten hinein in die fröhliche Menge, die um die Spieße herumtanzte, an denen sich brutzelnd Ochsen und Schafe drehten. Ausgelassene Menschen, die gläserschwingend und singend »... Over the hills and far away...« einen ungeliebten Politiker abfeierten.

»*M*eine Frau erwartet Sie zum Tee«, sagte der Generalkonsul, während er höchstselbst den beigen Dienst-Mercedes über die New South Road stadteinwärts steuerte.

Vom hochgelegenen Stadtteil Vaucluse bietet sich ein atemberaubender Blick über den Hafen. Watsons Bay, Parsley Bay, Rose Bay, Shark Island mit dem kleinen weißen Leuchtturm, Point Piper und die sanft abfallenden Häuserreihen der Eastern Suburbs im Vordergrund. Dahinter das immer und von überallher bestimmende Bild der Harbour Bridge, des Opernhauses und der City mit dem Centre Point. Auf der anderen, der Nordseite des Port Jackson, die Bucht von Manly, die Einfahrt in den Middle Harbour, die grünen Hügel von Mosman, die von Bäumen verdeckten Anlagen des Taronga-Tierparks, Neutral Bay und die schon fast unterhalb der Brücke liegenden Häuser von Kirribilli.

65

Der Generalkonsul unterbrach unser augenbesoffenes Schweigen: »Diese Gegend ist so ziemlich der Wunschtraum vieler Australier. Zumindest aber aller Sydneysider. Hier ein Haus oder eine Wohnung mit Blick über den Hafen ... daran wird der Erfolg eines Mannes gemessen.«

Den Blick auf den dichter werdenden Linksverkehr gerichtet, halb zu mir herübergebeugt, fuhr er fort: »Während Sie hier sind, werden Sie noch oft genug hören, wie sich Gesprächspartner auf einer Party auf ihre gesellschaftliche Position abtasten. Zwei Fragen genügen dazu: ›Have you got a view?‹ – und: ›Have you got a European car?‹ Haben Sie eine Aussicht? – womit immer die über den Hafen gemeint ist –, und haben Sie ein europäisches Auto? – womit immer ein BMW, ein Mercedes, ein Rolls-Royce, ein Bentley oder ein Jaguar gemeint ist.« Wie ich später feststellen sollte, auch in dieser Reihenfolge.

Während der Generalkonsul diese verwunderliche Erklärung gab, fuhren wir vorbei am Royal Sydney Golf Club, einem schloßähnlichen roten Klinkerbau, auf dessen Türmen die Klubfahne und die australische Flagge wehten, der Southern Cross. Auf der anderen Straßenseite Rose Bay, Sydneys früherer Seeflughafen, in dem die großen Flugboote landeten. Inzwischen eine von vielen Anrainern kritisierte »Parkfläche« für unzählige Segel- und Motorboote, immer noch Start- und Landefläche für Wasserflugzeuge und Standort des RMYC – Royal Motor Yacht Club.

Auf der rechten Seite passierten wir einen kleinen, von gewaltigen Bäumen eingerahmten, fast romantischen Pavillon. »Unsere Polizeistation«, erklärte der Generalkonsul. Während ich über das Wort »unsere« nachdachte, bog er von der breiten New South Head rechts ab, in eine kurze, steil zum Strand abfallende Villenstraße. St. Mervyn's Ave war auf dem Straßenschild zu lesen. Nach fünfzig Metern erreichten wir den Umkehrkreis am Ende der Straße, bogen links in eine Toreinfahrt und hielten vor einem äußerst gepflegten, zweistöckigen Haus mit großem Balkon und breiter Fensterfront. Über der Garage, an der Stirnseite des Hauses das ovale Wappen der Bundesrepublik Deutschland. Die Residenz des Generalkonsuls für New South Wales und Queensland, Dr. Gottfried Pagenstert, und seiner Frau Elena.

»Aber höchstens eine Stunde«, flüsterte Gundel, während der Generalkonsul seiner über die halbgewundene Treppe herabschreitenden Gemahlin ein launig-dreifaches »Hallo-hallo-hallo« entgegenschmetterte. Frau Elena wurde von einem bellenden deutschen Schäferhund umsprungen, der auf den Namen »Boris« hörte, oder besser gesagt nicht hörte, da er die dringende Aufforderung: »Boris, sit!«, trotz vielfacher Wiederholung gänzlich ignorierte. An dieser Stelle sei Wert gelegt auf die Feststellung, daß die sensationelle Karriere unseres Boris Becker noch nicht begonnen hatte. Wie ich auch keinen Zusammenhang sehe zwischen meinem Spitznamen und Tausenden von schwarzen Pudeln.

Mit diversen Springattacken begleitete Boris unseren Weg über die halbgewundene Treppe nach oben, auf die dem Haus vorgelagerte Terrasse. »Boris, sit!« Boris dachte nicht daran. Er stieg bis zur Brust in das in die Terrasse eingelassene Schwimmbecken, weiß und hellblau gefliest, mit zarter Ornamentik – das hatte ich doch schon irgendwo gesehen – und kam erfrischt und bellend auf uns zugeprescht, um sich, wie sich das für einen echten Schäferhund gehört, in unmittelbarer Nähe unserer Beine das Wasser aus dem gepflegten Fell zu schütteln. Dieser erheiternde Vorgang wurde von einem weißen Prachtexemplar von Kakadu mit einem Höllengeschrei untermalt.

Mit einigen energischen Maßnahmen gelang es Frau Elena, uns ins Haus und Boris draußen zu lassen. Bis wir um den mit feinstem Porzellan gedeckten Glastisch saßen, die ersten Höflichkeiten ausgetauscht und die Fremdenführerdienste des Generalkonsuls gewürdigt hatten, war die Hälfte der von Gundel bewilligten Stunde bereits vorbei. Schäferhund Boris hatte sich durch die Flügeltür zur Halle eingeschlichen und lag müdegebellt auf der Seite. Inzwischen hatten wir die drei Söhne des Hauses kennengelernt. Konrad, Werner und Alby. Die Damen unterhielten sich gleichermaßen angeregt wie die Herren, und Gundels energischer Versuch, nach zwei Stunden den längst fälligen Abschied einzuleiten, wurde von beiden Pagensterts empört zurückgewiesen.

»Jetzt koche ich uns ein paar Spaghetti, ganz einfach, mit Tomatensoße, und Sie bleiben hier.« Und damit hatte Frau Elena uns überredet.

Die Spaghetti waren perfekt, der Wein köstlich, die Gespräche gut, und als die Teestunde weit nach Mitternacht zu Ende ging, war eine Freundschaft entstanden.

»Good Morning – Australia«

Erste TV-Kontakte

Auf dem Weg vom Lift zur Rezeption im Sebel Town House entdeckte mich John.

»Hi, Blacky! Übrigens – ich denke, es könnte interessant für dich sein, zu wissen, daß wir einen berühmten Gast aus deiner Branche im Haus haben.«

Ich liebe diese britischen Formulierungen. Sie sind so viel kommunikativer als die immer mehr um sich greifenden Sparsprachen.

Für diesen Gast interessierte ich mich allerdings schon lange: Michael Parkinson, Talkmaster der BBC, London. So erfolgreich wie sein Kollege David Frost oder die Amerikaner Dick Cavitt, Michael Douglas oder Jonny Carson. Seit Jahren beobachtete ich diese Asse in einer Form von Fernsehunterhaltung, die bei uns als »Totenvogel« galt. Wer war nicht alles schon an Talkshows im deutschen Fernsehen gescheitert! Immer wieder war ich interessierter Zuschauer dieser Sendungen und verglich sie mit denen englischer und amerikanischer Kollegen.

Der Unterschied bestand in der Auffassung der Funktion des Gastgebers. Die englische oder amerikanische Art einer mehr aggressiven Befragung, wie sie David Frost und Michael Parkinson praktizierten, kam beim deutschen Publikum nicht besonders gut an. Stellten unsere Talkmaster ähnlich harte Fragen, »machten die Gäste zu«, waren nicht mehr bereit, offen zu antworten, Informationen zu geben. So blieb das Ganze oft ein etwas gequältes Interview, wurde selten zu einem unterhaltsamen Gespräch. Wer läßt sich schon gern vor einem Millionenpublikum »vorführen« oder »an die Wand nageln«?

Seit Jahren war es mein Wunsch, neben der großen Samstagabend-Unterhaltung eine Talkshow machen zu dürfen. Keiner der Verantwortlichen bei den Sende-anstalten der ARD wollte dieses Risiko noch mal einge-hen. 1980 kam es zu einer Koproduktion für eine Sen-dung von »Auf los geht's los« zwischen dem Südwest-funk und dem Bayerischen Rundfunk. Bei den Ver-handlungen zwischen den Hauptabteilungsleitern für Unterhaltung, Hans Hirschmann vom Südwestfunk, Dr. Christof Schmid vom Bayerischen Rundfunk und mir, kam plötzlich das Gespräch auf meinen Wunsch, Talkshows machen zu dürfen.

»Machen Sie sie bei mir«, sagte Dr. Schmid.

»Gerne«, erwiderte ich, »und wie viele dürfen es sein?«

»So viele Sie wollen. Von mir aus jede Woche.«

Ich war sicher, daß mich der Mann auf den Arm nehmen wollte.

Auch Hans Hirschmann hatte offenbar Zweifel am Mut seines Münchener Kollegen.

»Meinen Sie das ernst?«

»Völlig ernst, natürlich. Wir suchen so was für unser Drittes Programm!«

»Da macht der Südwestfunk mit«, sagte Hans Hirsch-mann.

Das war die Geburtsstunde von »Heut abend« in den Dritten Programmen. Schon zwei Jahre später wurde daraus die ARD-Talkshow im Ersten Programm. Mein Konzept ging auf, nachdem ich gelernt hatte, Vertrauen zwischen dem Gast und mir herzustellen, ihn davon zu überzeugen, daß er nicht unfair behandelt oder in eine unangenehme Situation gebracht wird. Dadurch haben die Zuschauer sehr viel mehr Informationen bekommen, als wenn ich ständig den scharfen Hund gespielt hätte. Nach über 225 Sendungen ist die ARD-Talkshow »Heut abend« zu einer Art Institution geworden.

»Glaubst du, daß ich Michael Parkinson zu einem Drink in der Bar treffen kann«, fragte ich John, der nebenbei, aber immer mit einem persönlichen Wort, an die Hotelgäste alles mögliche verkaufte.

»Ich habe ihm schon von dir erzählt«, grinste er, und es war ihm anzumerken, daß er voll in seinem Metier war. Kontakte herstellen, Leute zusammenbringen, ein bißchen Klatsch, in jedem Fall aber nie aufdringlich und für einen Fremden in der Stadt sehr hilfreich. »Er erwartet deinen Anruf, heute nachmittag, wenn er von den Proben im Studio bei Channel 10 zurückkommt.« John gab mir Parkinsons Zimmernummer.

»Nett, daß Sie mich anrufen, Blacky.« Das war die bekannte Stimme.

John hatte ihn offenbar über mich aufgeklärt, gut vorbereitet. Parkinson tat so, als wüßte er selbstverständlich, wer ich bin.

»Wenn Sie und Ihre Frau Lust haben, heute abend in meine Show zu kommen, schicke ich Ihnen um halb sieben einen Wagen, der Sie ins Studio bringt. Ich glaube, es kann ganz lustig werden. Mein Gast ist eine Bestseller-Autorin, die mal ein Mann war. Geschlechtsumwandlung – wissen Sie.«

Wir hatten in den Zeitungen darüber gelesen. Diese Frau oder dieser Mann – leider habe ich den Namen vergessen – war auf einer Promotion-Tour durch Australien und so ziemlich in allen Radio- und Fernsehshows, die es gab. Von früh bis spät. Das fängt schon morgens um 6.30 Uhr an mit »Good Morning – Australia« auf Channel 10. Das Gegenprogramm zur gleichen Zeit, auf Channel 9, heißt »The Today Show«. Beides Live-Programme, zweieinhalb Stunden. Moderiert werden diese sehr journalistisch gemachten Fernsehmagazine von jeweils einer Frau und einem Mann. Alle vier sind absolut professionell und, verständlich bei ungefähr zweihundertfünfzig Sendungen im Jahr, enorm populär.

Diese Sendeform war mir seit Jahren bekannt, aus den USA. »Good Morning – America« war schon immer Vorbild für mich. Immer wieder hatte ich vergeblich versucht, unsere Anstalten dafür zu interessieren. »Das läuft bei uns nicht«, war meist die Antwort. Das Gegenteil wäre richtig gewesen, wie RTL-plus im September 1987 bewiesen hat. (In einer Nacht- und Nebelaktion startete der Luxemburger Sender sein Frühprogramm, um SAT 1 damit zuvorzukommen.) Schon seit Ende der fünfziger Jahre gilt die Erkenntnis, daß beinahe alles, was aus dem englischsprachigen Raum kommt, auch bei uns ein Erfolg wird.

Meine erste Show damals, »Nur nicht nervös werden«, war in den USA ein Zwanzig-Jahre-Dauerbrenner mit dem Titel »Beat The Clock« – Schlag die Zeit! Viele Zuschauer erinnern sich wahrscheinlich noch an den Riesenerfolg mit dem Ofenrohr, mit dem ein Tennisball gefangen werden mußte. »Auf los geht's los« habe ich in Kanada entdeckt. Auch dort war es ein amerikanischer Import; hieß »Definition«. Mit sechzig Folgen wurden unsere Buchstabenspiele um originelle Begriffe zu einem der größten Erfolge der ARD. »Verstehen Sie Spaß?« läuft in Amerika seit fast dreißig Jahren mit dem Titel »Candid Camera«. Die neue Sendung »Dingsda«, die umwerfend komischen Begriffserklärungen durch Kinder, ist eine amerikanische Erfindung.

Warum sollte also eine Sendung »Guten Morgen – Deutschland« in einer der öffentlich-rechtlichen Anstalten bei uns nicht laufen? Keine Einschaltziffern? Wohl kaum. Das Frühstücksfernsehen mit Berichten über die Olympischen Spiele in Los Angeles kam auf 25 Prozent. Warum sollte bei uns das Informationsbedürfnis der Fernsehzuschauer anders sein als in anderen Ländern? Für Millionen Männer beginnt der Tag mit der Fahrt zur Arbeit und mit der Lektüre von viereinhalb Millionen Exemplaren der »Bild«-Zeitung. Fast ebenso viele Frauen haben ihren Männern ein Frühstück gemacht, den Henkelmann mitgegeben. Danach bringen sie die Kinder auf den Schulweg, und dann lohnt es sich nicht mehr, noch mal ins Bett zu gehen. Das ist eine der Zielgruppen für ein Morgenmagazin. Eine andere sind die unzähligen Patienten in den Krankenhäusern, die in aller Frühe aus ihrem erholsamen Schlaf gerissen werden und danach nicht wissen, was sie tun sollen. Ich denke an die Millionen alter Menschen, deren Schlaf kürzer geworden ist. Sie alle wären sicher dankbar für ein morgendliches, informatives Programmangebot im Deutschen Fernsehen.

Als ich kürzlich aus Sydney zurückkam und meinem jahrelangen ständigen Regisseur Dieter Pröttel wieder einmal begeistert von »Good Morning – Australia« erzählte, meinte er: »Laß es uns hier machen, und wir nennen die Sendung ›Deutschland, erwache...‹«

*D*ie weiße Limousine brachte uns über die Brücke nach Willoughby, in die Studios von Channel 10. Der äußerst höfliche Produktionsleiter holte uns an der Rezeption ab und geleitete uns ins Aufnahmestudio, in dem etwa zweihundert Zuschauer von einem »warm up man« in Stimmung gebracht wurden. Ein Beruf, den es bei uns nicht gibt. Schauspieler und Entertainer, die sich ein eigenes Programm zurechtgelegt haben, mit dem sie die Zuschauer in den Studios vor der jeweiligen Show »aufwärmen«, das heißt auf Touren bringen.

Da scheint jedes Mittel recht zu sein. Vom ältesten Kalauer bis zur gewagtesten Anzüglichkeit, alles muß herhalten, um Weiblein und Männlein in kreischende Heiterkeit zu versetzen. Meint der Anheizer, die Stimmung sei auf dem Höhepunkt, leitet er in einem gekonnten Crescendo die Aufmerksamkeit auf die Auftrittsecke: »And now, ladies and gentlemen, here comes the star of our show – Mister Michael Parkinson!« Jubel, Pfiffe, Klatschen – bis die über den Köpfen der Zuschauer angebrachten Lichtsignale »Applause« erlöschen.

Michael Parkinson, ein Meister seines Faches. Die Hälfte des Jahres bei der BBC in London, die andere Hälfte bei Channel 10 in Sydney. »Parkinson in Britain«, »Parkinson in Australia« heißen die Programme. Sein Gespräch mit der geschlechtsumgewandelten Autorin waren fünfundvierzig amüsante, informative und im wahren Sinne des Wortes unterhaltsame Minuten.

Nach der Show Vorstellung, Gratulation und kollegialer Gedankenaustausch. Die weiße Limousine brachte uns über die Brücke zurück ins Sebel Town House.

»An was denkst du?« fragte Gundel.

»Daran, daß ich selbst gern vor der Kamera gestanden hätte!«

Die berufliche Seite unserer Australienreise hatte begonnen.

»Denke daran,
einen Clip aus deiner Show mitzubringen.«

Besuche bei Funk und Fernsehen

Bei Künstlern, wenn man sich so nennen darf, gibt es eine weitverbreitete, leidvolle Erfahrung. Manch einer wollte seinen Erfolg als Schauspieler, Sänger oder was auch immer übertragen auf einen ganz anderen Beruf. »Ein zweites Bein haben« nennt man das. Und genau mit diesem zweiten Bein gerät man dann ins Stolpern.

Bei mir war es jedenfalls so. Es stellte sich recht bald heraus, daß man nicht zwei Herren gleichzeitig dienen kann. Eine nicht ganz glückliche Partnerschaft führte zu Fehlentscheidungen mit bitteren Konsequenzen. Am Ende standen eine gelungene Siedlung mit 110 Häusern, der Verlust unseres Vermögens und die Erkenntnis: Schuster, bleib bei deinen Leisten.

Was danach kam, war ein harter Beginn am Punkt Null, jahrelanges Abtragen von übernommenen Schulden, mit der Erfahrung, daß Freunde in der Not tausend auf ein Lot gehen. Aber sie waren da und haben versucht, uns aus dem Schlamassel zu helfen. Und da war meine Frau! Gundel entwickelte in dieser Zeit ein ganz besonderes Talent, die wesentlichen Dinge klar zu erkennen und mit unglaublicher Energie anzupacken. Ihr allein verdanke ich letzten Endes die Erhaltung meines guten Namens durch einen sauberen Schlußstrich unter eine verfahrene Sache.

Aus Schaden wird man klug, sagt man. Für uns hieß das damals: Nie wieder eine Firma – und wenn, dann nur in einer Branche, von der wir etwas verstehen, und niemals wieder in einer Partnerschaft mit anderen. Daran dachten wir bei der Gründung von Greenwood productions + publications GmbH, Gesellschaft zur Herstellung von Bild- und Tonträgern, mit Sitz in Grünwald. So eingetragen im Handelsregister. Wichtigster Eintrag: Geschäftsführung Gundula Fuchsberger. Und sie führte die Geschäfte, mit straffer Hand und gleichbleibend klarem Blick für das Wesentliche. Dazu eine nicht unwichtige Feststellung: Ein Mann ist dann emanzipiert, wenn ihn die Erkenntnis nicht mehr stört, daß es wichtige Dinge gibt, die seine Frau besser kann...

Unsere Überlegungen, wie und wo Greenwood in Australien aktiv werden könnte, bezogen sich zunächst auf die Vermarktung der Videorechte an der Talkshow »Heut abend«. Über die Deutsch-Australische Industrie- und Handelskammer ließen wir das Terrain sondieren. Die Ergebnisse waren ermutigend. 1982 begann der australische Videomarkt gerade zu florieren, besonders in den Gebieten, in denen die Übertragungsqualität der lokalen Fernsehsender nicht besonders gut war. Japanische Videorecorder waren auf dem Vormarsch, da sie wesentlich preisgünstiger auf den Markt kamen als vergleichbare Produkte aus anderen überseeischen Ländern. Zum Vergleich: Ein Fernsehgerät von Grundig kostete fast 3 000 AUS $, ein gleichwertiges japanisches Gerät kaum die Hälfte; analog der Preisunterschied bei Videorecordern.

Generalkonsul Pagenstert hatte Verbindungen zu deutschen Klubs. Umfragen ergaben, daß sich deutsche Auswanderer der Nachkriegsjahre sehr für Videoprogramme aus der alten Heimat interessierten. Auch und besonders für die »Heut abend«-Gespräche mit Stars, die ihnen bekannt waren aus der Zeit vor ihrer Emigration. Diese Landsleute sollten unsere Zielgruppe werden.

Eine Marktanalyse ergab, daß Kaufkassetten je nach Programminhalt zwischen 45 und 105 AUS $ kosteten. Die Überlegungen mußten nun sein: Was würde eine 45-Minuten-Kassette letztendlich kosten, wenn die Mutterbänder nach Australien eingeführt, verzollt, kopiert, verpackt und verschickt werden. Wir kamen auf einen Preis, der den Aufwand bei größeren Stückzahlen einigermaßen zu rechtfertigen schien.

Nächster Schritt: Eine ganzseitige Anzeige in der deutschsprachigen Zeitschrift »Die Woche«. Das Ergebnis war überraschend, um nicht zu sagen niederschmetternd: nämlich fast Null. Was war geschehen? Während unserer Bemühungen hatte sich der Videomarkt in Australien über Nacht geändert. Hatte es bis dahin ausschließlich Kaufkassetten gegeben, wurden von den marktbeherrschenden Produktionsriesen plötzlich Leihkassetten angeboten, für eine Gebühr von zwei bis vier AUS $ für zwei Tage. Die massive Werbung lenkte das Interesse der Videobesitzer so eindeutig auf dieses Angebot, daß unsere Überlegungen hinfällig wurden. Der Versuch, mit diesen Leihangeboten zu konkurrieren, wäre töricht gewesen. Der erste Anlauf war also ein Fehlschlag. Allerdings muß man damit rechnen, wenn man versucht, mit einem Produkt einen fremden Markt zu erobern. Und was nicht ist, kann ja noch werden.

Die ganzseitige Anzeige in der Zeitschrift »Die Woche«, die mit meinem Bild versehen war, hatte dennoch einen willkommenen Effekt. Radio 2 EA in Sydney, eine private Station mit täglichen Sendungen in deutscher Sprache, meldete sich eines Morgens.

»Hier ist Rita Loitz. Könnten Sie morgen nachmittag zu uns ins Studio kommen? Ich würde Sie gerne für unsere deutschen Hörer interviewen. Gage können wir leider keine zahlen, aber wir würden uns unheimlich freuen.«

Gedacht habe ich: Na, warum nicht. Außerdem – mein erstes Interview in Australien!

Gesagt habe ich: »An sich gern, ich muß meine Termine checken. Kann ich Sie zurückrufen?«

Ganz so einfach darf so was nie gehen, ein bißchen Spannung gehört nun mal zum Job.

»Vielleicht darf ich Sie und Ihre Frau zum Lunch einladen?«

Es schien zu wirken. Wenn schon keine Gage, dann wenigstens eine Einladung zum Lunch.

Rita Loitz erwartete uns in einem sehr netten Restaurant und zeigte sich erstaunlich gut informiert, wußte genau, wer in der deutschen Fernsehszene was machte, kannte Kuli und Frank Elstner, begeisterte sich für Udo Jürgens und wußte, welche Liedertexte ich für ihn geschrieben habe, nannte uns die ersten fünf Klubs in der Fußball-Bundesliga. Zwei deutschsprachige Sendungen machte sie in der Woche, in denen sie ihre Hörer über alles informierte, was sie über Nachrichtenagenturen, Telefon und aus Zeitungen an Neuigkeiten aus der Bundesrepublik Deutschland erfuhr.

Die Studioräume in der zweiten Etage eines nicht sehr attraktiven Hauses, mitten in der City, waren winzig. Hinter einer Glasscheibe, auf kleinstem Raum, Ein-Mann-Technik; vor der Glasscheibe ein Tisch mit Mikrofon, viel Papier, Kaffeetasse. Am Tisch Rita Loitz und ich, kleine Sprechprobe wegen der Aussteuerung, Handzeichen, und los ging's. Locker vom Hocker und munter drauf los. Sechs Minuten hatte sie, eine haben wir überzogen, der Abschluß war Udo Jürgens mit »Was ich dir sagen will...«, wegen des von mir stammenden Textes.

»Das war Rita Loitz im Gespräch mit... gerade hier aus Deutschland mit neuen Informationen aus der Heimat – auf Radio 2 EA, Sydney.«

Rundfunkprogramm einfachster Strickart. Ohne aufgeplusterten Apparat – und ohne Gage. Solche Stationen gibt es eine Menge, und sie sind nicht schlecht.

Natürlich galt unser besonderes Interesse den Fernsehsendungen: Tag und Nacht, denn gesendet wird rund um die Uhr, auf Channel 9, »Still the one«, wie die Stationskennung in vornehmer Bescheidenheit immer wieder betont: »Bis jetzt die Nummer 1.«

Die Nummer eins im Tagesprogramm war die Michael-Walsh-Show. Jeden Tag von 12.00 bis 13.30 Uhr live, zweihundertmal im Jahr. »Anchorman« – der Ankermann –, das Zugpferd also, war der Produzent und Moderator Michael Walsh. Es war faszinierend zuzusehen, wie dieser Mann jeden Tag seine Show durchzog. Hinter ihm mußte eine perfekte Organisation stehen. Man stelle sich das vor: zweihundertmal im Jahr eine anderthalbstündige Liveshow vor Publikum.

Wo gibt es Eintrittskarten? Ständig ausverkauft. Anruf im Produktionsbüro.

»Wer sind Sie?«

»Ein Kollege – Produzent und Moderator –, Deutsches Fernsehen.«

»Wir freuen uns, wenn Sie kommen, wann möchten Sie?«

»Ginge es morgen?«

»Kein Problem – wie viele Plätze?«

»Zwei.«

»Auf welchen Namen, Sir?«

»Joachim Fuchsberger.«

»Oh – würde es Ihnen etwas ausmachen, das zu buchstabieren?«

Ich buchstabiere.

»Thank you, Tschoäkim. Michael Walsh wird sich freuen, Sie kennenzulernen.«

»Mit wem habe ich gesprochen?«

»Mein Name ist John Chapman, ich bin der Produktionsleiter. Wo kann ich Sie abholen lassen?«

»Sebel Town House.«

»Fein, morgen vormittag. 10.30 Uhr, wäre Ihnen das recht?«

»Sehr freundlich, vielen Dank!«

»See you tomorrow, have a nice day!«

*P*förtner – Kontrolle – Schlagbaum – Vorfahrt – Empfangsdame. »Good morning, Mister Fjuksböger, John Chapman erwartet Sie. Würden Sie bitte für einen Moment Platz nehmen?«

Gewohnte Hektik vor einer Livesendung. Ist doch überall gleich. Wichtige junge Leute mit Manuskripten. Damen mit Stoppuhr um den Hals gehängt, alle ungeheuer beschäftigt. Ohne sie keine Show.

Ich bin fast zwanzigtausend Kilometer weg von meiner Arbeit – aber ich spüre es, dieses unvermeidliche Kribbeln im Nervenkostüm. Fernsehen – live! Dafür ist es erfunden worden!

Ein Mann drängt sich durch das Gewimmel in der Empfangshalle. Einsachtzig – schätze ich, sehr schlank, lokkiges, leicht rötliches Haar, große moderne Brille, elegant. Seit wir in Sydney sind, lachen wir über diesen Mann, bewundern seine Auftritte in der »Today Show«, mehrmals während der zweieinhalb Stunden. Wir kennen nur seinen Vornamen: Bryan. Ein Topstar in Australien – der Wettermann. In dreißig Jahren Fernsehen habe ich keinen gesehen, der das Wetter so über den Bildschirm verkauft wie er. Und je mieser das Wetter, desto besser seine Auftritte. Ich bin sicher, Channel 9 und die »Today Show« haben schon seinetwegen hohe Einschaltziffern. Ich muß es ihm sagen.

»Ich könnte Ihnen stundenlang zuhören«, unterbricht er meine Komplimente, »aber leider muß ich ins Studio, um zu tun, was Ihnen erfreulicherweise gefällt. Wie ist das Wetter in Deutschland?«

»Schlechter – schon Ihretwegen«, fällt mir ein.

»Das gefällt mir. Danke! See you!«

Weg ist er.

Die Empfangsdame erscheint mit John Chapman. Junger Mann, dynamisch, gutaussehend.

»Ich darf Sie auf Ihre Plätze bringen.«

Gänge, Treppen, Garderoben, schnelle Begegnungen, Schminkräume, übende Musiker, eine Stahltür mit der Aufschrift »Stage«. Die Dekoration. Versatzwände, Kabelstränge am Boden, Steckkästen für Hunderte von Anschlüssen, Bühnengassen für die Auftritte. Wie zu Hause. Es riecht auch so. Und es klingt so. Das Gemurmel der Zuschauer. An die vierhundert, schätze ich. Das Gequake aus den Kopfhörern, die an den elektronischen Kameras hängen. Ich zähle drei. In meiner Sendung sind es fünf. Eine Stimme aus den Studiolautsprechern, vermutlich der Regisseur.

81

John Chapman bringt uns zu zwei reservierten Plätzen. Etwas Aufmerksamkeit von den umsitzenden Zuschauern. Eine Stimme: »Ha, jetzt werd i verrückt – des isch doch der Blacky!« Schönstes Schwäbisch. Eine kugelrunde Dame, gut durch den Winter gekommen, traut offenbar ihren Augen nicht. »Ha, jetzt, sind Se's oder sind Se's net?«

Ganz aufgeregt erklärt sie ihrer Umgebung, wer ich bin. John Chapman bemerkt das.

»She recognized you«, grinst er, »she makes your day!« Sie hat dich erkannt, der Tag ist gerettet. Ein Profi. »Wie nennt sie dich?« will er wissen. »Blacky?«

Ich erkläre ihm, daß das mein Spitzname beim deutschen Publikum sei. Es scheint ihn zu amüsieren.

»Übrigens – Michael Walsh würde sich freuen, wenn er Sie und Ihre Frau nach der Show zum Lunch einladen dürfte.«

»Sehr gern – danke.«

»Okay, ich lasse Sie jetzt allein. Viel Spaß! Wir sehen uns später – *Blacky!*«

Gelächter, Applaus – ein junger Mann in Jeans steht vor dem Publikum und beginnt mit dem »warm up«. Eine gute Viertelstunde zieht er alle Register. Die Schwäbin erklärt uns, daß er im Radio eine populäre Show hat. Ich stelle mir vor, wie das wäre, wenn Günther Jauch oder früher Thomas Gottschalk als Anheizer vor meinen Sendungen gearbeitet hätten. Nicht schlecht.

Die Musiker kommen. Zwölf Mann. Starke Besetzung. Der Boß ein ausgesprochener Komiker, scheint eine eigene Rolle in der Show zu spielen. Das Orchester will anfangen, der »warm up man« hört nicht auf. Das Orchester bläst ihn aus dem Studio. Erkennungsmelodie.

Eine Stimme aus dem Nichts – über Lautsprecher –, leicht verhallt: »And now, ladies and gentlemen, The Michael Walsh Show (großes Crescendo), and here comes the star of the show – *Mister Michael Walsh!*« Tusch! Jubel! Getrampel! Blinkende Tafeln: »Applause!« Über so einen Auftritt würden sich bei uns die Kritiker tagelang die Mäuler zerreißen.

Die Show läuft wie am Schnürchen. Eine Sängerin, ein uralter Radfahrer auf Welttour, eine Gruppe, ein Arzt mit praktischen Hinweisen, ein Wettermann, leider nicht Bryan. Ein Astrologe mit den Horoskopen, eine Hausfrau mit eigenen Rezepten, ein Artist, eine Schauspielerin, ein Solo des Orchesters, ein Sketch mit dem Dirigenten und bei allem und allen ein blendend aufgelegter, schlagfertiger Michael Walsh. Links und rechts neben seiner Führungskamera zwei schnelle Jungs, die ihm in rascher Folge große Kartons mit Stichwörtern hinhalten, aus denen er seine Texte formuliert.

Die neunzig Minuten sind schnell vorbei. Finale – »Applaus« – Verabschiedung – bis morgen. Zweihundertmal im Jahr. Respekt!

*B*eim späten Lunch in einem Restaurant in Kings Cross interessierte sich »Mike« Walsh für die deutsche Fernsehszene. Es ist gar nicht so einfach, einem Australier – auch einem Profi aus dem Fach – zu erklären, daß »öffentlich-rechtliche Anstalten« nichts Unanständiges sind, sondern Radio- und Fernsehsender auf nichtkommerzieller Basis.

»Und wie bekommen die ihr Geld?« wollte er von mir wissen.

»Durch gesetzlich festgelegte Gebühren, von den Zuschauern.«

»Und wieviel ist das?«

»Ungefähr vierzehn Mark.«

Er rechnete. »Rund sechs Dollar! Im Monat?«

Ich nickte.

Er rechnete. »Zweiundsiebzig Dollar im Jahr – wieviel Zuschauer?«

»Rund zwanzig Millionen Geräte.«

Er rechnete etwas länger. »Eineinhalb Milliarden Dollar?«

»Oder rund dreieinhalb Milliarden Mark.«

Ungläubiges Staunen in der Runde.

»Und wie wird das verteilt?« wollte Mike wissen.

Mir wurde das etwas zu schwierig.

»Nach einem bestimmten Schlüssel«, sagte ich.

»Aha, die Einschaltziffern.«

»Nein, die haben darauf keinen Einfluß.«

Mike war verblüfft. »Moment, heißt das, die Sender bekommen das Geld, ob die Leute einschalten oder nicht?«

Ich bestätigte das.

»Den Schlüssel wünschte ich mir auch. Aber dafür macht ihr keine Reklame im Programm.«

»Nicht im Programm«, versuchte ich zu erklären, »aber in zeitlich festgelegten Blocks.«

»Ich denke, die Sender sind nicht kommerziell?«

Mein Gott, ist das schwierig, unser Rundfunksystem zu erklären.

»Die Sender haben sogenannte Schwestergesellschaften gegründet, die die Werbezeit verkaufen.«

Mike grinste in die Runde, klopfte mir anerkennend auf die Schulter und beendete diesen Teil der Konversation: »Sag mir Bescheid, wann ich so eine Schwester heiraten kann!«

Die restliche Zeit interessierte sich die Runde für meine Sendung in Deutschland. Michael Walsh fand die Konzeption von »Auf los geht's los« höchst interessant.
»Wie lange bist du noch hier?«
»Nur noch eine Woche, aber ich denke, wir kommen nächstes Jahr wieder.«
»Fein, dann denke daran, einen Clip aus deiner Show mitzubringen, ungefähr fünf Minuten. Ich lade dich in meine Show ein, dann kannst du den australischen Zuschauern ein bißchen über deine Arbeit erzählen. Okay?«
Das war ein Wort.

Sydney – Perle im Pazifik

490 Stadtteile in Konkurrenz

Die letzte Woche. Verschiedene Radio-, Fernseh- und Zeitungsinterviews, vor allem aber die Erkenntnis, daß die Zeit zu kurz ist, um Land und Leute kennenzulernen. Also konzentrierten wir uns in der knappen freien Zeit auf Sydney.
Dreieinhalb Millionen Einwohner verteilen sich auf 490 Stadtteile, auf einer Fläche von fast 4100 Quadratkilometern. (Siebenmal so groß wie London!) Es soll hier keine gedruckte Sightseeing-Tour folgen. Viele davon gibt es, keine wird dieser Stadt wirklich gerecht, und auch mir wird es kaum gelingen, Sydney über das hinaus exakt zu beschreiben, was uns ganz persönlich so sehr beeindruckt hat.
Zum Beispiel werden zweimal im Jahr alle Vororte –

»Suburbs« – in ihrer Rangordnung in den Zeitungen aufgeführt. An dieser Liste können die Bewohner ablesen, in welcher Kategorie ihre »Adresse« liegt. Diese Adresse bestimmt nicht zuletzt die gesellschaftliche Stellung, denn der Rang in dieser veröffentlichten Liste diktiert die Miet- und Grundstückspreise. Die Folge ist ein ständiger Konkurrenzkampf nicht nur der Stadtteile untereinander, sondern auch der einzelnen Mieter und Hausbesitzer. Häuser und Wohnungen sind der gleitende Beweis für den beruflichen Erfolg der Besitzer. Gleichzeitig mit einer Gehaltserhöhung oder einem guten Geschäftsabschluß begibt sich der Erfolgreiche auf den Slalom durch die zahllosen an den Hauswänden oder Balkongittern angebrachten oder auf der Straße aufgestellten Schilder – »For sale« oder »Inspection today« –, konzentriert auf den Stadtteil, für den er Zeit und Geld für gekommen hält. Oder er bummelt durch die Straßen bestimmter Gegenden, in denen sich Maklerbüros reihenweise etabliert haben. In ihren Schaufenstern machen schönste Farbfotos, verlockende Beschreibungen und die Aufforderung zu einer unverbindlichen Besichtigung den Interessenten ebenso kaufhungrig wie eine besonders appetitliche Auslage in einem Delikatessengeschäft.

»Spektakulärer Hafenblick, 4 Schlaf- und 3 Badezimmer (4 bed-, 3 bath-rooms), geräumiger Wohnbereich, Küche, 2 verschließbare Garagen.«

Die Anzahl der Schlaf- und Badezimmer wird stets besonders herausgehoben. Angeblich sind ein- oder zweimalige Wohnungswechsel im Jahr keine Seltenheit.

Natürlich habe ich mich bei unseren Fahrten durch die Stadt immer öfter bei dem Gedanken ertappt, ob dieses oder jenes Objekt nicht eine »gute Adresse« für uns sein könnte. Dieses Interesse wurde von Elena Pagenstert und Nancy Bird weidlich unterstützt. Die Damen hatten in den letzten Tagen einen besonderen Ehrgeiz entwickelt, uns diese Traumstadt bis an die Grenze der physischen Belastbarkeit aller Beteiligten vorzuführen.

Die City mit dem Centre Point, über dem sich der 325 Meter hohe Sydney Tower schlank in den Himmel reckt. Die Sydney-sider nennen ihn »Goldener Sektquirl«. Von der Aussichtsplattform hat man einen phantastischen Blick über die Stadt: auf der einen Seite bis zum Pazifischen Ozean, auf der anderen bis zu den hundert Kilometer entfernten Blue Mountains.

Von hier oben wird einem am ehesten klar, was Sydney von anderen Hafenstädten unterscheidet. Es hat eben nicht nur eine langgestreckte Küste, sondern ein breitgefächertes Netz von unzähligen Buchten und Flußläufen; und daher eben auch nicht nur ausgedehnte Strände wie Palm Beach, Snapperman Beach und viele andere im Norden oder die riesige Bondi Beach, Maroubra Beach südlich der Heads oder die kilometerlange Cronulla Beach im Süden der Botany Bay, in die die Landebahn des Kingsford Smith Airport hineinragt. Zum Baden – aber immer Vorsicht vor Haifischen! – laden unendlich viele kleine, versteckte Buchten und Strände ein, in jeder gewünschten Himmelsrichtung. Zum Erstaunen jedes Fremden wird ihm nach stundenlanger Fahrt erklärt, daß er sich immer noch im Stadtgebiet von Sydney befindet.

*E*in absolutes »Muß« und die beste Art, einen Überblick über die Anlage der Stadt zu erhalten, ist eine Rundfahrt auf einem der schneeweißen »Captain-

Cook-Schiffe«. Vom Circular Quay in der Sydney Cove, vorbei an dem architektonischen Wunderwerk der Oper, am Bennelong Point reihen sich die unterschiedlichsten Eindrücke. Woolloomooloo Bay mit dem weit vorspringenden Garden Island, einer Versorgungsbasis für Schiffseinheiten der australischen Marine. Einige wenige Hochhäuser entlang der Elizabeth Bay. In der folgenden Rushcutters Bay liegt einer der großen Jachthäfen. Der nächste Vorsprung in das Becken von Port Jackson heißt Darling Point – eine der bevorzugten Wohngegenden. Langsam zieht die »City of Sydney« – das Flaggschiff der Captain-Cook-Linie – vorbei an Double Bay, dem wahrscheinlich teuersten Einkaufsviertel von Sydney. »Double Bay means double pay«, sagt man. Hier kostet alles das Doppelte. Weiter östlich, in Richtung Hafenausfahrt, kommt Point Piper, fast eine Halbinsel, auf der die ansehnlichsten Wohnhäuser stehen.

Zwischen Lady Martins Beach in der Felix Bay, dem Woollahra Point und der Ausflugsinsel Shark Island geht es hinein in die riesige Rose Bay mit dem Royal Motor Yacht Club und dem Royal Sydney Golf Club.

Es folgen die flachen Hänge von Vaucluse, der Nielsen Park, Vaucluse Bay mit Park und Vaucluse House. Parsley Bay, Watsons Bay und Lady Bay, am Ende des in den Pazifik hineinragenden South Head. Jedes Schiff fährt hier ein bißchen näher unter Land, denn hier, in der Lady Bay, liegt, in eine kleine Felswand eingebettet, Lady Jane Beach, Sydneys einziger, noch nicht allzulange zugelassener Nacktbadestrand. Noch 1979 wurden die fröhlichen Nudisten durch ständige Razzien aufgeschreckt.

An dieser Stelle dreht die »City of Sydney« nach Westen, in Richtung Middle Harbour, entlang dem ausgedehnten Strand von Balmoral, unter dem festen Teil der Spit Bridge hindurch. Der Mittelteil der Brücke wird von Zeit zu Zeit für die Segelschiffe mit hohen Masten hochgeklappt, wodurch sich der Fahrzeugverkehr aus beiden Richtungen in langen Reihen staut.

Vorbei an den Stadtteilen Seaforth im Osten und Castlecrag im Westen fährt das Schiff durch den Middle Harbour, dessen Uferhänge sich von Minute zu Minute in immer ursprünglicherer Flora präsentieren. So muß es hier schon vor Tausenden von Jahren ausgesehen haben. Das alles ist immer noch im Stadtgebiet von Sydney.

Die »City of Sydney« dreht um 180 Grad. Zurück, um Middle Head herum, entlang dem Sydney Harbour National Park, der sich viele Kilometer auf der Nordseite des Hafens erstreckt, bis hin zum Taronga-Tierpark, zwischen Taylors Bay und Little Sirius Cove. Am äußersten Ende von Bradley's Head ragt auf einem Felsen der Gefechtsturm des Kriegsschiffes »Sydney« auf. 1914 wurde die »Sydney« im Gefecht mit dem deutschen Kreuzer »Emden« schwer getroffen.

Die Viereinhalb-Stunden-Rundfahrt nähert sich langsam ihrem Ende – und ihrem Höhepunkt. Nach einer kurzen Einfahrt in die Mosman Bay, wo Alan Bonds siegreiche Jacht »Australia II« vor Anker liegt, die 1983 den America's Cup gewonnen hat, geht es um Cremorne Point herum, an der Neutral Bay entlang, direkt auf die Harbour Bridge zu und unter ihren gewaltigen Fahrbahnen hindurch. Der Blick dabei, auf Opernhaus, Sydney Cove, Circular Quay, die Rocks, Peer One und die Skyline der City, verleitet zu schwärmerischer Übertreibung.

Ja, Sie haben ja recht: Was keine »Sightseeing-Tour« werden sollte, ist nun doch eine geworden, zumindest eine »Sea-Sightseeing-Tour«. Aber was soll ich machen? Eines ist sicher: Diese Hafenrundfahrt wird wohl bei jedem zu einem unvergeßlichen Erlebnis. Bei uns war es mehr – es war der Anfang einer Liebe zu Sydney. Es war »Liebe auf den ersten Blick«.

»Beleidigen dürfen wir uns nur selber.«

Die empfindliche Vergangenheit

Richtig! Eine Stadt wird nicht nur durch die Landschaft geprägt, in der der Schöpfer sie hat wachsen lassen. Eine Stadt wird lebendig durch die Menschen, die in ihr wohnen. Der Australier, so sagt man, sei »down to earth«.

Gibt es *den* typischen Australier, der »mit beiden Beinen fest auf seiner Erde« steht? Vielleicht in den Outbacks, draußen im Busch. So ein Typ wie Paul Hogan in dem hinreißenden Film »Crocodile Dundee«. Gradeheraus, deftig in seinen Aktionen wie auch in seinen Reaktionen. Im Deutschen würde man sagen: ein Kerl von echtem Schrot und Korn. Die Australier bleiben da kürzer. Ein »mate«. Das heißt und meint eine ganze Menge: Kumpel, Kamerad, Gefährte, Genosse. Die Anrede »hey, mate« ist eine Art von Anerkennung, die verdient werden muß.

Was wäre nun also typisch an den Menschen in Sydney? So, daß man es verallgemeinern könnte? Ihre Offenheit dem Fremden gegenüber. Nicht nur, daß sie einem interessiert um sich Blickenden sofort ihre Hilfe anbieten, in der Sorge, er könnte sich im Gewimmel der Millionenstadt verlaufen haben, sie erfahren auch gern das Woher und Wohin.

Immer wieder haben wir erlebt, daß ein von Auto zu Auto nach dem Weg Befragter ein kurzes »follow me« durch die heruntergelassene Scheibe rief und uns quer durch mehrere Stadtteile schleuste, um mit einem fröhlichen Winken umzukehren und in entgegengesetzter Richtung seinen eigenen Weg fortzusetzen.

Wir hatten nie das Gefühl des »Allein unter Millionen«. Auch im dicksten Gewühl von George, Pitt, Castlereagh und Elizabeth Street, in den Schluchten der Bank- oder Kaufhochhäuser findet ein Lächeln eine Erwiderung, einen freundlichen Gruß sogar. Wieviel mehr zwischen den Beeten und unter den Bäumen der zahllosen Parks, in denen sich Arbeiter und Angestellte zur Mittagszeit um die öffentlichen »barbecues« versammeln, auf denen sie ihre Steaks in Klosettdeckelgröße braten. Köstlich der Duft, der dann den von Diesel- und Benzinauspuffen verdrängt. Dabei wird kommuniziert, und die Lunchpause im Park wird zur Sprachstunde für den Fremden.

Statt unserer europäischen Übertreibungen – herrlich, wundervoll, fabelhaft, phantastisch, irrsinnig und sonstige – findet der Australier seine Superlative in dem alles zusammenfassenden Wort »bloody«. Ein irrsinnig schöner Sonnenuntergang ist eben »a bloody sunset«; ein hundsgemeiner, bösartiger Lügner, den es in Australien natürlich nicht gibt, ist »a bloody liar«; und das irrsinnig viele Geld, welches man nicht hat, um zu kaufen, was man gerne möchte, ist »the bloody money«.

*Ü*berhaupt – die Sprache. Wer meint, er sei des Englischen mächtig, sollte nicht davon ausgehen, er beherrsche auch die australische Version dieser Weltsprache. Dieses »broad Australian«, im Volksmund »Slanguage« genannt, ist eine Einheitssprache mit über dreitausend eigenen Wortschöpfungen, deren Phonetik stark vom Oxford-Englisch abweicht. Es mag übertrieben sein, zu behaupten, die »Aussies« (Australier) hätten ihre eigene Diktion erfunden, weil sie die »Pommies« (Engländer) nicht so besonders mögen, aber ein bißchen Wahrheit steckt wohl dahinter. Kein geschichtsbewußter »Aussie« verhehlt seine Abneigung gegen das Mutterland, das seine »Sträflingskolonie« über lange Zeiten hinweg unter Druck gehalten hat.

Jeder Australienreisende sei gewarnt: Gleichgültig, welcher Generation seine Gastgeber angehören mögen, mit einem launigen Spaß über ihre Abstammung von den »convicts«, den Sträflingen als erste Siedler, kann er einen empfindlichen Nerv treffen. Diese Art der Beschäftigung mit der Vergangenheit ist nur in der eigenen Familie erlaubt. »Beleidigen dürfen wir uns nur selber.« Wobei wiederum der Enkel mit ausgesprochenem Stolz und gern darauf zu sprechen kommt, daß sein Ur-Urgroßvater oder seine Ur-Urgroßmutter wegen eines mehr oder minder schlimmen Delikts in die Verbannung auf der anderen Seite der Erde geschickt wurde. Und klar, daß die Nachkommen der ersten und zweiten Siedlergeneration sich als historische Elite, als eine Art australischer Adel fühlen.

Viel öfter trifft man die Abkömmlinge der ersten freien Siedler, die zum Ende des 19. Jahrhunderts ins Land kamen. Vorher schon erlebte der Inselkontinent eine Art Einwanderungsboom, als um 1850 an verschiedenen Stellen Gold gefunden wurde. Abenteurer aus aller Welt kamen ins Land, vornehmlich aus China. 1901 trat die »White Australia Policy« in Kraft, eine Folge des Protests vieler weißer Goldgräber und der Gewerkschaften gegen die massive Einwanderung von Nichteuropäern. Bis zum Zweiten Weltkrieg blieben die Einwanderungsraten relativ gering.

Mit der Kriegserklärung gegen das Deutsche Reich am 3. September 1939 trat Australien in die Kampfhandlungen des Zweiten Weltkriegs ein. Absolut überzeugt, daß das eigene Territorium niemals davon betroffen werden könnte. Die kriegerische Bedrohung durch Japan wurde zum Schock. Auf ihrem Vormarsch gegen Port Moresby auf Neuguinea trieben die Japaner die schlecht ausgebildeten australischen Truppen »wie Schafe« vor sich her. Die damalige Regierung rechnete mit einer Invasion und plante bereits eine Verteidigungslinie zwischen Brisbane und Melbourne. Die Städte Darwin, Cairns, Townsville, Broome, Derby wurden von japanischen Flugzeugen bombardiert, U-Boote drangen in den Hafen von Sydney ein und fuhren einen Torpedoangriff. Erschreckend wurde klar, daß sich ein Land mit einer derart geringen Bevölkerungszahl niemals gegen mächtige Gegner von außen zur Wehr setzen konnte. Die Parole hieß also nach dem Krieg plötzlich »Bevölkern oder untergehen«.

Die Regierung verabschiedete ein Einwanderungsprogramm, in dessen Folge von 1945 bis 1980 über dreieinhalb Millionen Neubürger aus neunzig, vornehmlich europäischen Sprachräumen ins Land kamen.

Die konservativ-liberale Regierung lockerte 1966 die Einwanderungsbestimmungen für Nichteuropäer, was bis 1982 weit über einhunderttausend Asiaten anlockte. Die neue Labour-Regierung unter Premierminister Robert »Bob« James Lee Hawke, Ex-Gewerkschaftsvorsitzender, schränkte unter dem Eindruck der Wirtschaftskrise im Mai 1983 die Einwanderung generell wieder drastisch ein. Einwanderungsbewerbern, einige wenige willkommene Berufsgruppen ausgenommen – dazu gehören Elektroniker, Computerfachleute, angeblich Konditoren und Arbeitsplätze schaffende Unternehmer –, wird ein Kapitalnachweis von einer halben Million Dollar abverlangt.

Die Einwanderung im Laufe der vergangenen zweihundert Jahre brachte also ein buntes Völkergemisch nach Australien. Oft hört man die Bezeichnung »Schmelztiegel«, was für Sydney zum Beispiel ebenso falsch zu sein scheint wie für New York. Im Gegenteil. Eigentlich ist eher ein Festhalten an mitgebrachten Überlieferungen erkennbar. Der Wunsch, Sitten, Gebräuche und die Sprache der Heimat zu pflegen, war sicher der Vater des Gedankens, eine beachtliche Zahl von Heimatklubs zu gründen.

Bei diesen gesellschaftlichen Vereinigungen scheinen die Einwanderer aus dem deutschen Sprachraum besonders eifrig zu sein. In fröhlicher Einigkeit zelebrieren die ehemaligen Deutschen, Österreicher und Schweizer, was sie an Trachten, Tänzen, Liedern und anderem Volksgut in die neue Heimat importiert haben. Auf dem Hahndorfer Oktoberfest im Barossa Valley geht es vielleicht etwas kleiner, aber keinesfalls weniger hoch her als bei dem gewaltigen Bierfest auf der Münchener Theresienwiese. Wenn im Deutsch-Österreichischen Club in Sydney die Schuhplattler ihren präzisen Tanz auf die Bretter legen, wackeln die Wände. Und diese Wände zieren Girlanden, selbstgefertigte wundervolle Schießscheiben, historische Darstellungen der jeweiligen Nationalhelden, vom Schmied von Kochel über Andreas Hofer bis zu Wilhelm Tell, Stutzen und Armbrust, und selbstverständlich die Fahnen Schwarz-Rot-Gold, Rot-Weiß-Rot und das Schweizer Kreuz.

Was für die Seelen gut ist, ist den Mägen billig. Nichts fehlt auf den reichgedeckten Tischen, nicht die Brezeln, nicht der Leberkäs, nicht die Schmalznudeln. Gulasch und Geschnetzeltes, Maultaschen und Sauerbraten sind so gut wie einst an heimischen Tischen. Und sind genügend Bierkrüge, Weingläser und Schnapsstamperln zum seligen Prost gehoben worden, erklingen die alten Lieder, unter denen »O du schö-hö-hö-ner Wehe-he-he-sterwald« bei den Reichs- und Bundesdeutschen immer noch einen bemerkenswert hohen Rang einnimmt ... und sie nicht vergessen haben, den Mittelteil zu schmettern – »Eukalyptusbonbon« – »über deine Höhen pfeift der Wind so kalt, und selbst der kleinste Sonnenschein, dringt tief ins Herz hinein«. Wenn danach, von Schrammeln begleitet, ein Österreich-Australier von einem seligen Weinkenner singt, der den Wein schon kilometerweit riecht, kann man beobachten, wie manche Hand verstohlen in Augenhöhe zu wischen beginnt.

Ob es Heimweh gibt? Das kommt sicher zuerst auf die Einstellung an, mit der der Einwanderer seinen Fuß auf den Boden seiner neuen Heimat gesetzt hat. Am schnellsten stolpert der, der glaubt, im Schlaraffenland gelandet zu sein. Australien hat vieles zu bieten, es verlangt aber auch einiges. Vor allem die Anpassung an die Mentalität seiner Menschen und die Gegebenheiten des

Landes. Wer kommt, um bei jeder Gelegenheit darauf hinzuweisen, wie dieses oder jenes im guten alten Europa doch besser gemacht werde, findet verständlicherweise wenig Gegenliebe und wird es schwerhaben, ein Bein auf den Boden zu kriegen. Das gilt für den Handwerker wie für den Akademiker. Titel zählen wenig, gemessen wird die Leistung. Eiferer und Streber sind wenig gefragt. Wer an den Start besondere Bedingungen knüpft, sich für zu fein hält, von vorn anzufangen, wird nicht lange im Rennen bleiben. Wer aber bereit ist zuzupacken, wer Ideen hat und den Dampf, sie durchzusetzen, der bekommt eine faire Chance.

»Ihr wollt also wiederkommen?«

Greenwood productions + publications

Unser erster Besuch ging zu Ende. Es war an der Zeit, ein Resümee zu ziehen. Wir haben viel erlebt, viel gesehen, viel gefragt. Die Antworten waren so verschieden wie die Menschen, denen wir begegneten, und reichten von himmelhoch jauchzend nicht gerade bis zu Tode betrübt, aber bis zu kritisch distanziert. Erfüllte und enttäuschte Hoffnungen. Aber die meisten wollten letzten Endes nicht mehr missen, was sie in Australien gefunden hatten: Freundlichkeit, Toleranz dem Fremden gegenüber und genug Platz, um sich nicht ständig gegenseitig auf die Füße zu treten. Und genau das war unsere Antwort auf die Frage: »Was für einen Eindruck nehmen Sie denn mit nach Deutschland?«
Auch Dr. Gottfried Pagenstert stellte diese Frage vor

unserer Heimreise. Er und seine Frau Elena waren es, die Glowatzkys und viele andere, mit denen wir beruflich und privat zusammengekommen waren; sie alle hatten uns eine Fülle von Eindrücken vermittelt, die uns schon bald darüber nachdenken ließen, ob die Australienreise ein einmaliges Erlebnis bleiben sollte oder ob wir diese »Liebe auf den ersten Blick« fortsetzen würden. Tatsächlich war die Entscheidung jedoch längst gefallen...

Unser neuer Freund Pagenstert war nicht überrascht, als ich ihn fragte, wen er vom Generalkonsulat aus als Berater und Beauftragten für künftige Aktivitäten unserer Firma »Greenwood productions + publications« vorschlagen würde.

»Ihr wollt also wiederkommen?« fragte er sichtlich erfreut, »was für Pläne habt ihr?«

Es war einfach, einem erfahrenen Diplomaten unsere Gedanken zu erklären.

»Die Medienlandschaft wird sich in den nächsten Jahren rapide verändern. Neue Techniken werden das Programmangebot im Fernsehen internationalisieren und vervielfachen. Koproduktionen werden über Satelliten ausgestrahlt und informative Programme zwischen den Ländern ausgetauscht werden. Wenn wir Gelegenheit haben, wollen wir bei dieser Entwicklung mitmachen. Seit Beginn des Fernsehens in Deutschland bin ich dabei. In dreißig Jahren konnte ich in vielen Ländern alle nur denkbaren Erfahrungen sammeln. Der kommenden Zusammenarbeit zwischen Deutschland und Australien würde ich sie gern zur Verfügung stellen.«

»Ich glaube, da kenne ich den richtigen Mann«, sagte Pagenstert und nannte einen Namen: Charles J. Berg. »Ich stelle den Kontakt her. Und wenn ihr nächstes Jahr wiederkommt, Elena und ich – also wir würden uns freuen, wenn ihr dann nicht wieder im Hotel wohnt, sondern hier bei uns.«

Dieser Charles J. Berg war als Karl Josef Berg 1917 als Sohn jüdischer Eltern in Berlin geboren worden. Sein Vater, ein Berliner Musikkritiker, legte Wert auf eine solide musikalische Ausbildung seines Sohnes, kaufte ihm »eine schon etwas anspruchsvollere Geige« und engagierte einen Lehrer. Der Knabe Karl schien einen gesunden Ehrgeiz zu entwickeln, denn irgendwo in einem Interview erinnert er sich an seinen Spruch: »Ich will an die Spitze der Solisten, mit weniger bin ich nicht zufrieden.« Aber damals dachte der Mensch, und Hitler lenkte. Auch das Geschick und den Weg des jungen Karl Josef Berg. Im Jahr der Olympischen Spiele, 1936, verließ er seine fahnengeschmückte und vorübergehend weltoffene Heimatstadt Berlin mit nicht sehr viel mehr unterm Arm als seiner Geige. Die Reise in eine ungewisse Zukunft endete nach wenigen Monaten Aufenthalt in London Anfang des Jahres 1937 in Sydney.
»Als bettelarmer Flüchtling«, so seine Erinnerung in einem Interview der Zeitschrift »The Weekend Australian Magazine«, »war ich heilfroh, für drei Pfund in der Woche in einem Lagerhaus Kisten stapeln zu dürfen. Das einzige, worüber ich mir damals sehr bald klar war, war die Erkenntnis, daß mich das auf Dauer nicht befriedigen würde. Inzwischen war ich auch nicht mehr ganz so sicher, ob ich als Geiger an die Spitze kommen würde, denn in der Herberge, in der ich dreißig Shilling für Bett und Frühstück in der Woche zahlen mußte, war das Üben auf Musikinstrumenten verboten. Also verkaufte ich meine deutsche Geige für fünfzehn Pfund

und zahlte davon einen Fernkurs in Buchhaltung. Jeder Briefwechsel mit neuem Unterrichtsstoff kostete fünf Shilling.«

Schon bald nachdem er seine Prüfungen bestanden hatte, machte er sich selbständig. Hat er die Aufgabe seiner Geigerkarriere bedauert?

»Die Buchhalterei öffnet mehr Türen.«

Doch auch während seiner Tätigkeit als Buchhalter in der Industrie durch die Jahre des Zweiten Weltkriegs vergaß er seinen musikalischen Hintergrund nur vorübergehend. Inzwischen australischer Staatsbürger, gründete er nach dem Krieg sein eigenes Wirtschaftsprüfungsbüro und entwickelte es zu einem Unternehmen mit sieben Partnern und achtzig Mitarbeitern. Daneben aber rief er 1947 die »Musica viva Australia« ins Leben und wurde Geschäftsführer dieser Kammermusik-Organisation, die eine der größten und erfolgreichsten der Welt wurde.

Damit waren seine musikalischen Ambitionen aber keineswegs befriedigt. Der Sohn des Berliner Musikkritikers war ein begeisterter Opernfreund. Mit größtem Interesse verfolgte er die Ereignisse seit der Idee des Dirigenten Sir Eugene Gossens, in Sydney ein Opernhaus zu bauen.

Den 1954 ausgeschriebenen Wettbewerb gewann der dänische Architekt Jörn Utzon. Es gibt verschiedene Versionen, was ihn zu seiner spektakulären Architektur inspiriert hat. Eine besagt, die Idee zu den zehn perlenfarbenen, segelartigen Dächern – die schimmernde Oberfläche der aus 2194 Einzelteilen bestehenden Dachmuscheln rührt von den aus Schweden importierten 105 600 weißen und cremefarbenen Majolikaplatten – sei ihm beim Betrachten alter Bilder von der in den

Port Jackson einlaufenden »First Fleet« gekommen; eine andere meint schlicht und einfach, beim Schälen einer Apfelsine. Wie auch immer, sein architektonisches Wunderwerk wurde zum neuen Wahrzeichen der Stadt Sydney und neben dem Ayers Rock zur wohl meistfotografierten Attraktion Australiens.

Glück hat ihm der Sieg im Wettbewerb nicht gebracht. Vom ersten Spatenstich auf der ehemaligen Müllhalde an, am 2. März 1959, gab es nahezu unüberwindliche Probleme. Der Boden gab nach, die ursprünglich kalkulierten Kosten von 7,2 Millionen AUS $ stiegen auf weit über einhundert Millionen. Zur Finanzierung mußte eine Lotterie gegründet werden, in die jeder Australier 15 AUS $ einzahlte. Dann paßten die Dachmuscheln nicht, und schließlich endete der Vertrag mit dem dänischen Architekten Jörn Utzon im Krach. Im Februar 1966 warf er das Handtuch. Er war derart verbittert, daß er der offiziellen Einweihung durch Königin Elisabeth II. am 20. Oktober 1973 fernblieb.

Fertiggebaut wurde das 183 Meter lange, 118 Meter breite und an der höchsten Muschel 67 Meter hohe Bauwerk, das nicht nur die Oper, sondern einen Konzertsaal und ein Theater umfaßt, von vier australischen Architekten. Insgesamt finden hier 6 000 Personen gleichzeitig Platz. Der größte Raum ist die Concert Hall mit 2 690 Plätzen und einer der größten mechanischen Orgeln der Welt. 15 Meter hoch, zählt sie 127 Register und 10 500 Pfeifen. Zuhörer loben die hervorragende Akustik der Concert Hall, aber Opernproduzenten kritisieren die zu geringen Arbeits- und Bühnenflächen des Opera Theatre, was die Aufführung großer klassischer Opernwerke sehr erschwert.

1971, also zwei Jahre vor der feierlichen Einweihung des am Bennelong Point aus dem Port Jackson aufragenden Wunderwerks moderner Architektur, wurde die unabhängige, sich selbst verwaltende Gesellschaft der Australian Opera gegründet. Zunächst stellvertretender Vorsitzender und von 1974 bis 1986 Vorsitzender wurde Charles Josef Berg. Für seine Verdienste um die Musik zeichnete ihn Königin Elisabeth II. 1972 mit dem Orden des Britischen Empire aus.

*M*itte des Jahres 1983 trafen wir Charles Berg in München. Ein Grandseigneur, Mittsechziger, schlank, hohe Stirn, leicht gewelltes, zurückgekämmtes Haar, dünn gefaßte Brille, feingliedrige Hände, eine leise, aber metallische Stimme.

»Generalkonsul Dr. Pagenstert hat mir von Ihrem Interesse am australischen Fernsehmarkt erzählt. Was kann ich für Sie tun?« Der Mann strahlte Kompetenz aus. »Machen Sie sich bitte keine falschen Vorstellungen. Sie sind wahrscheinlich andere Größenordnungen gewöhnt. Bei knapp fünfzehn Millionen Einwohnern ist unser Markt wesentlich kleiner als bei Ihren 62 Millionen. Wie stellen Sie sich denn Ihre Aktivitäten in Australien vor?«

Aufmerksam hörte er zu, was wir gesehen und erlebt hatten, wo wir Möglichkeiten für eine Zusammenarbeit mit den australischen »networks« glaubten entdeckt zu haben.

Charles Berg kam bald zur Sache: »Und wer vertritt Ihre Interessen in Sydney?«

»Wir dachten, vielleicht Sie.«

Einen Augenblick lang musterte er Gundel und mich, lächelte und sagte leise: »Einverstanden!«

Greenwood productions + publications GmbH war in der zahlreichen internationalen Klientel von Charles J. Berg, Chartered Accountants, vom Seniorpartner akzeptiert.

»Ich lasse Ihnen die Urkunden über die Erteilung der ›Power of Attorney‹, der Vollmacht, zuschicken. Es wird wohl nötig sein, daß Sie beide die Urkunde in Anwesenheit eines Beamten der australischen Botschaft in Bonn unterschreiben.«

Wir hatten »unseren Mann in Sydney« gefunden.

Godesberger Allee 107, Bonn-Bad Godesberg, die Australische Botschaft in der Bundesrepublik Deutschland. Ein freundlicher Herr am Empfang.

»Der Konsul hat noch Besuch. Nehmen Sie doch solange Platz!«

Unser Wunsch war möglicherweise etwas problematisch. Keine Visitor Visa mit einer auf sechs Monate begrenzten Gültigkeit, sondern Temporary Visa auf vier Jahre, ohne den roten Eindruck »Employment prohibited«. Wir suchten zwar keine Anstellung in einem australischen Unternehmen, aber sollten wir uns zu Investitionen entschließen, hätten wir gerne zeitlich ungehinderten Zugang dazu gehabt.

Der Konsul hörte sich mein Englisch geduldig an, zeigte höfliches Interesse für unser Anliegen, stellte eine Menge sachlicher Fragen in feinster britischer – Verzeihung! – australischer Art und meinte gegen Ende unserer gepflegten Konversation, er sei durchaus der Meinung, daß eine gewisse Möglichkeit zur Erfüllung unseres Wunsches gegeben sei. Dieses jedoch liege nicht mehr ganz in seiner Kompetenz, sondern bedürfe einer Prüfung der zuständigen Stellen in Canberra.

Nun, eigentlich wollten wir die Regierung in Canberra nicht mit unserem Anliegen belästigen, sahen aber natürlich ein, daß sie prüfen mußte, ob sie uns ins Land lassen wollte oder nicht. Um ihr die Entscheidung möglicherweise zu erleichtern, legten wir dem freundlichen Konsul die aus Sydney eingetroffenen Urkunden mit der »Power of Attorney« für Charles J. Berg, Chartered Accountants, vor, mit der Bitte, sie in seiner Gegenwart unterzeichnen zu dürfen, um sie danach seinerseits mit Unterschrift und Dienstsiegel zu versehen.

Die Tür öffnete sich, und ein soignierter Herr begrüßte uns in jenem akzentuierten Deutsch, welches den Gentleman signalisiert. Exzellenz Robin Ashwin, Botschafter Australiens in der Bundesrepublik Deutschland, gab zu verstehen, unser Besuch sei ihm von Generalkonsul Dr. Pagenstert und Charles Berg avisiert worden, und er versichere uns seiner Unterstützung bei den geplanten Aktivitäten. Außerdem würde er sich freuen, wenn wir ihn über den Fortgang der Dinge unterrichtet hielten.

Nach zwei Stunden verließen wir die Botschaft mit umfangreichen Fragebögen, alsbald auszufüllen und mit je zwei Paßbildern versehen zurückzuschicken, und in dem angenehmen Gefühl, daß die uns im Land bewiesene Freundlichkeit und Hilfsbereitschaft auch in den australischen Auslandsvertretungen praktiziert wird.

Nach vier Wochen erhielten wir die »Temporary Visa«, die zu mehrfachen Ein- und Ausreisen in einem Zeitraum von vier Jahren berechtigten.

Australien als zweite Heimat

Small-talk und business talk

Entscheidende Schritte zu einem entscheidenden Schritt

7 St. Mervyn's Avenue, Point Piper 2027, N.S.W. Die Residenz des deutschen Generalkonsuls in New South Wales und Queensland. Die Pagensterts waren unsere Gastgeber für die nächsten sechs Wochen. Eine höchst interessante Erfahrung, einen Diplomatenhaushalt aus nächster Nähe beobachten zu können. Ich glaube, die meisten Vorstellungen über das Leben der Vertreter unseres Staates im Ausland bedürfen einer gründlichen Korrektur. Gottfried Pagenstert war der unauffälligste Gastgeber, dessen wir uns erinnern können, die meiste Zeit blieb er unsichtbar. Ein Vierzehn-Stunden-Programm schien seine Tagesordnung zu sein. Kurierpost aus Bonn am frühen Morgen, Besucher im Konsulat am Vormittag, Empfänge und Besprechungen über die Mittagszeit, Besichtigungen, Einweihungen, Verhandlungen bis in den Abend, Berichte und Kurierpost nach Bonn bis in die tiefe Nacht. Eine der vielen diplomatischen Tugenden, den Streß nicht zu zeigen.
Kam er nach einem solchen Tag unerwartet nach Hause, hörte man schon von fern sein fröhliches: »Hallo – hallo – hallo! Zufällig jemand zu Hause?« Dann maß er

seine verbliebenen Kräfte an dem anspringenden »Boris«, ließ sich von seinen drei Söhnen, soweit sie da waren, über deren Tagesablauf Bericht erstatten, um mich irgendwann zwischendurch zu fragen, ob ich nicht Lust hätte, ihn noch schnell in einen deutschen Klub zu begleiten. Der Wahrheit die Ehre, meist hatte ich keine, denn auch unsere Tage waren lang.

Aber unsere uneingeschränkte Bewunderung gehörte der Dame des Hauses. Elena war die absolute Patentfrau. Nicht nur im Salon, sondern auch in der Küche des großen Haushalts perfekt, eine resolute und liebende Mutter gleichermaßen und neben alledem auch noch ständig um das Wohl ihrer Gäste bemüht. Nicht selten hatten die Pagensterts am Abend bis zu einhundert Gäste. Die in Sydney akkreditierten Vertreter des Diplomatischen Korps, der Presse, Vertreter der Wirtschaft und der Stadtverwaltung und Gäste aus aller Herren Länder genossen die Gastfreundschaft in der Residenz des deutschen Generalkonsuls. Und wer Elena Pagenstert inmitten der in allen Sprachen fröhlich parlierenden Gesellschaft sah, hier einen neuen Gast begrüßend, dort einen Gesprächskontakt herstellend, dachte sicher nicht daran, daß sie bis wenige Minuten vor dem Empfang in der Küche Brote belegt, kleine Pizzen und Pasteten mit selbstgemachter Fülle verziert, in mehreren Pfannen Delikateßwürstchen gebraten, Eiswürfel in Glasschalen verteilt, Blumen in Vasen dekoriert hatte, und was sonst noch alles. Kunststück, meinen Sie, bei den vielen Bediensteten in einem Diplomatenhaushalt? Von wegen! Eine einzige hatte sie. Ein nettes junges Mädchen von den Philippinen, dessen Heimweh sichtlich größer war als ihre Erfahrung in der Vorbereitung diplomatischer Empfänge.

Was uns beim erstenmal besonders angenehm auffiel, waren außergewöhnlich höfliche, gewandte junge Damen und Herren, die den Gästen Speisen und Getränke anboten, sie dabei nicht selten mit Namen ansprachen und sich nach dem Befinden erkundigten. Recht ungewöhnlich für Leihkellner, dachten wir. Bis man uns den einen oder die andere vorstellte. Es waren die Tochter und der Sohn des anwesenden Admirals, Guy Griffiths, und seiner Frau Karla, und ihre Freunde. Diese jungen Leute, Studenten zumeist, hatten einen hervorragend funktionierenden Party-Service gegründet. Damit machten sie aus der Not der elterlichen Verpflichtungen die Tugend des Auffrischens ihrer monatlichen Bezüge. Der Tarif war acht AUS $ pro Nase und Stunde. Eltern und Kinder trafen sich also auf verschiedenen Ebenen bei gesellschaftlich gleichen Anlässen. Der gegenseitige Gedankenaustausch nach solchen »Einsätzen« war uns eine amüsante Vorstellung.

Eine Vorstellung ganz anderer Art war die zu diesen Anlässen übliche Begrüßungsrede des Generalkonsuls. Dazu versammelten sich die Gäste in der großzügig gestalteten Eingangshalle des Hauses, aus der eine geschwungene Treppe in das obere Stockwerk führte. Mit schöner Regelmäßigkeit erschien, sobald der Hausherr auf der dritten Stufe von unten seine pointierte Rede begann, der Hund Boris, bezeugte seinem Herrn stürmische Sympathie und reagierte auf die ausbrechende Heiterkeit mit entsprechendem Gebell.

Ein Gast neben mir meinte: »Das hat er dem Hund beigebracht.«

War eine solche »Schlacht« mal wieder geschlagen – erfahrene Gäste verabschieden sich vor Mitternacht, es gibt aber auch unerfahrene –, war das verlassene Feld auch schon wieder geräumt. Admirals Kinder und deren Kommilitonen hatten das getürmte Chaos in der Küche bereits beseitigt, im Tarif inbegriffen. Und zur Nachahmung empfohlen.

60 Margaret Street, nahe George Street, ragt aus der Mitte der City einer der modernen Bürotürme in den Himmel. Im 32. Stock liegen die rundum verglasten Büros der landesweit renommierten Steuerberatungs- und Wirtschaftsprüfungsgesellschaft Charles J. Berg & Partners, Chartered Accountants. Wir sitzen unserem konsularisch beglaubigten Bevollmächtigten, Charles Berg, und einem seiner Partner, Graham Watman, gegenüber.

Der Blick aus dem Chefbüro lenkt immer wieder vom »business talk« ab. Da unten, fast einhundert Meter tiefer, liegt das Opernhaus. Gleich dahinter das einer Burg ähnliche Government House, Sitz der Gouverneure Ihrer Britischen Majestät. Nicht weit davon das Conservatorium of Music, ehemals die Pferdeställe der Gouverneure, mitten in den wundervoll angelegten Royal Botanic Gardens. Im Westen begrenzt von der feudalen Macquarie Street.

Vom Dach eines der luxuriösen Bürogebäude leuchtet der Schriftzug der Lufthansa herüber. An ihrem östlichen Ende laufen die Botanischen Gärten hinein in das klare Wasser der Farm Cove und enden am Mrs. Macquaries Point. Diese Felsspitze bekam den Namen »Mrs. Macquaries Chair«, weil sie die Form eines riesigen Sessels hat. Von hier aus soll die Frau des Gouverneurs besonders gern die in den Port Jackson einlaufenden Schiffe beobachtet haben. Genau wie wir jetzt, aus der Höhe der Chefetage im CBA-Centre in der Margaret Street.

Langsam nahm der Plan Gestalt an, in welcher Reihenfolge mit welchen Firmen und Personen Kontakte aufgenommen und Gespräche geführt werden müßten, um die besten Möglichkeiten für eine künftige Zusammenarbeit zu finden. Charles Berg, ein Mann mit vielen Ämtern und Pflichten, erwies sich als Schlüssel zu vielen Türen.

Der Kopf schwirrte uns, als wir das CBA-Centre verließen. Eine Menge Arbeit stand uns bevor, viele Entscheidungen mußten gründlich überdacht und irgendwann getroffen werden. Gundel und mir war klar, daß es nicht einfach sein würde, 20 000 Kilometer von zu Hause weg, in einem fremden Land, auf der anderen Seite der Erde beruflich Erfolg zu haben.

Nach der Besprechung mit Charles Berg und Graham Watman dachten wir, es sei gut, einen kleinen Spaziergang einzulegen. Also begaben wir uns zunächst einmal in den Botanischen Garten. Und vielleicht waren das die entscheidenden Schritte zu einem entscheidenden Schritt.

Duftende Rosenbeete in allen Farben. Sanft zum Wasser abfallende Rasenflächen mit uralten Eukalyptus- und bauchigen Flaschenbäumen. Unter einem ein Musikstudent aus dem naheliegenden Konservatorium, geduldig immer wieder die gleiche Tonfolge auf seiner Posaune übend. Kaum ein Mensch sonst auf den Wegen durch die Beete mit tropischen Pflanzen. Kakteen mit leuchtendroten Blüten, Farne mit gewaltigen Fächern, baumhohe Bambusbüsche. Weiße und schwarze Schwäne auf einem kleinen See, über den sich eine

109

exotische Brücke biegt. Ein Tee-Pavillon mit fröhlichen Gästen unter bunten Sonnenschirmen. Vor uns die über die alten Bäume ragenden Spitzen der Opernhausdächer, hinter uns die Silhouette der City mit dem goldglänzenden Aufbau des Sydney Tower. Wir sprachen nicht viel, dachten aber offenbar das gleiche.

Gundel blieb stehen. »Wäre es nicht schön, wenn wir hier was kaufen würden?«

Der Bann war gebrochen, der Weg frei – zum nächsten Makler.

»Hier könnt ihr nie etwas kaufen.«

Eine gute Adresse

*F*or sale« und »Inspection today«... Hatte unser Interesse bisher nur ganz allgemein der offensichtlich starken Fluktuation auf dem Wohnungsmarkt gegolten, so wurden diese Schilder jetzt aufregend aktuell.

Zunächst erzeugten wir ungläubiges Staunen bei Familie Pagenstert, als wir sie mit der Nachricht überraschten, uns in Sydney eine Basis schaffen zu wollen. Dann aber bekam Elena rosige Wangen und machte den Eindruck, als wolle sie sofort mit uns losfahren, um etwas Passendes zu suchen.

Eine bessere Beraterin hätten wir allerdings auch nicht finden können. Eine Diplomatenfrau entwickelt in diesem Bereich schon aufgrund der Tätigkeit ihres Mannes ein ganz besonderes Gespür: Macht er Karriere, ist damit meist auch ein Ortswechsel verbunden. Gottfried hatte inzwischen eine stattliche Anzahl diplomatischer

Aufgaben im Ausland hinter sich, darunter die des Botschafters auf Zypern. Seine Zeit als Generalkonsul in Sydney ging auch schon bald wieder zu Ende, und es war noch nicht entschieden, wohin die nächste Berufung ihn bringen würde.

Wir bewunderten die Gelassenheit, mit der die Familie dieser Ungewißheit entgegensah, spürten aber auch, was es bedeuten mußte, nach einigen Jahren intensiver Kontaktpflege mit Stadt, Land und Menschen den vertrauten Kreis zu verlassen, um irgendwo in der Welt wieder von vorne zu beginnen: für den Mann ein sicher interessantes neues Aufgabengebiet, für die Frau aber die mühsame Suche nach einem neuen Heim für die Familie und für die Kinder den Verlust der vertrauten Umgebung, der Freunde und das Eingewöhnen in eine neue Schule.

Elena nahm sich unserer Probleme derart an, als wollte sie für ihre bevorstehende eigene Herausforderung auf diesem Gebiet trainieren. In abendlichen »Familiensitzungen« wurde mit Hilfe des »Gregory«, des besten der mir im Laufe vieler Jahre bekannt gewordenen Stadtpläne, diskutiert, welche Gegenden für unsere Wohnungssuche überhaupt in Frage kämen. Wie gesagt, zwischen Palm Beach im Norden und Lilli Pilli im Port Hacking, im Süden von Sydney, gab es zumindest theoretisch 490 Möglichkeiten. Nach gründlichen Überlegungen schied der Norden zuerst aus. Wegen der Staus auf der Harbour Bridge während der Rush-hour. Trotz der acht Fahrbahnen konnte es sein, daß man eine Dreiviertelstunde brauchte, um über die Brücke zu kommen. Also konzentrierten wir unsere theoretische Suche auf den südlichen Teil der Stadt, die City-Seite. Weil das auch näher am Flugplatz ist. Sehr wichtig für unseren künftigen »Pendelverkehr« zwischen München und Sydney! (Dreißig Flugstunden – ein Weg.) Südlich des Kingsford Smith Airport fließt der George River durch die Botany Bay in den Pazifik. Links und rechts liegen dutzendweise malerische Buchten. Oatley Bay zum Beispiel. Hier wohnten Ted und Doris Healy, Inhaber von »York Films«, mit denen wir die ersten Greenwood-Aktivitäten gestartet hatten. Mit Healys Motorboot fuhren wir all die schönen Buchten am George River ab. Von den Ufergrundstücken leuchteten uns zahllose Schilder »For sale« entgegen. Eine künstlich gebaute, kreisrunde Halbinsel fiel uns dabei besonders auf, »Silvania Waters«. Hübsche Häuser in gepflegten Gärten, jedes mit eigenem Bootssteg. Ich sah mich schon am Kapitänspatent büffeln.

Kamen wir am Abend in die Pagenstert-Residenz zurück, wurde uns unsere Begeisterung ganz schnell wieder ausgeredet: »Da kommt euch kein Mensch besuchen, das ist viel zu weit weg!«

Wieso eigentlich? Wir hatten die Healys ja auch schon ein paarmal besucht und dabei keineswegs den Eindruck, daß sie an ihrer Oatly Bay in Einsamkeit versauerten.

Keine Widerrede, wir müßten näher an die Stadt. Und überhaupt: »Wozu gibt es die vielen Makler?« Gleich um die Ecke, in Double Bay und in Rose Bay.

»Wozu habt ihr mich?« fragte Elena.

»Ich fahre mit euch in der Gegend herum. Wir werden schon was Hübsches finden. Und eigentlich kommen überhaupt nur die ›Eastern Suburbs‹ in Frage.«

Na, wenn das so war, dann fielen von den 490 Möglichkeiten ungefähr 470 gleich mal weg – eine spürbare Erleichterung. Die »Eastern Suburbs« erstrecken sich vom Opernhaus am südlichen Ufer des Port Jackson bis zum South Head, also dem südlichen Kopf der Hafeneinfahrt. Die beiderseits der breiten New South Head Road liegenden Wohngebiete rangieren auf der erwähnten Rangliste immer unter den ersten zehn Stadtteilen – und was dort zum Kauf angeboten wird, gehört zum Teuersten. Wer kann sich das schon leisten?

Wir kannten also unsere Grenzen, und zwar im doppelten Sinne des Wortes. Geographisch und finanziell, wobei das eine das andere bedingte. Geographisch genehmigt waren durch die Pagensterts und die Glowatzkys: Elizabeth Bay, Rushcutters Bay, Darling Point, Double Bay, Point Piper, Rose Bay, Vaucluse und Watson Bay. Finanziell durch uns: Kaum etwas von all den angebotenen Schmuckkästen. Der mehr oder weniger herrliche Hafenblick hatte seinen mehr oder weniger atemberaubenden Preis. Warum sollten uns nicht eben ein paar Leute weniger besuchen in einer Gegend, in der man »nur« auf eine liebliche Bucht sah, dafür aber auch der geforderte Preis überschaubar blieb? Mit Steg und nicht selten sogar mit Boot weniger als die Hälfte.

Richard Pratt, australischer Verpackungskönig, hatte uns während einer Hafenrundfahrt auf seiner Motorjacht die Grundregeln für Immobilienkäufe eingebleut: »Stört euch nie an den geforderten Preisen«, hatte er gesagt, »wichtig ist der Preis, den man letzten Endes bezahlt.«

Das leuchtete ein, aber schließlich waren wir nicht im Orient.

»Und wenn ihr was kauft, dann sind drei Dinge absolut wichtig: Erstens ›location‹, zweitens ›location‹ und drittens ›location‹! Was ihr heute in einer besonders teueren

Lage kauft, könnt ihr morgen wieder verkaufen, meistens mit Gewinn!«

Auch das leuchtete ein, wenn man die Denkweise eines so erfolgreichen Mannes nachvollziehen konnte. Ab da wurde unser Mut etwas größer, und wir zogen die Kreise der geographischen Möglichkeiten enger und die der finanziellen weiter.

*E*lena begann die Besichtigungsfahrten durch die Eastern Suburbs immer in der gleichen Weise. Von der St. Mervyn's Ave, links in die New South Head Road. Nach hundert Metern wieder links, in die Wolseley Road. Eine Prachtvilla an der anderen, mit Blick über Double Bay, Darling Point, Clarke Island, den Hafen, das Opernhaus und die Brücke. Am Point Piper in einer Rechtskurve in die Wyuna Road, zurück und hinunter, durch eine Spitzkehre nach links, in die tieferliegende Wunulla Road. Vorbei am Royal Motor Yacht Club bis zum Ende der Straße. Um das Rondell herum und zurück zur New South Head Road.

»Hier könnt ihr nie was kaufen«, sagte Elena. »In dieser Gegend zu wohnen, ist der Wunschtraum zu vieler Australier. Die Preise sind verrückt, und nur ganz selten wird was verkauft. Ich will euch nur mal zeigen, wie schön es hier ist.«

Wir konnten ihr nur zustimmen. Vor allem, was die Preise betraf. Also konzentrierten sich die Besichtigungen auf Eigentumswohnungen in weiter zurückliegenden Hochhäusern und auf kleinere Einfamilien- oder Reihenhäuser. Besonders interessant waren die »Inspection today«-Trips. Wir kamen in Wohnungen, deren Inhaber sich durch die Interessenten keineswegs stören ließen.

»Have a look«, sehen Sie sich ruhig um, und wir wanderten durch »bath- and bedrooms«, durch Kinder- und Wohnzimmer, durch Küchen und Keller, machten am Ende der Besichtigung ein Kompliment oder auch nicht und verabschiedeten uns mit einem verlegenen Lächeln. Also ich wenigstens kam mir jedesmal äußerst indiskret vor.

»Keine Angst«, sagte Elena, »das ist hier üblich, die Leute sind das gewohnt. Gehen wir zum nächsten?«

An so was könnte ich mich nie gewöhnen.

*J*e mehr man sieht, desto weniger weiß man, was man will. Saßen wir nach so einem Besichtigungstag am Abend zusammen, konnte es passieren, daß wir einige Wohnungen völlig durcheinanderbrachten.

»Es muß halt irgendwann einfach ›klick‹ machen«, sagte unser Sohn Thomas, der zu Besuch gekommen war und uns mit kritischen Augen bei der Suche nach einer »Bleibe« unterstützte. Bei so was soll man die Söhne ja fragen, bevor sie einem möglicherweise das Erbe vorwerfen.

Wir warteten also auf das »Klick«.

»Sag mal«, fragte Fred Pagenstert seine Frau Elena, »wollten Dreschers nicht irgendwann verkaufen?«

Achim und Anthia Drescher, deutsch-australisches Ehepaar, wohnten ganz in der Nähe der Pagensterts in einem viktorianisch aussehenden Zweifamilienhaus, wie man uns während des Abendessens erzählte.

»Warum rufen wir sie nicht an und fragen, ob wir schnell mal vorbeikommen können?«

Protest unsererseits. Zu spät, mit der Tür ins Haus, und dergleichen. Eine halbe Stunde später fuhren wir bei den Dreschers vor.

115

New Beach Road in Rushcutters Bay. Eine alte Allee, entlang einem Park, direkt am Cruising Yacht Club. Auf der dem Wasser gegenüberliegenden Straßenseite ein steiler Hang, aus dessen dichtbewachsenen Gärten vornehme Villen mit ihren Fenstern in den Abend leuchteten. Tommy, Gundel und ich blickten nach oben, danach uns an, schnippten mit den Fingern, sprachen ein gemeinsames »Klick« und stiegen die Stufen zum Eingang des Hauses hinauf.

Achim Drescher, Typ junger, gewandter, energischer Manager. Anthia Drescher, Typ Lady Diana. Beide machten den Eindruck, als ob sie auf nichts anderes gewartet hätten als auf unseren späten Besuch.

Das Haus, hohe Räume, sehr geschmackvoll eingerichtet, fast in jedem Raum – jedenfalls in denen, die wir zunächst zu Gesicht bekamen – ein offener Kamin. Der im Wohnzimmer brannte.

»Klick!«

Ich war der Meinung, man könne nicht gleich nach der Begrüßung und Vorstellung nach dem Preis des Hauses fragen. Mein Freund, der Diplomat, schien anders darüber zu denken.

Er eröffnete die Verhandlung: »Habt ihr eigentlich schon was gefunden? Ihr wolltet doch umziehen?«

Achim Drescher merkte die Absicht – und war freundlicherweise nicht verstimmt.

»So schnell nun auch wieder nicht, Anthia hat ja noch Zeit.«

Wenn er meinte, was unter der Bemerkung zu verstehen war, hatte seine Frau allerdings noch Zeit, denn es war nicht das Geringste davon zu merken, daß sie ein Baby erwartete. Das also war der Grund, warum die Dreschers ein größeres Haus suchten. Nicht weil er mehr

116

verdiente oder das Haus irgendwelche Mängel offenbarte.

Fred Pagenstert läutete die zweite Runde ein: »Die Fuchsbergers suchen ein Haus oder so was«, wobei mir nicht ganz klar war, was er mit »oder so was« meinte. Achim Drescher schien es zu wissen.

»Na ja, dieses Haus ist schon besonders hübsch. Wir lieben es sehr. Mit ›so was‹ wird sich ein Filmstar wohl nicht zufriedengeben.«

Mit »so was« waren also die vielen anderen Objekte auf dem Markt gemeint, die den Wert seines Hauses natürlich bei weitem nicht erreichten. Damit schien mir die Verhandlungsschlacht eröffnet zu sein.

Bei Außenstehenden und Finanzbeamten sind die Vorstellungen über die finanzielle Situation bei einem Film- und Fernsehschaffenden oft erstaunlich weit von der Realität entfernt. Eine Korrektur tat not.

»Der Filmstar macht zwar einen schlanken Hals und einen schmalen Fuß«, versuchte ich zu flachsen, »meinen letzten Film habe ich 1972 gedreht. Das war ›Das Mädchen von Hongkong‹. Seither bin ich freier Moderator bei einer Anstalt des öffentlichen Rechts.«

Herr Drescher blieb ganz ernst. »Wir haben tatsächlich schon ein paar Interessenten«, sagte er und blickte mir ins Auge.

Ich blickte zurück. Wozu ist man schließlich Schauspieler? »Mit welchem Preis rechnen Sie denn?«

Gekonnte Pause bei Herrn Drescher – dann nannte er die Summe. Ich erinnerte mich an Richard Pratt, den australischen Verpackungskönig: »Wichtig ist der Preis, den man letzten Endes bezahlt.«

Jetzt war ich wieder dran: »Das übersteigt unsere Vorstellung«, sagte ich und fand den Satz gar nicht schlecht. Er muß es wohl auch nicht gewesen sein, denn Herr Drescher blieb interessiert.

»Wieviel denken Sie anzulegen?«

Ich nannte ihm eine wesentlich geringere Summe. Er dachte nach.

»Wir sollten uns in den nächsten Tagen zu einem Essen treffen. Ich lade Sie in den Australian Club ein. Dann können wir vielleicht in Ruhe darüber reden.«

Ein kluger Schachzug. Die Verhandlung war verschoben, auf eine neutrale Ebene, in einen Klub, zwischen dessen Wänden große Geschäfte in sachlicher Atmosphäre abgewickelt werden. Und die Formulierung »vielleicht darüber reden« war Taktik, sollte nur gedämpftes Interesse am Verkauf seines Hauses signalisieren, in dem wir gerade bei einem köstlichen Wein aus dem Barossa Valley den Rest des Abends am Kamin verbrachten.

Als wir die Dreschers verließen, hatten wir zwar noch kein Haus, aber sehr nette neue Bekannte – und weiterhin die Spannung, was aus »unserem« Haus, Nr. 70 New Beach Road, wohl werden würde. Bald stellte sich heraus, daß auch ein »Klick« zwei Seiten haben kann. In der Beurteilung von Fachleuten wurde aus dem Park unter alten Alleebäumen ein Tummelplatz für Spaziergänger mit Hunden, die ihr Geschäft erledigen sollten, und ein Trainingsfeld für lautstarke Bumerangwerfer. Aus den Alleebäumen wurden naturgeschützte Sichtversperrer auf den Hafen, und die Straße selbst zum fast immer überfüllten Parkplatz für die Mitglieder des Cruising Yacht Club. Das Haus allerdings blieb liebenswert, auch wenn es keine Garage hatte, ein Faktor, den die Fachleute unter den gegebenen Umständen bei der Wertzumessung zu bedenken gaben.

*D*ie Atmosphäre im Australian Club war beeindrukkend. Man konnte sich durchaus vorstellen, daß hier Beachtliches über die fein gedeckten Tische hin und her verhandelt wurde, im Stile: höflich bis zur letzten Galgensprosse, aber gehängt wird doch.

Vornehme Herren blickten aus geschnitzten Rahmen von Gemälden im Stil der alten Meister auf uns herab. Fast hätte man den Eindruck haben können, daß die Edlen an den elegant bespannten Wänden etwas indigniert zur Kenntnis nahmen, daß unter ihren Augen lediglich um ein Haus gefeilscht wurde. Auch wir blieben höflich und würdigten das Dinner – von der geeisten Melone mit Parmaschinken über die Gemüsesuppe à la Minestrone, gefolgt von einer Lammschulter mit Kartoffel in Silberfolie bis zum abschließenden Kiwi-Sorbet, Kaffee und, last but not least, einem alten, in großen Schwenkern auf blauer Flamme zu voller Entfaltung gebrachten Cognac.

Menschlich hatte uns das gute Essen nähergebracht, geschäftlich keinen Schritt. Forderung und Gebot blieben gleich weit voneinander entfernt, die edlen Gesichter an den Wänden blickten anerkennend aus den geschnitzten Rahmen. Oder bildete ich mir das nur ein? Zunächst jedenfalls hatte es sich mit Nr. 70 New Beach Road in Rushcutters Bay »ausgeklickt«.

Gebaut, um zu funktionieren – Canberra

Die Hauptstadt vom Reißbrett

ACT – Australian Capital Territory – ist ein durch schwierige Verhandlungen entstandenes Gebiet, auf dem die Hauptstadt des australischen Bundesstaates, Canberra, 1913 offiziell gegründet wurde und ihren Namen bekam. Selbst um den Namen der neuen Hauptstadt gab es Krach, nachdem die Wähler von New South Wales schon damit nicht ganz einverstanden waren, daß Melbourne bis dato provisorischer Regierungssitz war. Daher stimmten sie der Schaffung des Bundesstaates im Jahre 1899 erst zu, als man ihnen versprach, daß die neu zu gründende Hauptstadt auf dem Territorium von New South Wales liegen werde. Die anderen Bundesländer machten nun ihrerseits zur Auflage, daß die neue Hauptstadt aber mindestens 160 Kilometer von Sydney entfernt sein müsse.

Besonders originell sind Geschichten über die damaligen Bemühungen, einen passenden Namen für den neuen Regierungssitz zu finden. Die wohl erstaunlichste Wortschöpfung kam bei dem angeblichen Versuch eines Politikers zustande, es allen Beteiligten recht zu machen. Er nahm ganz einfach die Anfangsbuchstaben der damaligen australischen Verwaltungssitze – Sydney, Melbourne, Adelaide, Perth, Brisbane und Hobart – und konstruierte daraus »Sydmeladperbrisho«. Andere Vorschläge sollen gewesen sein: »Wheatwoolgold«, (Weizenwollegold), »Democratica Marsupalia« (Stadt der Beuteltiere), zumindest passend für die Bundesfinanzverwaltung. Zum Glück für die heutigen Bewohner blieb es bei dem Namen, den die Eingeborenen ihrem Siedlungsplatz vor 150 Jahren gegeben hatten. Sie nannten ihn Kanbara, Kambarra oder Canberry, was ungefähr »Treffpunkt« bedeutet.

Niemand braucht sich zu schämen, wenn er feststellt, daß er den Namen der Hauptstadt Australiens falsch ausgesprochen hat. Bis heute gibt es keine offiziell festgelegte Betonung. Die angebotenen phonetischen Möglichkeiten schwanken zwischen »Cän-bra«, »Can-bear-a« und der Aussprache der Eingeborenen, die Canberra auf der ersten Silbe betonen.

Kein Wunder, daß man sich mit dieser neuen Stadt stets kritisch auseinandergesetzt hat. Man spricht ihr ab, was sie aufgrund ihrer geschichtlichen Entwicklung ja gar nicht erlangen konnte, die gewachsene Urbanität. Sie wurde gebaut, um zu »funktionieren«. Es fehlen ganz einfach die Gassen und Winkel, wo es »menschelt«. Der Besucher hat das Gefühl, daß in Canberra eher repräsentiert als gelebt wird. Böse Zungen (australische natürlich – »beleidigen dürfen wir uns nur selber«) nennen ihre Hauptstadt »eine Schaffarm voller Menschen« und besonders am Wochenende, wenn Politiker nach sechs Tagen Schaffens am siebten Tage ruh'n, »einen Friedhof mit Lichtern«.

Natürlich waren wir nicht in Canberra, um zu kritisieren, sondern mit offenen Augen die Hauptstadt des Landes kennenzulernen, zu dem wir in kurzer Zeit eine so starke Beziehung gefunden hatten. Die Planung von Walter Burley Griffin aus dem Jahre 1912 hielt sich stark an die von Washington D.C. Sieben Jahre arbeitete er als Federal Capital Director, erreichte aber nicht viel mehr als die Fertigstellung der Hauptstraßen. Die nach seinem Rückzug beauftragten Architekten, der Engländer Sir William Holford und der Australier John

Overall, wichen von den ursprünglichen, großzügigen Plänen ab und machten es etwas bescheidener. Vielen Gebäuden, so sagt man, hätte es an architektonischer Großzügigkeit gemangelt, so daß der Plan einer »Capital Splendid« leider verpaßt wurde.

Von unserem Zimmer im Lakeside International Hotel, am London Circuit, hatten wir einen ersten Blick über den künstlich angelegten Burley-Griffin-See, der die zwei Zentren der Stadt voneinander trennt. Die aus dem See 137 Meter hoch aufsteigende Wassersäule des Captain Cook Memorial Water Jet erinnert sofort an den Jet d'Eau des Genfer Sees. Leider ließ der Himmel fast ebensoviel Wasser auf die kultivierte Landschaft fallen, wie ihm aus der Düse im See entgegengespuckt wurde.

Keine Stadt bietet sich an so einem Regentag in strahlender Schönheit dar. Also keine fröhlich flanierenden Menschen an den Ufern des idyllischen Sees, dafür auf den bemerkenswert breiten Boulevards zügig fahrende Autokolonnen mit eingeschalteten Lichtern, Wasserschleier hinter sich herziehend. Eine andere Art von Romantik. Und was kann Canberra für das Wetter. Bei Sonnenschein läßt sich manche Stadt schön finden.

Schließlich setzten auch wir uns ins Auto und zogen unsere Spuren in den nassen Asphalt. Das Reise-Handbuch »Richtig Reisen – Australien« von Johannes Schultz-Tesmar (sehr zu empfehlen) klärte uns auf, daß das nördliche Zentrum der Stadt auf dem City Hill, das südliche auf dem Capital Hill liegt. Im Norden findet der Tourist alle Hotels, Geschäfte, Post, Universität, Theater und Kirchen, im Süden hingegen das Parlament, die Ministerien, Verwaltungen, Botschaften und den Sitz des Generalgouverneurs. Um die beiden Zentren herum liegen die Vororte und Satellitenstädte, durch weitläufige Parkanlagen voneinander getrennt. Das alles ist durch verschiedene Radialstraßensysteme miteinander verbunden. Es stimmt, sich hier zurechtzufinden ist kein Problem.

Nachdem wir weder zur Post noch ins Theater oder in die Universität wollten – zum Shopping hatte Gundel bei diesem Wetter auch keine Lust –, verließen wir den City Hill über die Commonwealth Bridge in Richtung Süden, auf den Capital Hill. Zur Linken die vierundzwanzig weißen Marmorsäulen der australischen Nationalbibliothek, im selben Park High Court und Nationalgalerie. Weiter südlich kommt man zum langgestreckten, schneeweißen Parlamentsgebäude, dessen Tage gezählt sind, bis das neue Parlament zu den Zweihundertjahrfeiern Australiens, 1988, fertig gebaut sein wird. In Bumerangform soll es dann den 610 Meter hohen Capital Hill zieren. »Good luck« kann man da nur wünschen, denn was bis zu den »Bicentennials«, den Feierlichkeiten aus Anlaß des 200. Geburtstags Australiens, im Lande alles fertig werden soll, ist wahrlich gigantisch. Doch das ist ein eigenes Kapitel.

Nordöstlich des Lake Burley Griffin, am Ende der »Anzac Parade«, erhebt sich in einem gewaltigen Halbrund das im pseudo-byzantinischen Stil erbaute »Australian War Memorial«, eine von fast allen Australiern verehrte Gedenkstätte für die Toten der Kriege. Ich sage von »fast« allen Australiern, weil einige Kritiker die Meinung vertreten, dieses pompöse Monument verherrliche eher den Krieg, als daß es die Gefallenen betrauere.

Wir waren an diesem Tag zwei von über einer Million Menschen, die jedes Jahr an dieser Stelle den Opfern aller Kriege ihre Reverenz erweisen; und wir waren nach unserem Besuch sehr beeindruckt.

Bis zum Nachmittag blieb uns noch Zeit, die paar Kilometer über die Fairnbairn Avenue und den Mount Ainslie Drive zum 840 Meter hohen Mount Ainslie weiterzufahren, der zusammen mit Mt. Pleasant und Black Mountain die Stadt im Halbrund umgibt. Es lohnte sich. Wenigstens teilweise hatten sich die Wolken verzogen, und der Blick von da oben, hinaus auf die Ebene des Molonglo, den Busch, der bis an die Grünflächen der Stadt heranreicht, und auf die Hauptstadt Canberra ist etwas, was man nicht so leicht vergißt.

Die Botschaft der Bundesrepublik Deutschland liegt mit einigen anderen diplomatischen Vertretungen im Stadtteil Yarralumla, am Empire Circuit. Botschaftsgebäude sind wahrscheinlich in ihrer Architektur nicht immer der Weisheit letzter Schluß, aber sicher sollen sie eine Art Visitenkarte abgeben für das Land, das sie repräsentieren. Die Griechen haben sich zum Beispiel einfallen lassen, auf einen Hügel eine Art kleine Akropolis zu setzen. Die Botschaften Thailands und Koreas demonstrieren exotische Schönheit. Die diplomatische Vertretung Japans legt Zeugnis ab für die wirtschaftliche Potenz des Landes in der Welt, und die Amtssitze der Botschafter Großbritanniens und der Vereinigten Staaten von Amerika bekunden eindrucksvoll für ihre Länder Tradition und Macht.

In diesem Reigen spielt die Bundesrepublik die bescheidene Rolle des Aschenbrödels. Der schmucklose, rechteckige Bau erinnert an die freudlose Wohnbaukultur der Neuen Heimat. Selbst der kritischste Staatsbürger hat beim Anblick dieser grauen Front aus Einheitsfenstern nicht das Gefühl, daß seine Steuergelder im Ausland verschwendet werden. Wir wären eher ganz spontan zu einer freiwilligen Kollekte bereit gewesen, um unserem Botschafter zu einer attraktiveren Residenz zu verhelfen.

Herr Fabrizius empfing uns mit großer Freundlichkeit, servierte eigenhändig Tee und Gebäck in einem mit viel Geschmack ausgestatteten Raum. Seine Exzellenz hatte eine Stunde für uns reserviert, die zum interessanten Gedankenaustausch wurde. Eines der Themen waren die Überlegungen der durch ihn vertretenen Bundesregierung, was wohl ein passendes Geschenk der Bundesrepublik Deutschland zum 200. Geburtstag Australiens sein könnte. Die Meinungen gingen weit auseinander und schwankten zwischen einer Inszenierung von Richard Wagners »Ring des Nibelungen« bis zur Entsendung des Segelschulschiffes der Bundesmarine, der »Gorch Fock«.

Am Ende des Besuches bei Botschafter Fabrizius wußten wir, wie stark auch seine persönlichen Beziehungen zu diesem Land im Laufe seiner Dienstjahre in Australien gewachsen waren. Seine Überlegungen, sich nach Beendigung seiner beruflichen Laufbahn hier anzusiedeln, begleiteten uns auf der Fahrt zurück nach Sydney, 300 Kilometer durch eine herrliche Landschaft, auf guten Straßen, auf denen es fast zum Ereignis wird, einem anderen Fahrzeug zu begegnen.

Viel Grün als gutes Omen für Greenwood?

Eine Etage in Point Piper

*E*s war früh am Morgen. Normalerweise zu früh, für den Anruf eines Maklers. »Es wäre gut«, sagte Peter Neal, »wenn Sie in zwanzig Minuten fertig sein könnten. Ich hole Sie ab.«

»Warum so früh?«

Er schien etwas aufgeregt. »Da ist etwas auf dem Markt, was ich selbst kaum glauben kann: eine Wohnung in einem der besonderen Häuser in Point Piper. Wenn das stimmt, sollten wir die ersten dort sein. So was ist nicht lange frei.«

»Gut, wir sind in einer halben Stunde einsatzbereit.«

Eine Art Jagdfieber packt einen dabei. Schließlich geht man nicht in den Supermarkt, um Brot, Milch, Obst und vielleicht eine original fränkische geräucherte Leberwurst zu erstehen.

Eine Wohnung, hatte er gesagt, in einem der besonderen Häuser in Point Piper. Wir kannten inzwischen alle besonderen Häuser in der Gegend. Das waren eigentlich alles Villen. Zu groß für uns und auf jeden Fall viel zu teuer. Wo sollte da eine Wohnung frei sein?

Vor allem aber: Was für eine Art Eigentum? »Strata title« oder »Company title«?

Das muß man vielleicht erklären. Auch bei uns gibt es ja recht abenteuerliche Konstruktionen von Wohnungseigentum. Vom Erbbaurecht bis zum Bauherrenmodell.

Der »Company title« in Australien besagt, daß die Wohnung einer Gesellschaft gehört, die die gesamte Wohnanlage verwaltet und über jede Einzelheit entscheidet, bis hin zum Nagel in der Wand. Einen solchen einzuschlagen, um ein Bild daran aufzuhängen, bedarf der Genehmigung der Gesellschaft. Auch der berühmte und manchmal notwendige Tapetenwechsel findet keinesfalls immer die Zustimmung der Gesellschaft. Nicht gerade dazu angetan, sich in den eigenen vier Wänden, in denen einem nicht viel mehr als die Luft gehört, wirklich wohl und im wahren Sinne des Wortes »zu Hause« zu fühlen.

Der »Strata title« hingegen läßt wesentlich mehr Freiheit. Es handelt sich dabei zwar auch um Gemeinschaftseigentum, aber in seiner Wohnung kann der Besitzer machen, was er will, es sei denn, er will tragende Wände versetzen oder anbauen. Dazu braucht er dann die Genehmigung seiner Hausgenossen, und zwar bevor sie durch die der Stütze beraubten Decke zu Besuch kommen.

*P*eter Neal hüpfte wie Rumpelstilzchen um sein Auto herum. Er konnte uns nicht schnell genug verstauen, und ab ging die Post. Die Spannung war enorm. Weit konnte es ja nicht sein, nachdem wir zu einem Ziel im selben Vorort unterwegs waren.

»Wo ist es?« wollte ich wissen.

Mr. Neal schmunzelte etwas unsicher. Aha, dachte ich, er macht es spannend; will uns vermutlich weichkochen, das gehört zu seiner Verkaufsstrategie.

»Wir sind gleich da«, sagte er und schlug denselben Weg ein, wie Elena es bei ihren Besichtigungstouren tat, um uns dann zu verkünden, daß wir in dieser Gegend nie etwas kaufen könnten.

»Das ist es«, stieß er mit einem triumphierenden Unterton aus und hielt vor einem Haus, das uns schon immer als besonders erstrebenswert erschienen war. Weiß, mit einem türmchenartigen Erker über zwei Stockwerke, einem brückenähnlichen Außenaufgang in den ersten Stock und einem großen schiefergedeckten Walmdach. Etwas tiefer als die Straße ein mit Steinplatten ausgelegter Vorhof, in dem unzählige Töpfe mit blühenden Sträuchern standen.

Klick!!

»Die untere Etage ist frei«, sagte Peter Neal und zog einen Schlüsselbund aus der Tasche.

Der Eingang lag an der Seite des Hauses. Erst der vierte Schlüssel paßte in das Sicherheitsschloß, und wir betraten etwas, was uns zunächst den Atem verschlug. Ein kleiner Vorraum, Garderobe vermutlich, rechts ein kleiner, geradeaus ein etwas längerer Flur. Grün, alles grün. Der Boden, die Wände, die Decken, wohin das Auge sah, grün. Zielstrebig führte Peter Neal uns den längeren Flur entlang, zu einer breiten Lamellentür, grün gestrichen, die sich nach rechts in einen großen Raum öffnete. Giftgrüner Teppich. Aber den sahen wir schon nicht mehr.

Vor einer breiten Fensterfront der Hafen von Sydney in seiner ganzen Pracht und Größe. Segelboote fegten zwischen den Fensterrahmen hin und her, eine Fähre zog mit weißer Bugwelle gemächlich von links nach rechts und verschwand für einen Augenblick hinter einer kleinen Insel mit einem weißen Leuchtturm. Direkt vor den Fenstern ragte aus Bananenstauden eine einzelne schlanke Dattelpalme in einen wolkenlosen Himmel. Gewaltsam zwang ich meinen Blick weg von dem Bild, um in Gundels Augen so was ähnliches zu suchen wie die in mir gefährlich wachsende Begeisterung.

»Das braucht viel weiße Farbe«, sagte sie ganz ruhig, mit strengem Blick auf den wachsamen Makler. Aber ich wußte: Gundel hatte es genauso erwischt wie mich. Die weitere Besichtigung der Wohnung ergab nichts, was uns von dem in einem von Peter Neal unbewachten Augenblick zugeflüsterten Entschluß hätte abbringen können: »Das wär's – die nehmen wir!«

Für »Greenwood« war das viele Grün vielleicht ein gutes Omen.

Ist es Strata oder Company title? Wer sind die oberen Mieter? Wer benutzt was?

Der Mann wußte erschreckend wenig. Noch nicht mal den exakten Preis konnte er nennen. Nach der sechsten Frage kam er mit der Wahrheit heraus: Er war nicht allein mit dem Verkauf beauftragt und konnte auch nicht mit Bestimmtheit sagen, ob die Wohnung überhaupt noch frei war.

Es galt also schnell zu handeln. Ich kann mir durchaus vorstellen, wie der arme Kerl erschrak, als wir ihm deutsche Gründlichkeit und Tempo demonstrierten. Energisch lehnten wir sein Angebot ab, uns nach Hause zu bringen, sondern forderten ihn auf, so schnell wie möglich in seine Agentur zu fahren, um bis Mittag unsere Fragen beantworten zu können.

»Yes, Sir«, sagte er mehrere Male, blickte skeptisch zwischen Gundel und mir hin und her und machte keineswegs den Eindruck eines glücklichen Maklers, der vor dem erfolgreichen Abschluß eines einträglichen Geschäfts stand. Vermutlich war ihm leicht schwindlig geworden bei den Salven von Fragen, die wir auf ihn abschossen, wobei wir unsere einschlägigen Erfahrungen im Immobiliengeschäft taktisch hatten einfließen lassen. Als er sich fast erleichtert verabschiedete und Richtung Büro davonbrauste, hatten wir das Gefühl, ihn beeindruckt zu haben.

129

Da standen wir, vielleicht vor unserem künftigen halben Haus, und wenn uns jemand beobachtet haben sollte, dann dachte er vermutlich, da haben zwei gewettet, aus wie vielen Klinkern dieses Anwesen gebaut ist, und jetzt zählen sie sie.

Wahrscheinlich sind wir den Freunden in diesen Tagen gewaltig auf die Nerven gegangen. In einer gewissen Angst vor der eigenen Courage suchten wir möglicherweise sogar jemanden, der uns das Ganze wieder ausredete. Aber alle waren sie erstaunt, um nicht zu sagen, begeistert von unserem Entschluß, uns in Point Piper anzusiedeln.

Deutsche laden ein

Meeting im Sydney Opera House

Gottfried und Elena Pagenstert hielten die Zeit für gekommen, die künftigen Neubürger einigen wichtigen Leuten der Medien vorzustellen.

»Der Generalkonsul der Bundesrepublik Deutschland für New South Wales und Queensland, Dr. G. Pagenstert, und Frau Elena geben sich die Ehre, zu einem Empfang für Mr. J. Fuchsberger und Frau Gundula in die Reception Hall des Sydney Opera House einzuladen«, stand auf feinem Bütten unter dem geprägten Bundesadler.

Du lieber Gott, dachten wir, wer wird schon neugierig sein auf zwei völlig unbekannte Figuren aus Deutschland? Charles Berg beauftragte seine tüchtige Tochter, Vivienne Sharpe, mit der Vorbereitung eines sogenannten »Get-together« in der erlauchten Halle wie auch mit der Vorbereitung der erlauchten Gäste auf uns. Um bei den Honoratioren Sydneys erst gar nicht das Gefühl aufkommen zu lassen, »da könnte ja jeder kommen«, wurden auf die vier Ecken der Reception Hall Fernsehgeräte verteilt, auf denen Videoaufzeichnungen von »Auf los geht's los« und »Heut abend« liefen. Grundig-Australien war mit einer Großprojektion behilflich.

Angebracht schien Vivienne Sharpe außerdem ein üppiger Blumenschmuck, den wir aus Kostengründen stark reduzierten. Außerdem schien uns Fernsehtechnik für den Zweck des Empfangs eher geeignet. Hingegen wurde uns dringend empfohlen, bei Getränken und Snacks weder in Qualität noch in Quantität zu sparen. Da sei man verwöhnt. Unsere Bedenken in bezug auf die gefürchteten Boost-busses fanden merkwürdigerweise keine Beachtung. Vivienne ging vielleicht davon aus, daß ihre Einladungsliste nur Gäste vorsah, die mit Dienstwagen anrauschten oder mit dem Taxi kamen. Eines der ganz großen Probleme des Sydney Opera House war seit jeher, daß man Parkplätze bei der Planung offensichtlich und schmerzlich spürbar vergessen hatte.

Ich gebe es zu, etwas mulmig war uns schon, als wir am Eingang der Halle protokollarisch aufgereiht dastanden und auf die Gäste warteten. (Von links nach rechts:) Meine Frau, ich, Frau Pagenstert, Generalkonsul Dr. Pagenstert. Wie bei richtigen Leuten. Aus den vier Ekken des Saales tönten deutsche Fernsehlaute in die leere Mitte, und Kellner harrten mit vollen Tabletts und leeren Gesichtern derer, die da kommen sollten.

Und tatsächlich, sie kamen. Wenn ich mich recht erinnere, die Glowatzkys als erste.

»Nu ja, das sieht ja prima aus«, ermunterte Erich uns. Auch Edith machte uns Mut: »Don't worry – das wird eine lovely party, my word, ihr macht das schon.«

Und dann drängten die Gäste. Der Diplomat Pagenstert und seine Frau Elena waren in ihrem Element. Er kannte fast jeden. Shakehands. Sie auch. Shakehands. Vorstellung: Mr. und Mrs. Fuchsberger – Mr. XY und Frau. Shakehands. Und so weiter, einhundertvierzigmal, im unangenehmen Bewußtsein, daß zumindest für diesen Abend die Gäste wußten, wer wir waren, aber wir schon nach der Vorstellung mit Handschlag die Namen unserer Gäste wieder vergessen hatten.

Von den Fernsehgeräten wurde anstandshalber Notiz genommen. Was sollte man auch anfangen mit etwas, wovon man kein Wort verstand? Nur einen Gast behielt ich unablässig im Auge. Mit zwei anderen stand er vor der Großprojektion und schien interessiert zu diskutieren, was er sah. Mike Walsh. Vivienne Sharpe hatte ihn eingeladen, uns aber darauf vorbereitet, daß er dafür bekannt sei, bei ähnlichen Veranstaltungen durch Abwesenheit zu glänzen. Also danke, Herr Kollege!

Aber was noch wichtiger war – man spürt ja sofort, ob da was geht oder nicht. Am Geräuschpegel. Entweder bleibt es peinlich ruhig, vornehme Langeweile, oder es fängt an zu summen im Raum. Es summte. Die Kellner hatten inzwischen weniger volle Tabletts, dafür etwas mehr Farbe im Gesicht, wegen der schnelleren Gangart, die ihnen der Durst der Gäste aufzwang. Die Begrüßungscour war vorbei, wir warfen uns ins Gewühl.

Nach einer Stunde war klar, daß das Meeting gelungen war. Vivienne hatte die richtige Mischung von Leuten eingeladen, und die Gäste fanden es imponierend, daß sie in den würdigen Rahmen der Reception Hall des

Opernhauses geladen waren, auf das jeder so stolz ist. Es war keineswegs das übliche oberflächliche Partygeschwätz, die Menschen brachten uns ehrliche Aufmerksamkeit entgegen und vermittelten uns das Gefühl, daß sie wirklich wissen wollten, mit wem sie es zu tun hatten.

Dies zu verkünden, reckte Gottfried Pagenstert seine Einsvierundneunzig, klopfte an sein Glas und hielt eine seiner launigen Reden. Ohne Hund Boris und trotzdem von fröhlichem Beifall begleitet. Dann war ich an der Reihe.

Vor vielen Jahren mußte ich in London bei einer Veranstaltung der Royal Film Academy einmal eine Rede in Englisch halten. Danach meinte eine wohlgesonnene Journalistin: »Lernen Sie nie besser Englisch! Mit Ihren Fehlern und dem Akzent entwickeln Sie eine Menge Charme.« Viel hatte ich seitdem wohl nicht dazugelernt, denn auch in Sydney erhielt ich von einer Journalistin das Kompliment: »Ihre Rede war sehr charmant.«

Charles Berg wertete etwas nüchterner: »Sie haben den richtigen Ton getroffen. Die Leute hier mögen keine hochgestochenen Sachen. Ich glaube, man hat Sie akzeptiert.«

Glauben ist nicht Wissen, ich war etwas skeptisch.

»Wie viele Einladungen haben Sie bekommen? Wen die Australier mögen, den laden sie zu sich ein.«

An den Visitenkarten gemessen, die man mir in die Hand gedrückt hatte, muß das mit der Akzeptanz nicht so gewaltig gewesen sein. Aber eine war darunter, die für uns von besonderer Bedeutung war, denn die hatte mir ein verdammt gutaussehender Mann mit kurzgeschnittenem grauem Haar in die Hand gedrückt. Schon bei der Begrüßung am Eingang war er mir aufgefallen. Er kam mir bekannt vor. Wie aus dem Ei gepellt stand er da. Brust raus, Bauch hatte er keinen. Aber einen Blick, wie ihn Firmenchefs einlegen, wenn sie Augenmaß nehmen bei jemandem, der sich um einen Vertrauensposten beworben hat. Ziemlich bald erfuhren wir, welche »Firma« er leitete: den australischen Flugzeugträger »Melbourne«, dessen Kommandant er war. Konteradmiral Guy Griffiths.

Ein Mann also, bei dem eine besonders kritische Haltung Deutschen gegenüber nicht gerade überraschend gewesen wäre. Seine militärische Laufbahn hatte immerhin begonnen, als der Rest der Welt gegen die sogenannten »Achsenmächte« kämpfte. Eine davon, Japan, hatte auch die Australier in Angst und Schrecken versetzt. Die Nachwirkungen sind bis heute spürbar, und, kein Zweifel, die weltweit bekannten amerikanischen Fernsehserien wie »M.A.S.H.« oder »Hogan's Heroes« wecken nach wie vor latent vorhandene Ressentiments.

»M.A.S.H.« ist eine hervorragend gespielte Militärklamotte aus dem Zweiten Weltkrieg im pazifischen Raum. »Hogan's Heroes« agieren in einem deutschen Kriegsgefangenenlager, in dem die alliierten Helden, vornehmlich Amerikaner, ihre deutschen Bewacher unglaublich dumm aussehen lassen. Pagensterts erzählten immer wieder, daß nach der Ausstrahlung solcher Sendungen ihre Söhne in der Schule als Nazikinder angegangen wurden.

Ich glaube, vierzig Jahre in der Geschichte sind eine zu kurze Zeit, um vergessen zu lassen, was zwischen 1933 und 1945 geschehen ist. Es hat wenig Sinn, sich darüber zu ereifern, daß Fernsehsendungen dieser Art uns

Deutsche weltweit im Bild dieser Zeit darstellen. Wer lange und weit genug reist, wird wohl immer wieder mit diesem Problem konfrontiert.

Auch in Australien. Allerdings viel weniger aggressiv, weil man alles, was damals geschah, aus größerer Distanz sieht. »It was not our war«, es war nicht unser Krieg, sagen viele, wenn es zur fast unausweichlichen Diskussion deutscher Vergangenheit kommt. »Was hatten wir in Europa verloren? Letzten Endes haben uns die Engländer hineingezogen.«

Die Haltung: »Was kümmern uns die Probleme der großen Machtblöcke, die in jeder Richtung Tausende von Meilen von uns entfernt sind«, scheint auch heute die Meinung nicht nur des Mannes von der Straße zu sein. Ebendiese räumliche Distanz bewirkt seine innere Distanz vom Druck direkter Bedrohungen. Man spürt regelrecht das Unverständnis gegenüber unseren Ängsten. Die üblichen Begriffe aus unserem »Spracharsenal«: atomare Abschreckung – Krieg der Sterne – konventionelle Bedrohung – Marschflugkörper – Todesstreifen – Schießbefehl – Schandmauer – GAU – Tschernobyl – Waldsterben – vergiftete Flüsse – Becquerel, und was dergleichen mehr an Scheußlichkeiten uns langsam, aber sicher das Leben vergällt, wird sich der Gesprächspartner zwar interessiert anhören, dennoch kann es geschehen, daß er zu dem überraschenden Schluß kommt: »Das ist doch alles viel interessanter als unsere Langeweile hier.«

Nein, halten Sie diese Menschen bitte nicht für Ignoranten. Sie leben ganz einfach in einem Raum, in dem man sich eine Anhäufung derart schwachsinniger menschlicher Gemeinheiten kaum vorstellen kann.

135

Tschernobyl hat die Australier allerdings aus ihrer nuklearfreien Ruhe gebracht. Ganz einfach deshalb, weil sie verfolgt haben, daß radioaktiv verseuchte Wolken über große Entfernungen hinweg nichts von ihrer Gefährlichkeit verlieren. Das brachte sie auch gegen die französischen Atomtests auf dem Tausende von Kilometern entfernten Mururoa-Atoll auf die Palme. »Wenn das so ungefährlich ist, Monsieur Mitterrand, warum unternehmen Sie diese Versuche dann nicht in der Provence?« fragen die Zeitungen und Fernsehkommentatoren nach jedem neuen Test.

»No nukes« steht auf Transparenten, die jedem in einen australischen Hafen einlaufenden Kriegsschiff entgegengehalten werden, von dem sie glauben, es habe atomare Waffen an Bord oder sei atomar angetrieben. Aber sich eine Mauer quer durch Sydney, Melbourne, Brisbane oder Canberra vorstellen, das können sie nicht. Sie begreifen nicht, daß auf Menschen geschossen wird, die diese Mauer von Ost nach West übersteigen wollen. Sie können auch nicht nachvollziehen, daß Menschen aus Zeitungen, Rundfunk- oder Fernsehnachrichten erfahren, wie hoch der Strahlenwert in bestimmten Nahrungsmitteln ist, daß Kühe nicht mehr aus dem Stall auf die Weide getrieben werden dürfen und daß Kinder die verseuchte Milch dieser Kühe besser nicht trinken. Erzählt man es ihnen, sind sie betroffen, aber auf den Nägeln brennt es nicht. Das ist alles so weit weg, und die Informationen sind entsprechend.

Während unseres letzten, dreimonatigen Aufenthaltes flimmerten drei Nachrichten aus der Bundesrepublik Deutschland über die australischen Bildschirme: die Schneemassen in Norddeutschland, ein Hotelbrand in Garmisch-Partenkirchen und die verwechselte Neujahrsansprache von Helmut Kohl. Das schien es dann auch schon gewesen zu sein, was aus unseren Breitengraden berichtenswert war.

Symptomatisch dafür mag auch die Anmeldung eines Ferngespräches im Hotel gewesen sein:

»Zentrale.«

»Bitte ein Gespräch nach München.«

»In welchem Land?«

»Germany.«

»Ost oder West?«

»Australien – einfach oder hin und zurück?«

Nicht jeder findet, was er sucht

Generalkonsul Pagenstert hatte uns eingeladen, ihn nach Brisbane zu begleiten, wo er Bundeswirtschaftsminister Otto Graf Lambsdorff begrüßen sollte, der sich auf einer Australienrundreise befand. Queensland, »The Sunshine State«, ist der zweitgrößte Bundesstaat des Commonwealth of Australia. Die 3 000 Kilometer lange Küste zwischen Byron Bay und Cape York mit dem Badeort »Surfer's Paradise« im Süden und dem Naturwunder »Great Barrier Reef« im Norden gehören zum Schönsten, was Australien der Welt des Tourismus zu bieten hat.

Wird es in den Südstaaten New South Wales, Victoria und South Australia Winter, also Juli/August (12 bis 15 Grad Mittagstemperatur!), setzt der Run der Sonnenhungrigen auf das Ferienparadies Queensland ein.

Fast die Hälfte der zweieinhalb Millionen Queensländer leben in der Hauptstadt Brisbane, der nach Sydney und Melbourne drittgrößten Stadt Australiens. Die »Stadt der 37 Hügel« verdankt ihren Namen dem Fluß, an dessen Ufern sie sich in den letzten Jahren rasant zu einer modernen Großstadt gemausert hat. Leutnant John Oxley, der 1823 als einer der ersten Weißen in die Gegend kam, gab dem Fluß den Namen des damaligen Gouverneurs von New South Wales, Sir Brisbane.

Wie könnte es anders sein, auch Brisbane verdankt seine Entstehung den aus England deportierten Sträflingen. 1825 hieß die Siedlung am »Brisbane River« noch Edenglassie. 1834 wurde ihr eine etwas seltsame Ehrung zuteil, sie erhielt den Titel »Gefängnisstadt«. Mitte des 19. Jahrhunderts wurden die Gefangenentransporte eingestellt, und langsam kamen mehr und mehr freie Siedler. 1859 wurde Brisbane die Hauptstadt der neuen Kolonie Queensland, 1925 wurde zum Geburtsjahr der City of Brisbane.

Der erste Eindruck der 1,2-Millionen-Stadt ist der einer Provinzmetropole. Nichts von der Hektik wie in den Straßen Sydneys oder Melbournes. In der schachbrettartig angelegten City am Nordufer des Brisbane River geht es fast gemütlich zu. Doch schon sehr bald spürt man den »Dampf«, den diese moderne Großstadt drauf hat. Der Drang, ein Platz internationaler Begegnungen zu sein, manifestiert sich in den Bewerbungen Brisbanes um Ereignisse wie Weltausstellungen oder Olympische Spiele.

Die Stadt hat sich in wenigen Jahren zu einem für Australien bedeutenden Industriezentrum entwickelt. Aus dem größten Flußhafen des Landes werden an sechsunddreißig Piers Weizen, Wolle und Mineralsand weltweit exportiert. Fleisch und obstverarbeitende Fabriken, Ölraffinerien, Werften, Automobilfertigungswerk und eisenverarbeitende Industrie machen beinahe sechzig Prozent der queensländischen Betriebe aus, die sich im Raum Brisbane angesiedelt haben. Kühne Straßen wurden aus Raumnot auf Betonpfähle über das Ufer des Brisbane River gelegt. Nicht gerade schön, aber ein beeindruckender Kontrast zur Beschaulichkeit der City.

Während sich die Zeitungen mit dem Besuch des Bundeswirtschaftsministers beschäftigten, hatten die Radiostationen ihr Interesse an Interviews mit dem deutschen Showmaster bekundet. Einen Tag lang zogen wir von Studio zu Studio und wurden überall gleichermaßen freundlich empfangen.
»Willkommen im Sunshine State. Was machen Sie in Australien? – Wie lange bleiben Sie in Brisbane? – Wie gefällt Ihnen Queensland?«
Die Jungs am Mikrofon machen das ganz locker. Ohne jede Vorbereitung, aber mit einem ganz ehrlichen Interesse am Gesprächspartner. Und sie freuen sich, wenn sie spüren, daß man am Land und seinen Menschen ebenso ehrlich interessiert ist.

Um in der kurzen Zeit soviel wie möglich kennenzulernen, stellte uns Fred Pagenstert einen Deutschen vor, der sich in Brisbane in wenigen Jahren auf besondere Weise einen Namen gemacht hat: Jürgen Wittenberg, Jahrgang 1936. Nach Abschluß seiner Ausbildung zum Werbe- und Wirtschaftsfachmann und nach seinem Studium der politischen Wissenschaften an der Universität München arbeitete er in Deutschland, Belgien und Holland zunächst als Import-Export-Agent, konzentrierte sich einige Jahre auf den Bereich Marketing in Deutschland, unter anderem auf dem rasant wachsenden Gebiet Tourismus. Danach hielt er sechs Jahre lang Vorlesungen über Wirtschaftspolitik und politische Wissenschaften. Ein Mann also, der davon ausgehen konnte, daß seine berufliche Karriere in der Bundesrepublik gesichert war.

Was hatte ihn veranlaßt, nach Australien auszuwandern?

»Wir sind Mitte 1981 nach Brisbane gegangen, nachdem wir 1979 während eines Urlaubs Sydney und Queensland näher kennengelernt hatten.

Besonders beeindruckt haben uns damals das wundervolle Wetter, die saubere Luft und Umwelt, die Weite und die Unberührtheit des Landes, die natürlichen, wundervollen Strände, der Reichtum Australiens an Nahrungsmitteln und allen nur denkbaren Rohstoffen, die günstigen Immobilienpreise, aber vor allem die hilfsbereiten und freundlichen Menschen.

Da ich in Deutschland für die Regierung und Erwachseneninstitutionen Seminare leitete und Vorträge über die innere und äußere Sicherheit hielt, war ich über diese Themen in Europa besonders gut informiert. Das gab genug Anlaß zur Sorge für die Zukunft unserer Kinder in Europa und besonders in der Bundesrepublik. Meine Tochter war damals zwölf Jahre alt, mein Sohn dreizehn, meine Frau war einundvierzig und ich selbst fünfundvierzig Jahre alt.

Der Entschluß auszuwandern fiel uns wirklich nicht leicht. Wir nahmen zwar alle unsere Möbel und persönlichen Sachen mit uns, ließen aber unsere Freunde und vertrauten Gewohnheiten zurück.

Trotzdem wurde uns der Neuanfang in Australien nicht besonders schwergemacht, weil wir schon bald in ein erschwingliches eigenes Haus ziehen konnten. Ein Freund, der schon einige Jahre früher nach Brisbane ausgewandert war, half uns sehr beim Einleben in die neue, so fremde Umgebung.

Aber schon bald zeigte sich, daß unsere Sprachkenntnisse bei weitem nicht ausreichten, um Arbeit zu finden. Die ersten Monate wurden so schwer, daß uns kein anderer Weg blieb, als wieder in die Schule zu gehen. Für die Kinder war das kein Problem, für uns Eltern im wahrsten Sinne des Wortes eine Reihe schwerer Prüfungen. Meine Frau hatte in München als Sekretärin gearbeitet. Uns war klar, daß dieser Beruf keine besonderen Chancen haben würde. Deshalb absolvierte sie eine Ausbildung als Kosmetikerin. Das war gut. Ich hatte das Glück, die ersten Monate wenigstens gelegentlich für eine deutschsprachige Zeitung über Ereignisse in Queensland schreiben und bei einem deutschsprachigen Radiosender in Brisbane arbeiten zu können.

Trotz Verbesserung unserer Englischkenntnisse war es aber nicht möglich, eine Arbeit zu finden, die unserer Familie eine sichere Existenz gegeben hätte. Also ergriffen wir mit unseren Ersparnissen die Flucht nach vorn und kauften ein kleines Kosmetikgeschäft. Während meine Frau dort allein arbeitete, machte ich einige Fachkurse für die Reisebranche und eröffnete 1982 ein kleines, aber eigenes Reisebüro mit dem Ziel, mich auf Deutschland, Österreich und die Schweiz zu spezialisieren.

Das lief gut, wenn auch aus nicht besonders erfreulichen Gründen. In den ersten Jahren betreuten wir vornehmlich viele Rückwanderer, die hier keine Arbeit fanden und desillusioniert in die Heimat zurückkehrten. Viele Berufe wie Architekten, Krankenschwestern oder Elektriker zum Beispiel wurden in Australien nicht anerkannt. Sie waren plötzlich nichts anderes als einfache Hilfsarbeiter mit Sprachschwierigkeiten. Damals verstanden wir sehr gut die Lage der Gastarbeiter in Deutschland. Eine Reihe deutscher Auswanderer verlor sehr viel Geld, und wir wurden Zeugen nicht weniger Familientragödien. Der Elektroingenieur wurde zum unfreiwilligen Bienenzüchter, die ausgebildete Krankenschwester stand plötzlich hinter einem Tresen und verkaufte ›Take-away-food‹. Etablieren konnten und können sich am ehesten die Auswanderer, die die Mittel und die Fähigkeit haben, sich selbständig zu machen, oder diejenigen, die ohne Vorurteile oder gar Überheblichkeit bereit sind, in einem anderen als dem erlernten Beruf neu anzufangen.

Geschenkt wurde uns nichts. Unsere Erfahrungen mit Australiern sind ausgesprochen gut. Unter den ›alteingesessenen‹ Deutschen gibt es einige, die mit Vorsicht zu genießen sind. Aber alles in allem fühlen wir uns hier sehr wohl.«

Dieser Bericht von Jürgen und Gerda Wittenberg steht eigentlich für die meisten Einwandererschicksale. Wer Ideen hat und den Willen, es zu etwas zu bringen, dem bietet Australien eine Chance. Immerhin waren zwischen dem Neubeginn und der Selbständigkeit mit einem florierenden Unternehmen nur sechs Jahre vergangen. Gerda hat ihr Kosmetikgeschäft verkauft und leitet das Reisebüro ihres Mannes. Jürgen Wittenberg hat weitere Firmen gegründet, die sich auf die Vermittlung von Fremdenführern in allen Sprachen spezialisieren. Damit bereitet er sich auf die für das Jahr 1988 erwartete Hochkonjunktur im Tourismus vor. Die Zweihundertjahrfeiern und die von Ende April bis Ende Oktober stattfindende Weltausstellung »EXPO 88« werden Menschen aus aller Welt nach Australien und in die Hauptstadt von Queensland, nach Brisbane, bringen.

Wer es von der Bundesrepublik aus vorhat, der ist bei den Wittenbergs und ihrer »German Australian Travel Agency« und den »International Tourism Services« sicher gut aufgehoben. Bei der zu erwartenden Informationsflut wird sich Australien der Welt in den schönsten Farben darstellen, und manch einer wird vielleicht in Versuchung geraten, über mehr nachzudenken als über eine Reise hin und zurück zum günstigsten Tarif. Doch ein Einweg-Ticket empfiehlt sich nur dem, der zwei gründliche Befragungen bestanden hat: die vor den Einwanderungsbeamten der Australischen Botschaft in Bonn und die vor sich selbst.

Den Handwerker Michael Grudde beschäftigten ganz andere Gedanken als den Akademiker Jürgen Wittenberg. Der große, starke Blonde aus dem Norden der Bundesrepublik entdeckte sein Fernweh vielleicht beim Anblick seiner Zunftgenossen, die in schwarzem Samtwams, schwarzer Weste mit silbernen Knöpfen und schwarzer Cordhose mit überweitem Schlag über genagelten Stiefeln, der gebündelten Habe auf dem Rücken, den gedrechselten Stock in der Hand und den breitkrempigen Hut auf dem Kopf, hinauszogen,

143

ihr Handwerk dort zu verrichten, wo es ihnen gefiel. Eine Zeitlang wenigstens.

Warum er den goldenen Boden des Handwerks in seiner Heimat verließ, schilderte er so, und sein Bericht soll unverändert bleiben:

»Tja, warum bin ich nach Australien gegangen? Zu meiner Zeit, nachdem ich mit meiner Lehre fertig war, habe ich gedacht, daß ich gern zur See fahren möchte. Als Junge wollte ich immer schon die Welt sehen. Zuerst habe ich mir in Flensburg ein Seemannsbuch besorgt, habe dann auch gleich ein Schiff bekommen. Sieben Jahre bin ich als Schiffszimmermann zur See gefahren und habe viele Länder gesehen. Man lernt Menschen kennen bei der Seefahrt, und dadurch bekommt man gute Menschenkenntnis. Man arbeitet mit verschiedenen Leuten aus allen Gegenden, und oft bilden sich Freundschaften. Nach einigen Jahren habe ich festgestellt, daß das Leben auf See zu einfach ist; ich müßte mal was anderes machen, nachdem ich so viele Länder gesehen hatte, daß man nicht für immer dabeibleiben kann. So habe ich gedacht, jetzt gehe ich zur Marine. Die hatten auch eine Planstelle, aber erst im Herbst.

Zur gleichen Zeit hatte ich mich auch beworben, nach Kanada auszuwandern oder nach Australien. Im Juni 1970 schrieb mir dann die Australische Botschaft, daß mein Antrag erfolgreich war. Natürlich habe ich mich darüber sehr gefreut. Die Botschaft schickte mir dann meine Papiere und die Flugkarte.

Am 25. Juni 1970 flog ich von Frankfurt nach Sydney. Das war der erste Flug in meinem Leben, und dann gleich so weit. Es war wunderbar. Am 27. Juni landeten wir frühmorgens Sydneyzeit und wurden freundlich empfangen. In einer großen, stattlichen Limousine fuhr

144

man uns ins Hotel in Matraville, zehn Minuten vom Flugplatz entfernt.

Es bestand aus alten Armee-Baracken und war nicht das beste. Aber wir hatten einen Platz zum Schlafen, und natürlich war auch das Essen frei. Hier habe ich noch zwei andere Deutsche kennengelernt. Da blieben wir ein paar Wochen, bis wir uns Arbeit besorgt hatten.

Nach einiger Zeit haben wir uns dann in Bondi eine Wohnung besorgt. Ungefähr fünf Minuten von Bondi Beach, dem bekanntesten Strand der südlichen Hemisphäre. Dort haben wir viele Deutsche kennengelernt, welche sich zum herrlichen blauen Meer hingezogen fühlten.

In einer kleinen Bar, nicht weit vom Strand, trafen sich am Wochenende viele Deutsche zu einem Drink. Sie wurde unsere Stammkneipe. Abends gingen wir zu Parties, wo wir mit Menschen aus allen Ländern Kontakt bekamen. Hier lernte ich auch meine Frau Jackie kennen, die aus England ausgewandert war. Nach einigen Jahren machte ich mich selbständig, und ich kann sagen – das Geschäft läuft sehr gut.

Sydney ist mir sehr ans Herz gewachsen, besonders der schöne Hafen, auf dem ich mein eigenes Boot fahre. Australien gefällt mir auch sehr gut, vor allen Dingen die ruhige Lebensweise, der immer blaue Himmel und das herrliche Wetter – sogar im Winter.«

Soweit der Bericht des heutigen Bauunternehmers aus der Midelton Avenue, Bondi 2026 NSW – Australia.

Die Wittenbergs hatten die liebenswerte Idee, uns für zwei Tage in ihr Haus nach Carseldine bei Brisbane einzuladen. Unter ihrer sachkundigen Führung erlebten

145

wir zwei unvergeßliche Ausflüge. So was von unendlich großem und blitzsauberem Strand wie auf North Stradbroke Island in der Moreton Bay hatten wir bis dato noch nicht gesehen. Ein Wassertaxi brachte uns die dreißig Seemeilen dorthin. Wenn man Glück hat, kann man zwischen den hohen Dünen oder an den malerischen Seen den berühmten Wildpferden, den »brumbies«, begegnen. Wir hatten leider keines.

Am zweiten Tag schipperten wir mit der Motorbarkasse »Captain Cook« gemütlich den Brisbane River aufwärts, zu einem der schönsten Tierparks Australiens, dem Lone Pine Koala Sanctuary. Von der Schiffsanlegestelle führt ein steiler, gewundener Weg zum Eingang des Tierparks. Was dem Besucher als erstes begegnet, ist ein deutscher Schäferhund, auf dessen geduldigem Rücken ein leicht frustriert wirkendes Koalabärchen herumreitet. Für die Touristenkameras ein beliebtes Objekt, für die beiden Opfer schien es offensichtlich ein notwendiges Übel zu sein.

Aber dann wurde der Tierpark zu einem wirklichen Abenteuer. Über einhundert Koalas turnen hier in den verschiedenen Eukalyptusbäumen herum. Einige darf man sogar auf den Arm nehmen. Natürlich nur zum Fotografieren. Die kleinen Kerlchen sind von den ätherischen Ölen der Eukalyptusblätter immer in einem leichten Schumms und froh, wenn man sie in Ruhe läßt. Normalerweise hängen sie den ganzen Tag über in ihrem Baum und futtern vor sich hin, bis keine Blätter mehr in erreichbarer Nähe sind. Dann allerdings werden die Teddies erstaunlich munter und springen im Geäst herum, bis sie eine neue, ergiebige Futterquelle gefunden haben.

Die beiden australischen Wappentiere, Känguruh und

Emu, entwickeln im Lone Pine Koala Sanctuary ein beachtliches Temperament. An die Menschen gewöhnt, fressen sie völlig ungeniert aus der Hand, und sollte einem Besucher das gekaufte Futter bereits ausgegangen sein, kann es geschehen, daß sie sich keineswegs scheuen, energisch auf die Taschen loszugehen. Vor mir richtete sich ein Känguruh in voller Höhe auf, um neugierig das Objektiv meiner Filmkamera zu beschnuppern.

Hier im Tierpark vergißt man das Problem der befürchteten Ausrottung. Unverständlich scheint das wenig schöne australische Sprichwort: »Wenn es sich bewegt, erschieße es. Wenn es sich nicht bewegt, mache es nieder.«

Statistiken besagen, daß es derzeit um die siebzehn Millionen Känguruhs auf dem Kontinent gibt. Allein im Jahre 1983 sollen zwischen drei Millionen und sechs Millionen von Jägern geschossen worden sein. Zwei von einundfünfzig verschiedenen Känguruh-Arten sind bereits ausgerottet. Die Australian Conservation Foundation will nun mit allen Mitteln diesem Tiermord ein Ende bereiten. Wie – das weiß man allerdings noch nicht, denn das brutale Abschießen der Tiere hat auf dem Fünften Kontinent eine zweihundertjährige Tradition.

Eine andere, naturgewollte Gefahr droht den Tieren durch die oft verheerenden Buschfeuer, in denen ganze Herden qualvoll verenden.

Eine faire Chance

»Welcome, mate!«

Nachbarschaftsbesuch

Die letzten Tage unseres Aufenthalts im Spätherbst 1983 wurden ausgesprochen dramatisch. Das größte Hindernis beim Kauf der Wohnung war ausgeräumt: der Unterschied zwischen dem »gefragten« und dem »bezahlten« Preis. Was uns zugute kam, war der Tiefstand der Preise auf dem Immobilienmarkt. Die Einstellung der Freunde hatte sich nicht nur nicht geändert, sondern sie ermutigten uns, zuzugreifen. Trotzdem, wir wollten nicht zu denen gehören, die ein unüberlegtes Risiko eingehen, nur weil die Sonne im Jahr hier länger scheint als zu Hause.

Apropos Sonne. Bei der Suche nach einem Wohnsitz wurden wir auf einen bemerkenswerten Umstand aufmerksam gemacht. Jeder bei uns weiß, daß die Südlage stets ein wichtiger Punkt im Angebot ist. Aber jedesmal, wenn wir bei Besichtigungen die Makler fragten, wo denn nun Süden sei, ernteten wir verständnislose Blicke. Bis uns endlich einer mit entsprechendem Zartgefühl auf die Tatsache aufmerksam machte, daß wir uns derzeit auf der südlichen Hälfte der Erde befänden, wo demzufolge die Sonne im Norden zu finden sei. Wir waren beschämt.

Bei »unserer« Wohnung ging sie morgens auf der rechten Seite am Horizont auf und abends auf der linken Seite unter. Also stand sie im Norden. Gut! Eine Garage hatte das Objekt nicht, aber einen überdachten Stellplatz. Auch gut! Das Wichtigste aber blieb noch zu erkunden. Wer und wie würden die künftigen Nachbarn sein, die Hausgenossen? Wie werden sie darauf reagieren, daß eine deutsche Familie einzieht? Der Empfang im oberen Stock war außerordentlich liebenswürdig, auch wenn eine gewisse Skepsis spürbar war. Verständlich!

Die Familie Hall bestand aus drei Mitgliedern. Mutter Alison, Tochter Laska und Sohn Beresford. Nach den ersten Minuten war klar: Mutter Alison führte das Regiment. Weißhaarig, vornehm, schlank, gut gekleidet und von insistierender und trotzdem unaufdringlicher Neugier. Sie ließ keinen Zweifel daran, daß sie wissen wollte, mit wem sie es als Miteigentümer des Hauses zu tun haben würde.

»Was sind Sie von Beruf?«

Die Mitteilung, daß ich von Haus aus Schauspieler sei, seit Jahren aber als Showmaster im Deutschen Fernsehen mein Brot verdiene, quittierte sie mit unterkühlter Sympathie: »Oh, das hört sich interessant an. Wie groß ist Ihre Familie?«

Daß wir einen erwachsenen Sohn vorzuweisen hatten, noch unverheiratet, nahm sie befriedigt zur Kenntnis. Daß er Komponist, Musiker und Sänger war, erschreckte sie offenbar etwas. Die ergänzende, nicht ohne elterlichen Stolz vorgebrachte Erklärung, daß er bereits sehr erfolgreich auf dem Popmarkt vertreten sei, vertiefte ihr Mißtrauen.

Auch Tochter Laska gab ihre bis dahin demonstrierte

feine Zurückhaltung auf: »Wird Ihr Sohn oft hier sein
und laute Musik machen?«

Wie meistens gab es auch hier zwei Möglichkeiten, zu
reagieren. Man versucht entweder eine lange Erklärung, hier: über die Arbeitsweise eines Popmusikers,
der im Normalfall mit elektronischen Instrumenten
über Kopfhörer, nur für ihn selbst hörbar, im Keller arbeitet; der verschiedene Synthesizer mit auf Disketten
gespeicherten »Sounds« speist und damit auf sechs
Quadratmeter die Klangfülle eines riesigen symphoni-
schen Orchesters zaubert. Oder man wählt eine kurze,
einfache Antwort, wenn man das Gefühl hat, mit der
langen Version ohnehin nicht verstanden zu werden.
Das schien mir hier der Fall zu sein, und ich entschied
mich für ein einfaches: »Nein.«

Beresford Hall mischte sich mit einer unkomplizierten
Frage in das Gespräch ein: »Möchten Sie vielleicht einen Whisky?«

»Ja, bitte.«

Dankbar für die Gelegenheit, diplomatisches Geschick
beweisen zu können, setzte ich nach: »Auf eine gute
Nachbarschaft!« Wenn darauf schon mal getrunken
war, dachte ich, redete es sich über alles leichter.

Beresford, ich schätzte ihn gleichaltrig mit mir, zele-
brierte das Einschenken eines goldgelben Pure-malt-
Whiskys in dickglasige, geschliffene Gläser, ohne Eis,
aber mit einem Schuß klaren Wassers in der Art, die das
Mitglied in mehreren, sicher vornehmen Klubs erkennen ließ. Die Bestätigung kam gleich:

»Das ist eine besondere Abfüllung«, sagte er in eben jenem »slanguage« oder »broad Australian«, bei dem wir
immer noch Verständigungsschwierigkeiten hatten.
»Wir beziehen das im Royal Sydney Golf Club.« Damit

war klar, wo wir unsere künftigen Hausgenossen gesellschaftlich einzuordnen gehalten waren.

»Sind Sie Golfer?« Beresford blickte mir erwartungsvoll ins Auge.

»Yes, Sir«, antwortete ich und hoffte inständig, daß er mich nicht nach meinem Handicap fragen möge.

»Was für ein Handicap?«

Also doch. Meine Antwort, wenn ich bereit war, sie nach bestem Wissen und Gewissen zu geben, würde unsere künftigen Beziehungen als Golfpartner belasten. Ich hatte nämlich noch keine Vorgabe.

»Na ja«, half ich mir etwas unsportlich aus der Verlegenheit, »ich komme durch meine vielen beruflichen Verpflichtungen nur selten zum Spielen.«

Mit dieser Ausrede, in Golfkreisen gerne benutzt, hatte ich wenigstens eine Andeutung meines beruflichen Erfolgs untergebracht.

»Ich hoffe wirklich, daß wir bald Gelegenheit haben werden, eine Runde miteinander zu spielen. Wenn Sie als Überseemitglied zu uns kommen wollen, wir können Ihnen da sicher helfen. Meine Mutter ist seit sechzig Jahren Mitglied beim Royal Sydney Golf Club.«

Das war schon fast so was wie ein Ritterschlag. Die Anlagen dieses wundervollen Klubs lagen nur ein paar Minuten entfernt, und in meinen kühnsten Träumen hätte ich nicht gehofft, als Gast dort Zutritt zu bekommen. Beresford Hall bot mir nicht nur den zweiten Whisky an, sondern auch noch eine zweite Klubmitgliedschaft.

»Wenn Sie das wünschen, kann ich Ihnen zudem eine Empfehlung für den Prince Edward Yacht Club geben, der ist auch gleich hier um die Ecke.«

Einem derartigen Angebot läßt sich nur alternativ begegnen. Man nimmt dankbar und begeistert an oder begründet äußerst höflich, warum man sich leider nicht in der Lage sieht, diese unerwartete Ehre annehmen zu können. Dies schien gelungen zu sein, denn trotz meiner Ablehnung der zweiten Mitgliedschaft, mangels eines Segelschiffes oder auch nur irgendwelcher seemännischer Fähigkeiten, schenkte mir Mr. Hall einen dritten Whisky ein. Danach wurde nicht nur mein australisches Englisch merklich flüssiger, auch Beresford zeigte wachsendes Zutrauen, was er durch zwei Gesten dokumentierte:

»Meine Freunde nennen mich Besh«, grinste er, hielt mir sein frisch gefülltes Glas entgegen, stieß mit mir an und besiegelte den neuen Bund mit der typisch australischen Auszeichnung: »Welcome, mate!«

Das hieß: Auf gute Freundschaft!

Schwester Laska, eher ein bißchen ängstlich denn neugierig, wollte wissen, warum wir überhaupt auf die bemerkenswerte Idee gekommen seien, uns in Australien anzusiedeln.

Wie schon so oft, alle die bereits erwähnten Gründe fanden auch in diesem Kreis kein erkennbares Verständnis. Aber die Gesichter unserer Zuhörer wurden sehr freundlich, als wir alles zusammenfassend letztlich sagten: »Es war Liebe auf den ersten Blick!«

»Das klingt sehr schön für uns«, sagte Alison, die uns wohl noch einen Beweis liefern wollte, daß wir als Hausgenossen willkommen seien, »ich bin vielleicht schon zu alt, um noch so weite Reisen zu unternehmen, bald achtzig, aber wir träumen hier gerne von der Kultur und der Tradition Europas. Wir sind in Australien ja so weit weg von allem. Ich glaube, wir werden uns gut verstehen.«

Das glaubten wir auch. Für uns ging es ja nicht darum, eine neue Heimat zu finden, in eine fremde Umgebung integriert zu werden, einen Neubeginn auf der anderen Seite der Erde zu verkraften. Unser Wunsch war, zu den Menschen einen harmonischen Kontakt zu finden, mit denen wir künftig einen Teil des Jahres unter einem Dach verbringen würden.

Die drei Halls machten uns klar, wie relativ einfach das funktioniert. »Wir pflegen den kleinen Vorgarten«, sagte Mutter Alison, »das war schon immer so. Und ihr benutzt den hinteren Teil.«

Von der Straße führten fünf Stufen in den mit Steinplatten ausgelegten, kaum mehr als hundert Quadratmeter großen Vorhof. Zwei Dutzend kleine und große Töpfe mit allen nur denkbaren Blüten waren Alisons Stolz und mit Hilfe eines Gartenschlauches leicht zu pflegen. Der hintere Garten, kaum um die Hälfte größer, war eine von Beeten gesäumte Rasenfläche. Ein Mini-Paradies mit Magnolien, Kamelien, Rhododendren, wildem Wein und zwei kleinen Zitronenbäumchen. Das alles sollte also künftig unserer Pflege unterliegen. Waren wir da, sollte die »Ernte« uns gehören, waren wir im fernen Deutschland, sollten die Halls, das war auch schon immer so, die Nutznießer sein. In alle anderen das Haus betreffenden Rechte und Pflichten müssen sich die beiden Parteien teilen.

Wir würden uns sicher vertragen.

»So was hat Sydney noch nicht gesehen!«

André Hellers Jubiläumspläne

Das Erstaunen unter den Freunden zu Hause über den gewagten Schritt in eine neue Welt hatte sich gelegt. Der Verdacht, der Heimat schnöde und undankbar den Rücken kehren zu wollen, für immer auszuwandern (!), war glaubwürdig widerlegt, der Gedanke, beruflich expandieren zu wollen, akzeptiert.

Junge, Junge, an was alles man bei so einem Unternehmen doch zu denken gezwungen war. Millionen und Abermillionen strebsamer Landsleute verbringen Jahr für Jahr ihren wohlverdienten Urlaub fern der Heimat. Je ferner, desto besser. Mit sündteuren Wohnwagen hinter vielpferdigen, getunten Automobilen durchqueren sie Europa, von Trondheim bis Gibraltar. In Jumbos verfrachten sie sich halbtausendweise in alle Himmelsrichtungen, von Bangkok bis Mombasa, von Kanada bis auf die Kanaren. Die Welt wird immer kleiner, der Wunsch, sie kennenzulernen, und die Möglichkeiten dazu werden immer größer.

Fernweh ist offenbar eine Ureigenschaft von uns Deutschen. Die bei »Auf los geht's los« ausgespielte Traumreise hatte über zwölf Jahre hinweg einen enormen Stellenwert in der Show. Die Einsendungen lagen zwischen einer halben Million und zweieinhalb Millionen Postkarten. Besonders viele kamen, wenn das Reiseziel Australien war. Na also!

Zu einer der Sendungen kam André Heller direkt aus Lissabon, wo er zum erstenmal seine Idee eines Feuertheaters realisieren konnte. Es wurde zu einem gewalti-

155

gen Spektakel. Die portugiesischen Behörden hielten ihn für größenwahnsinnig, als er mit einer Zuschauerzahl von über hunderttausend Menschen rechnete. Selbst vorsichtige Schätzungen kamen, nachdem die enthusiasmierten Massen in Bewegung geraten waren und einen Teil der technischen Einrichtungen über den Haufen gerannt hatten, auf eine Zuschauerzahl von mehr als einer dreiviertel Million.

Selbst noch unter dem Eindruck des Erlebten, sah er zum erstenmal seine eigenen Filmausschnitte während meines Interviews vor den Kameras der ARD. Die dreitausend Zuschauer in der Halle waren ebenso begeistert von den Bildern seines Feuertheaters wie die Millionen Zuschauer an ihren Fernsehgeräten zu Hause.

Kaum anders war es in Berlin. Sechshunderttausend Menschen ließen sich von Hellers nächtlichem Feuer-, Musik- und Worttheater in jubelnde Begeisterung versetzen.

»Stell dir vor«, sagte Gundel, als wir über Möglichkeiten eines deutsch-australischen Programmaustausches sprachen, »dieses Feuertheater zur Zweihundertjahrfeier mitten im Hafen von Sydney!«

Wenn das keine »zündende« Idee war! Allein die Vorstellung war aufregend. Heller und seine Mitarbeiter beschäftigten sich zwar schon mit anderen Plänen, waren sich aber sofort darüber klar, was für ein Spektakel mit ihren Erfahrungen aus Lissabon und Berlin im Hafen von Sydney, vor der Kulisse der Harbour Bridge, des Opernhauses und der Skyline dieser Millionenstadt in Szene zu setzen war. Heller-Werkstatt, Wien, beauftragte Greenwood productions mit der Aufnahme von Gesprächen mit der Stadt Sydney.

*V*eranstaltungen, wie sie für einen 200. Geburtstag eines Landes erwartet werden, schlagen Wellen – ähnlich hoch wie bei Vorbereitungen für Olympische Spiele. Das hatte mich mein bescheidener Anteil an den Vorarbeiten für die Spiele 1972 in München gelehrt. Und die Wellen in Australien schlugen bereits gewaltig hoch, und über einigen zusammen, die ihre weit geöffneten Hände im Spiel hatten.

Langsam, aber sicher geriet die Regierung unter Druck, und Premierminister Bob Hawke sah sich gezwungen zu handeln. Mit einer in den Medien heiß diskutierten Abfindung von einer halben Million Dollar schickte er den bisherigen Beauftragten für die Zweihundertjahrfeier in die Wüste. Neue Leute wurden berufen, die entsprechend vorsichtig agierten. Wie also konnte man als absoluter Außenseiter einen Fuß in die festverschlossenen Behördentüren bekommen?

Wir suchten jemanden, dessen Integrität unantastbar und dessen Einfluß groß war. Was für das Hellersche Feuertheater im Port Jackson gebraucht wurde, waren zunächst die Genehmigung der Hafenverwaltung der Stadt Sydney, der gute Wille der Gewerkschaften, die in Australien eine besondere Rolle spielen, und wir brauchten vor allem die Unterstützung und Sachleistungen der australischen Marine. Und damit hatten wir »unseren Mann« in Sydney: Konteradmiral Guy Griffiths.

1923 in Sydney geboren, kam er als Dreizehnjähriger an das Royal Naval College, beendete seine Ausbildung mit der Beförderung zum Chief Cadet Captain und trat im März 1941 seinen Dienst als Seekadett auf dem britischen Schlachtschiff »HMS Repulse« an. Im Dezember 1941 wurde die »Repulse« von einem japanischen Bomber vor der Ostküste von Malaysia versenkt. Unter den Geretteten war Seekadett Guy Griffiths.

Nach dem Zweiten Weltkrieg wurde er in England auf »HMS Excellent« zum Artillerie-Offizier ausgebildet und nahm mit dem australischen Flugzeugträger »HMS Sydney« am Koreakrieg teil. Nach verschiedenen Lehrgängen in England wurde er 1954 auf den australischen Flugzeugträger »Melbourne« kommandiert und zum Fregattenkapitän befördert.

1961, nach zweijähriger Dienstzeit an Land, wurde er Director of Tactics and Weapon's Policy im Marineministerium in Canberra. 1964 wurde er Kommandant der »HMAS Hobart«, des zweiten Raketenkreuzers, den die australische Marine in den USA gekauft hatte. Mit seinem Schiff gehörte er zum Verband der 7. US-Flotte und wurde von März bis September in Vietnam eingesetzt.

Nach verschiedenen Aufgaben im Generalstab der Marine in Canberra kehrte er als Kommandant auf das Flaggschiff der australischen Marine zurück, den Flugzeugträger »HMAS Melbourne«, den er bis Mitte des Jahres 1975 befehligte und als dessen Kapitän er die Operation »Navy Help Darwin« leitete, nachdem die Hauptstadt des Northern Territory im Januar 1975 durch den Wirbelsturm »Tracy« fast vollkommen zerstört worden war. 1976 wurde Guy Griffiths zum Konteradmiral und Chef des gesamten Marinepersonals befördert. Äußeres Zeichen seiner Verdienste um die australische Marine war die Verleihung der hohen Auszeichnung Order of Australia.

Seit seinem Abschied steht er der australischen Regierung ebenso wie der Industrie als Berater zur Verfügung.

Wenn wir also Guy Griffiths für unser kühnes Projekt »Feuertheater zur Zweihundertjahrfeier Australiens im Hafen von Sydney« gewinnen konnten, hatten wir einen Fürsprecher, dessen Wort mehr galt als das vieler anderer, die den Verantwortlichen mit allen möglichen und unmöglichen Vorstellungen in den Ohren lagen. Und er war von der Idee begeistert. Auf seine umgehende Vermittlung hin kam sehr bald schon ein Fernschreiben des Oberbürgermeisters von Sydney, Don Sutherland, in dem er uns seinen Beauftragten, Stephan Hall, Direktor des jährlich stattfindenden »Sydney Festival«, ankündigte.

André Heller und sein Mitarbeiter Stefan Seigner führten Stephen Hall die Filme von Lissabon und Berlin vor. Er war derart beeindruckt, daß er während seines anschließenden Besuchs bei uns in München den denkwürdigen Satz abschoß: »Wir wollen das machen, und es muß der Orgasmus des Tages werden!«

Die Bahn war also frei – dachten wir und gerieten prompt in den Strudel der inzwischen zahllos entstandenen Komitees und Interessengruppen: mit dem deutlichen Nachteil, keine Australier zu sein. Zu höflich, dieses Manko direkt anzusprechen, wand sich Stephen Hall wie ein Aal, als ich ihn im Büro des Sydney Festival Committee besuchte.

»Wir haben die Idee sehr eingehend diskutiert, und fast alle hier sind sehr begeistert.« Er legte eine leichte, aber unüberhörbare Betonung auf das Wörtchen »fast« und fuhr fort: »Hellers Feuertheater ist eine großartige Sache, aber ich denke, wir sollten darauf achten, daß es eine australische Angelegenheit wird.«

Darauf war ich vorbereitet: »Heller-Werkstatt hat ein Exposé erstellt, aus dem hervorgeht, wie sich das Feuertheater mit der Geschichte Australiens befaßt. In Bildern, angefangen mit der First Fleet von Arthur Phillip über die wichtigsten Ereignisse in den vergangenen zweihundert Jahren, bis heute.«

Stephen Hall lächelte nachsichtig. »Hört sich großartig an. Wer würde denn die Planung zu dem Spektakel entwerfen?«

Heller und Seigner hatten ganze Arbeit geleistet und mir einen Plan vom Hafen von Sydney geschickt, aus dem schon weitgehend alle technischen Details zu ersehen waren. An welchen Stellen die Feuerbilder auf Schiffen und Pontons aufgebaut werden sollten, wo die Fahrrinnen für die beweglichen Bilder verliefen, wie die Brücke einbezogen würde, wo die Beschallungspunkte für die Lautsprechergruppen sein sollten und wo Tribünen und Freiräume für die Zuschauer geschaffen werden konnten.

»Ich habe ihn mitgebracht«, sagte ich und rollte den Plan auf seinem Schreibtisch aus. Er betrachtete ihn eingehend, nickte ab und zu anerkennend, ließ ein paar Bemerkungen fallen, denen ich entnehmen konnte, daß er sich in den vergangenen Monaten seine Gedanken gemacht hatte. Und trotzdem hatte ich irgendwie das Gefühl, als ob er Angst vor der eigenen Courage hätte.

»Haben Sie eine Idee, was das Ganze ungefähr kosten würde?« fragte er.

»Wir haben Ihnen eine Aufstellung der Erfahrungswerte von Lissabon und Berlin gemacht.« Ich reichte sie ihm über den Tisch.

160

»Nach Ansicht der Heller-Werkstatt kommt das Feuertheater bei einer Dauer von einer Stunde auf ungefähr 1,5 Millionen Dollar. Abhängig natürlich von der Art und der Anzahl der Bilder und der dazu notwendigen Aufbauten.«

Stephen Hall betrachtete den Plan lange, blätterte in den Unterlagen, nahm einen Schluck Kaffee, legte sein wohlgenährtes Gesicht in sorgenvolle Falten und meinte: »Ich glaube nicht, daß wir diese Summe im Etat haben.«

Als nächstes überreichte ich ihm einen kompletten Finanzierungsvorschlag mit allen Möglichkeiten: Sponsoren, Programmhefte und Inserate, Ansteckplaketten als Eintrittsausweise, Lizenzen für Verpflegungs- und Verkaufsstände, Lizenzen für Fernsehanstalten und Printmedien, Lizenzen für die sanitäre Versorgung, bei einer geschätzten Zuschauerzahl von vermutlich mehr als einer Million Menschen.

Mr. Hall zeigte sich beeindruckt, aber im Augenblick wohl auch etwas überfordert.

»Wie gesagt«, meinte er, »wir sind sehr daran interessiert, daß dieses Feuertheater eine rein australische Veranstaltung wird. Ich kenne da einen sehr begabten jungen Mann, einflußreiche Familie, glauben Sie, daß man den da einbauen könnte?«

Ich hatte das Gefühl, daß er mit »einbauen« eigentlich eher »vorschieben« meinte. Deshalb wollte ich sichergehen.

»Ich denke, André Heller hat gegen eine tatkräftige Unterstützung einflußreicher Leute nichts einzuwenden.«

Stephan Hall wurde etwas deutlicher: »Der Mann hat sich bei verschiedenen Feuerwerken einen guten Namen gemacht. Wir sind in Australien und besonders hier in Sydney sehr erfahren in derartigen Dingen.«

»Ich habe einige gesehen«, sagte ich, »wirklich großartig, aber Heller hat mit seinem Feuertheater eine neue Kombination von Bildern aus Feuer, verbunden mit Musik und Sprache entwickelt. Das bedeutet ein ziemlich einmaliges Know-how. Ich glaube nicht, daß er sich da gerne dreinreden lassen würde.«

Mr. Hall lächelte liebenswürdig. »Vielleicht muß die Darstellung der australischen Geschichte im Feuertheater nicht ausschließlich unter dem Namen Heller stattfinden?«

So, jetzt war's heraus. Die Idee war akzeptiert, aber Mr. Hall legte Wert darauf, die Durchführung in eigene Hände zu bekommen. Diesem schon eher weniger versteckten Antrag, eine positive Entscheidung vom Verzicht Hellers auf seinen Namen abhängig zu machen, mußte höflich, aber ebenso entschieden begegnet werden. Ich versuchte das mit einem bildhaften Vergleich.

»Sehen Sie, Mr. Hall, wenn sie zu den Zweihundertjahrfeiern eine Picasso-Ausstellung veranstalten, schmückt sich eine australische Galerie zu Recht mit diesem kulturellen Ereignis, aber man ändert doch nicht den Namen des Künstlers unter den Exponaten!«

Ob dieser Unterstellung gab sich Stephen Hall etwas gekränkt: »Es scheint mir kaum durchsetzbar zu sein«, sagte er, »eine so große Veranstaltung, die weltweit Aufmerksamkeit finden wird, ohne australische Beteiligung durchzuführen. Mit einem derartigen Vorschlag käme ich beim Komitee sicher nicht durch. Stellen Sie sich vor, ich erkläre den Verantwortlichen, da kommen zwei Burschen aus Österreich und Deutschland und machen eine der spektakulärsten Veranstaltungen zu den Feiern im Land und wollen dafür auch noch zwei Millionen Dollar!«

Mit dieser Bemerkung ging er glatt über den vorgelegten Finanzierungsplan hinweg, aus dem ersichtlich war, daß das Feuertheater ohne jeden Zuschuß aus öffentlichen Mitteln zu realisieren war.

Und noch etwas wurde deutlich: Mr. Hall hatte nach seinem Besuch in Wien und München offensichtlich noch nicht einmal den Versuch unternommen, unsere Idee weiterzuleiten.

Um am neuralgischen Punkt, einer australischen Beteiligung, anzusetzen, sagte ich: »In Lissabon und Berlin hat die Heller-Werkstatt die gesamte Technik an einheimische Unternehmen vergeben. Die Feuerwerkskörper wurden in Italien und Japan hergestellt. Wir wissen, daß es in Australien hervorragende Firmen dafür gibt. Alle diese Aufträge bleiben natürlich hier im Land. Nur das Know-how muß von Heller kommen!«

Hall schlug einen Haken: »Haben Sie eigentlich Bildmaterial, das ich bei einer der nächsten Sitzungen dem Komitee vorführen kann?«

Wir hatten aus Sendungen des Bayerischen und des Österreichischen Fernsehens einen Zusammenschnitt der Feuertheater von Lissabon und Berlin produziert, die ich als Videokassette bei mir hatte, doch ich war durch das bisherige Gespräch etwas vorsichtig geworden. Hatte Mr. Hall alles, was er bisher gesehen und gehört hatte, für sich behalten, schien es ratsam, etwas zu unternehmen, was das Projekt einer Reihe von wichtigen Leuten bekannt machte, bevor Stephen Hall es allein den verantwortlichen Gremien vorführte.

163

Jetzt zeigte sich der taktische Vorteil der eigenen Räume in Sydney.

»Ich habe ein paar wichtige Leute zu einer Vorführung der Feuertheater von Heller in Lissabon und Berlin eingeladen«, sagte ich und überlegte, wie lange ich brauchen würde, um die Einladungen zu verschicken. »Es wäre sehr schön, wenn Sie mit Ihren Leuten dazukommen könnten.«

Ich hatte den Eindruck, er fühlte sich ertappt.

»Ich komme gern allein«, sagte er, »aber vielleicht könnten Sie in der Zwischenzeit eine Kopie anfertigen lassen, die ich dann zu gegebener Zeit vorführen kann?«

Ich sagte zu, zufrieden, daß er das Material im Kreise wichtiger Persönlichkeiten sehen würde, denen ich bei dieser Gelegenheit das Projekt in allen Einzelheiten vorstellen konnte.

Die Gesellschaft, die eine Woche später zusammenkam, garantierte, daß man in einschlägigen Kreisen über das Gesehene sprechen würde: der Generalkonsul der Bundesrepublik Deutschland für New South Wales und Queensland, Dr. Gottfried Pagenstert, und Frau Elena; Konteradmiral Guy Griffiths und Frau Carla; Charles J. Berg, Chairman der Sydney Opera Society, und Frau Robyn; Peggy Moore, Nachbarin und Eigentümerin eines der schönsten Häuser von Sydney, in dem sie die Creme internationaler Künstler und Sportgrößen aus aller Welt beherbergt; Dieter Bonitz, erfolgreicher deutscher Unternehmer in Australien, mit Frau Eva; Erich Glowatzky, emeritierter, aber deswegen nicht minder einflußreicher Großunternehmer, und Frau Edith; Michael Walsh und sein Produktionschef bei Channel 9, Peter McCormick; Vivienne Sharpe, Tochter von Charles Berg; Michael Magnus, Inhaber einer großen Werbeagentur; die Halls von der oberen Etage – und Stephen Hall.

Mit der Bewirtung der Gäste war ein Delikatessengeschäft in Double Bay beauftragt. Der ungarische Besitzer war sechs Jahre zuvor noch Oberkellner im Restaurant »Schwarzwälder« in München gewesen. Schon im ersten Jahr nach seiner Auswanderung nach Australien hatte er sich selbständig gemacht mit dem Erfolg, daß die Menschen täglich vor seinen Auslagen im Cosmopolitan Centre Schlange standen. Als er uns bei unserem ersten Einkauf in seinem Laden entdeckte, glaubte er an eine Halluzination. Ivan versah seine Aufgabe mit weißen Handschuhen und mit Perfektion.

Vor den Fenstern zum Hafen war eine regelrechte kleine Bühne errichtet, auf der das Fernsehgerät so angebracht war, daß der Blick der Zuschauer um den Bildschirm herum ungehindert nach draußen in den Hafen gehen konnte. Die Feuertheater von Lissabon und Berlin sollten sich mitten im spiegelnden Wasser des Port Jackson abspielen. Vor dieser Bühne waren Sessel in einem Halbkreis auf Lücke gestellt, neben jedem ein kleines Tischchen, so daß die Gäste in größter Behaglichkeit den Videofilm genießen konnten.

Mit ein paar einleitenden Worten bereitete ich die gutgelaunte Gesellschaft auf das Programm vor, mit dem Hinweis, daß es in die Hände des anwesenden Mr. Stephen Hall gelegt sei, ein solches Feuertheater für die Zweihundertjahrfeiern in Sydney zu realisieren. Und dann brannten zwanzig Minuten lang die Highlights der Feuertheater auf dem Rio Tejo in Lissabon und im

Tiergarten von Berlin ab. Hinter den Fenstern zogen die illuminierten Schiffe von John Caddman und Captain Cook und die hell erleuchteten Fähren zwischen Sydney und Manly vorbei.

Die Vorführung war ein voller Erfolg und wurde mit anhaltendem Applaus belohnt. Einmütige Meinung: »So was hat Sydney noch nicht gesehen. Ohne Zweifel ein würdiger Höhepunkt für den 200. Geburtstag Sydneys und Australiens.«

Konteradmiral Griffiths meinte, er könne sich durchaus vorstellen, daß die Navy das Vorhaben mit Sachleistungen, Schiffen und Manpower unterstützen würde.

Das Rennen war gelaufen – dachte ich und freute mich auf die Organisation des österreichisch-deutschen Beitrags zum australischen Festjahr.

In der allgemeinen Begeisterung an diesem Abend mußte mir wohl entgangen sein, daß der wichtigste Mensch in der Runde ziemlich reserviert blieb, Mr. Stephen Hall. Er war in den folgenden Wochen nicht nur reserviert, sondern auch fast unerreichbar. Ein, zwei unverbindliche Telefonate, vergebliche Bemühungen um Termine, nicht ganz glaubwürdige Ausflüchte, die bekannte Masche des Versteckens hinter Ausschüssen und Institutionen. Mr. Hall war auf Tauchstation gegangen. Warum?

Dieter Bonitz, gebürtiger Sachse, aufgewachsen an der Hamburger Alster, seit Mitte der fünfziger Jahre Wanderer zwischen den Entwicklungsländern der Erde, ständig unterwegs, industrielles Neuland zu entdecken, bemüht, eingefahrene Gleise zu verlassen, mit unternehmerischer Neugier Marktlücken zu entdecken, seit

166

einigen Jahren im Land, gab mir Nachhilfeunterricht in Sachen Australien:

»Mein Ziel war«, sagte er eines Abends, »die Zeit über fünfzig in einem zivilisierten Land mit fast unbeschränkten Entwicklungsmöglichkeiten zu verbringen, in dem der Aufbau neuer Industrien ansteht. Die Entwicklung enormer Produktionskapazitäten im pazifischen Raum wurde offenbar, der Reichtum Australiens an Rohstoffen im gleichen Maß interessanter, wie sich die Entfernung zu den Produktionsstätten verringerte. Japan, Korea, Vietnam liegen näher als Europa. Woran Australien nach wie vor arm ist, das sind Menschen. Menschen, die die nahezu unbegrenzten Möglichkeiten dieses riesigen Landes in Produktion umsetzen können.

Als ich hierherkam, war die Frage zunächst gar nicht, ob für immer oder nur vorübergehend. Ich hatte längst gelernt, in zwei verschiedenen Welten zu leben. Was ich suchte und fand, war ein überall spürbares Interesse an neuen Ideen und Produkten, in einem Land, das der Bundesrepublik Deutschland auf den ersten Blick sehr ähnlich war. Das war ein Trugschluß. Zwar kamen wir in eine besonders freundliche, weltoffene, unkonventionelle und hilfsbereite menschliche Umgebung, in der man keine »Türken« oder »Krauts« kennt. Man hat die gleichen Chancen wie alle anderen auch, aber in gänzlich undeutscher geschäftlicher Gangart. Was im traditionsgebundenen Deutschland als völlig unmöglich erscheint, ist hier nicht selten der einzig gangbare Weg.

Der Lernprozeß ist schwierig, und je älter man ist, um so länger dauert es, bis man die grauen Zellen auf australisch umgepolt hat. Ohne das läuft überhaupt nichts. Drängen läßt sich kein Australier. Hat er das

Gefühl, zu etwas gezwungen zu werden, was er nicht gründlich genug überdenken kann, gibt er lieber seinem natürlichen Mißtrauen nach und läßt Chancen aus, bevor er sich nicht ganz sicher fühlt, daß es wirklich eine ist. Dabei schwankt er nicht selten so lange zwischen begeisterter Zustimmung und kritischer Ablehnung hin und her, bis unsereins Lust und Laune an einem Geschäft verloren hat.«

Lächelnd dachte er wohl über einige seiner vergeblichen Bemühungen nach, prostete mir zu und trank bedächtig.

»Ich habe mir schon oft überlegt, ob wir bedauern, hierher umgezogen zu sein. Ich sage umgezogen, weil ich den Begriff ›Auswanderer‹ mit seinem Ewigkeitsmerkmal ablehne, aber vielleicht kam der Umzug nach Australien für uns ein bißchen zu spät. Geschäftlich, meine ich. Privat fühlen wir uns hier inzwischen außerordentlich wohl. Wir haben uns die langsamere Gangart angewöhnt, leben einfach fröhlicher. Unsere zwei Söhne haben es da wesentlich einfacher; es fiel ihnen nicht schwer, den ganzen Ballast aus der Heimat abzuwerfen. Unsere Freunde hier fragen inzwischen, ob wir irgendwann Australier werden wollen. Ich glaube nicht. Das Deutsche ist zu tief in unsere Wolle gefärbt. Aber wer weiß? Bei den Sachsen ist der Drang nach draußen wohl geburtsbedingt. Und noch eines: Hier gibt es unendlich viel Wasser – und die Sachsen haben als Nichtschwimmer schon immer einen wesentlichen Teil der Marine gestellt!«

Im obersten Stock des Hauses in der vornehmen Wolseley Road, mit einem herrlichen Blick auf Hafen, Brücke und Opernhaus, stellte Eva Bonitz eine gewaltige Platte knusprig gebratener Lammschultern auf den Tisch und beendete die Gedanken ihres Mannes mit ihrer gern gebrauchten und fast immer passenden Redensart: »So machen wir das jetzt« – und wünschte guten Appetit.

»Du machst einen Fehler«, nahm Dieter Bonitz nach dem Dessert den Faden wieder auf. »Du versuchst, dein Feuertheater im Alleingang unter die Leute zu bringen. Das haut nicht hin. Guy Griffiths konnte dir als ehemaliger Admiral die Türen öffnen. Jetzt brauchst du ein paar wichtige Leute, Australier, die beste Beziehungen haben und davon überzeugt sind, mit der Sache Geld verdienen zu können. Du mußt erreichen, daß sie die Sache zu ihrer eigenen machen, und ihnen auf den Fersen bleiben. Nicht drängen, aber präsent sein.«

»Ich muß zurück nach Hause und meine Sendungen machen.«

»Eben – und in der Zwischenzeit geschieht hier herzlich wenig. Mich reizt euer Feuertheater, und ich kenne ein paar Leute. Wie wär's, wenn wir es zusammen versuchten?«

In den folgenden Wochen und Monaten machte Dieter Bonitz Dampf. Er ließ Fotos aus Hellers Feuertheater reproduzieren, Broschüren drucken, sprach mit allen möglichen Organisationen und Behörden, kam nach Österreich, um Heller und Seigner in seine Bemühungen einzuweihen.

Alles lief recht gut, und wir hatten das Gefühl, dem gemeinsamen Ziel ein gutes Stück nähergekommen zu sein. Da geschah etwas, womit keiner der Beteiligten rechnen konnte.

Die australische Navy feierte ihr fünfundsiebzigjähriges Bestehen. Einige ihrer großen Schiffe versammelten sich im Hafen von Sydney zu einer Art Tag der offenen

169

Tür. In ihren kühnsten Träumen hatten die Veranstalter nicht mit einer derartigen Anteilnahme der Bevölkerung gerechnet, wie sie an einem der Sonnentage über den Flottenverband im Hafen hereinbrach. Hunderttausende strömten zusammen, um den Geburtstag ihrer Marine zu feiern, um das Feuerwerk zu sehen, das über der stolzen Armada nach Einbruch der Dunkelheit abgebrannt werden sollte. Der flammende Himmel über den strahlend erleuchteten Kriegsschiffen versetzte die Menschen auf Hunderten von Booten, an den Ufern südlich und nördlich des Hafens, auf den Stufen des Opernhauses und auf der Brücke in einen Taumel der Begeisterung. So sollte es wieder sein, wenn im Oktober 1988, zum 200. Geburtstag, einige der größten Schiffe der Welt in den Hafen von Sydney einliefen.

Ungewollt hatte dieser Tag dem Hellerschen Feuertheater die Schau gestohlen. Einer der größten Sponsoren des Landes, der Brauer und Großunternehmer Alan Bond, war so begeistert, daß er für diesen Tag eine beachtliche Summe in Aussicht stellte. Damit waren unsere Bemühungen sinnlos geworden.

»Warum sollen wir ein für uns unbekannt großes Risiko eingehen, wenn wir das gleiche Spektakel mit weniger Aufwand erreichen können?«

Fortan liefen wir gegen Wände. Die Begeisterung über das gelungene normale Feuerwerk hielt so lange an, bis es zu spät war, die offiziellen Stellen davon zu überzeugen, daß es sich bei dem Feuertheater um eine höhere Dimension von Spektakel handelte. Nun gut, die Zweihundertjahrfeiern 1988 sind um ein Ereignis ärmer, wir um eine Reihe von Erfahrungen reicher geworden.

Das Wunder von Phillip Island

Tausend kleine Fräcke nach Sonnenuntergang

Wenn man es statistisch genau nimmt, verdankt Melbourne seine Gründung sechs Hemden, zwanzig Dekken, dreißig Äxten, dreißig Spiegeln, fünfzig Scheren, einhundert Pfund Mehl und zweihundert Taschentüchern. Für diese Naturalien kaufte William Batman, ein berüchtigter Mörder zahlreicher Aborigines Tasmaniens, ein 240000 Hektar großes Stück Land von einigen Eingeborenen, die er vorher willkürlich zu Häuptlingen ernannte hatte, obwohl es diesen Titel bei den Wurundjeri bis dahin nicht gab. Die auf diesem Land begründete Siedlung erlebte ihren ersten Boom durch die Aufzucht von Merinoschafen und wurde bald bekannt als Wollexporthafen. 1842 erhielt Melbourne die Stadtrechte und wurde 1850 zur Hauptstadt der neuen Kolonie Victoria ernannt.

Selten dürfte eine Stadt in einer so kurzen Zeit einen so gewaltigen Aufschwung erlebt haben. War die Einwohnerzahl im Jahre 1842 noch unter 10000, waren es 1861 bereits über 500000. Eine Flut von Siedlern versuchte ihr Glück, nachdem man 1851 in Victoria Gold gefunden hatte. So viel, daß in diesem Gebiet zeitweise mehr als ein Drittel des Goldes der Erde umgeschlagen wurde.

Der frühe Reichtum prägte das Gesicht der Stadt, die von 1901 bis 1927 als Hauptstadt Australiens fungierte, ständig in Konkurrenz zu Sydney, bis die Regierung in die Retortenstadt Canberra übersiedelte. 1933 erreichte die Einwohnerzahl Melbournes die Millionengrenze. Weltweit bekannt wurde die Hauptstadt des Bundeslandes Victoria mit dem Beinamen »Gartenstaat«, als die Wahl für die Austragung der XVI. Olympischen Spiele des Jahres 1956 auf Melbourne fiel. Die Wettkämpfe fanden im neuerbauten Stadion in einem Vorort von Melbourne mit dem Namen Heidelberg statt.

Wenn ein Vergleich der Drei-Millionen-Stadt am Yarra River und der Dreieinhalb-Millionen-Stadt Sydney mit deutschen Großstädten erlaubt ist, dann entspricht Melbourne eher der hanseatischen Vornehmheit Hamburgs, während Sydney mit seiner kosmopolitischen Vielfalt München gleicht. Auffallend gepflegte Parkanlagen, die mehr als ein Viertel des Stadtgebiets von Melbourne einnehmen, machen dieses Industrie- und Handelszentrum ausgesprochen attraktiv. Neben den Parks bestimmen die Wolkenkratzer des World Trade Centre, der Industrie-, Bergbau-, Bank- und Versicherungsgesellschaften das Stadtbild.

Aber bei allem, was eine Millionenstadt an Museen, Galerien, Theatern, Parks, Gebäuden – und nicht zuletzt Restaurants – zu bieten hat, auf eine der außergewöhnlichsten Attraktionen wurden wir vom Portier des Regency-Hotels aufmerksam gemacht: »Nehmen Sie sich einen Mietwagen und fahren Sie nach Phillip Island zur Pinguin-Parade. Das ist einmalig in der Welt!«

Davon schien er überzeugt zu sein. Mit stolzgeschwellter Brust nahm er eine Haltung ein, der wir zwangsläufig entnehmen mußten, daß er für diese Information ein angemessenes Trinkgeld erwartete. Es sei vorweggenommen – der Tip war jedes Trinkgeld wert.

Die Fahrt nach Phillip Island hätte schöner nicht sein

können. Über schnurgerade, brettebene Straßen, durch unendlich weite Weideflächen mit unzähligen Schafen und grasenden Rinderherden führt der South Gippsland Highway nach Südosten, herum um den natürlichen, fast kreisrunden Western Port, mit French Island genau in der Mitte. Koo-wee-rup, Lang Lang, Grantville und Newhaven sind malerische alte Siedlungen links und rechts der etwa einhundert Kilometer langen Strecke an die Südküste Victorias. San Remo, Traumvorstellung eines Badeortes, mit parkähnlichen Pinienwäldern, denen unübersehbar lange, schneeweiße Strände vorgelagert sind. Über eine schmale Landzunge führt die immer enger werdende Straße nach Phillip Island. Koalas leben in diesem Tierparadies ebenso ungestört wie die Millionen Mutton Birds und die Robben auf den Klippen, »The Nobbies«.

Am Nachmittag setzt sich eine beachtliche Kolonne von Fahrzeugen aller Art zur zwei Kilometer östlich der Nobbies gelegenenen Summerland Beach in Bewegung. Touristenrummel, denkt man angesichts der von Wind und Wetter gezeichneten Baracken, in denen fast alles angeboten wird, was nicht schmeckt und was man nicht braucht. Der Umsatz wird geschickt gesteigert mit dem Hinweis, dies sei die letzte Möglichkeit zum Kauf von Filmen und Futter vor dem langen Marsch durch die bewachsenen Dünen, hinunter zu den Tribünen am weitgestreckten Strand. Dort erst erfolgt der Hinweis, daß bei dem zu erwartenden Spektakel weder das Fotografieren noch das Füttern erlaubt sei. Sei's drum. An die tausend Menschen hatten sich auf den betonierten Tribünen im letzten Sonnenlicht versammelt. Und nun begann das Warten.

173

*S*eltsam, jeder Prospekt, jeder Reiseführer weist darauf hin, daß erst nach Einbruch der Dunkelheit mit dem auf der Welt ziemlich einmaligen Schauspiel zu rechnen ist. Und trotzdem spürt man die Spannung in der Menge, obwohl die Sonne noch ein gutes Stück über dem Horizont am pazifischen Himmel steht.

Werden sie kommen?

Außer der sanft anrollenden Dünung ist wenig zu sehen. Kinder, die weder mit Eis am Stiel noch mit Peanuts oder anderem Junkfood auf den Tribünen zu halten sind, spielen am Strand, rennen kreischend vor den anlaufenden Wellen davon. Einige hüpfen auch fröhlich in ihnen herum, ohne Rücksicht auf ihre Kleider, zum Ärger der Eltern, die ihre Ermahnungen über die Entfernung von einhundert Meter erschallen lassen. Aus gutem Grund sind Hunde zu diesem Ereignis nicht zugelassen.

Ein paar sehr offiziell aussehende, uniformierte Naturschützer erscheinen auf der Bildfläche und beginnen, begleitet vom Raunen der gelangweilten und deshalb an allem interessierten Menge mit den ersten Vorbereitungen auf die Nachtvorstellung.

Erstes Prasseln in den hinter den Tribünen aufgestellten Lautsprechern. »Test – Test – Test – one, two, three, four, five – okay.«

Applaus der erwartungsfrohen Menge.

500 Meter links und rechts von den Tribünen werden von den Dünen zum Wasser hinunter bunte Bänder gezogen. Damit keine ungebetenen Strandläufer die aus dem Meer erwarteten Besucher stören.

Als glühender Ball taucht die Sonne ihren unteren Rand ins Meer.

»Ladies and gentlemen, willkommen auf Phillip Island. Wir bitten um Ihre Aufmerksamkeit!«

Erwartungsvolle Stille.

»Wir bitten Sie nun, die Kinder vom Strand zurückzurufen und Ihre Plätze auf den Tribünen einzunehmen. In wenigen Minuten wird der Sonnenuntergang beendet sein. Ab da warten wir gemeinsam auf die Pinguin-Parade. Seit undenklichen Zeiten kommen Tausende von Fairy Penguins, Zwergpinguinen, kaum größer als 25 Zentimeter, zwischen September und April hier an dieser Stelle von Phillip Island an den Strand, jeden Abend nach Sonnenuntergang. Nach ihrer Tagesarbeit, der Suche nach Nahrung, suchen sie die hinter uns liegenden Nester in den Dünen auf, wo sie die Nacht verbringen und einige von ihnen brüten.

Wir dürfen Sie jetzt um Geduld bitten und um absolute Ruhe. Nur dann werden Sie erleben, daß die Pinguine sich ohne Scheu nähern und letzten Endes durch die eingefaßten Wege, mitten durch die Zuschauer hindurch, zu ihren Nestern watscheln. Wir bitten unbedingt auf das Fotografieren zu verzichten und alles zu vermeiden, was unsere kleinen Freunde aus dem Meer erschrecken könnte. Auch Besuchern unter Ihnen, die Kameras mit hochempfindlichem Filmmaterial benutzen, empfehlen wir, nicht zu fotografieren. Als Orientierungshilfe für die Pinguine schalten wir jetzt einige Lampen ein. Wir wünschen Ihnen einen aufregenden Abend auf Phillip Island mit der Pinguin-Parade.«

Die Kinder werden eingefangen, einige mehr oder minder autoritär daran gehindert, ihre Spielchen vom Strand auf den Tribünen fortzusetzen. Die Feststellung sei erlaubt, daß sich australische Kinder von amerikanischen angenehm unterscheiden.

175

Die Sonne ist untergegangen, der Wechsel vom Licht zur Dunkelheit vollzieht sich sehr schnell. Langsam kehrt erwartungsvolle Stille ein. Zweitausend Augen starren auf die dunkle Weite des Pazifiks hinaus. Allmählich gewöhnen sie sich an die Spiegelung des Himmels im Wasser, die Konturen des Strandes werden deutlicher. Nichts geschieht. Ab und zu hört man aus der Menge ein aufgeregtes: »Da! Da kommen sie!« Nur ein weiß aufschimmernder Wellenkamm, der sich, auf die Küste anrollend, bricht.

Jagdfieber macht sich bemerkbar. Gott sei Dank nicht mit Flinten – man verzeihe den unweidmännischen Ausdruck –, sondern mit Ferngläsern, nachttauglichen natürlich. Wer würde die Pinguine zuerst entdecken? Vielleicht eine halbe, vielleicht auch schon eine Stunde ist vergangen, die Spannung hält an.

Wieder bewegen sich ein paar weiße Wellenkämme auf den Strand zu. Oder? Die Gischt wird vom Meer zurückgesogen, aber etwas Weißes bleibt am Strand, unbeweglich.

Ein bemerkenswertes Geräusch, wenn tausend Menschen plötzlich und gleichzeitig anfangen zu flüstern.

»Sie kommen! Da links – und da rechts auch – im Wasser noch – ganz viele!«

Ein aufregendes Schauspiel. Herzklopfen. Man hält die Luft an.

Einige Pinguine haben sich an Land spülen lassen, bleiben auf dem Bauch liegen, äugen in Richtung der matt leuchtenden Scheinwerfer, richten sich vorsichtig auf, schütteln sich, bewegen ihre Stummelflügel, setzen sich watschelnd in unsere Richtung in Bewegung. Plötzlich, wie auf einen Warnruf, obwohl es mucksmäuschenstill ist, drehen sie sich um und rennen, so schnell sie können, zum Wasser zurück, verschwinden mit Kopfsprung in einer anrollenden Welle, von der sie sich wieder bäuchlings an den Strand spülen lassen. Das gleiche beginnt nun auf breiter Front. Wohin man sieht, rutschen die kleinen Kerlchen auf dem Bauch auf den Strand, richten sich auf, schütteln sich, marschieren los, bleiben wie auf Kommando stehen, rennen zurück, hüpfen kopfüber in die Wellen.

Und dann formieren sie sich. In mehreren Reihen hintereinander, auf einer Breite von 500 Metern, stehen sie aufrecht im Sand und fangen an zu – ja was – schnattern? Nein, das ist kein Schnattern. Krächzen? Auch nicht. Gurren vielleicht? Nein – für mich reden die Pinguine. »Da hilft nun alles nichts«, scheinen sie zu sagen, »die Menschen sind nun mal da, wir müssen da durch!«

Und sie marschieren los. Die Köpfchen angehoben, leicht nach vorn gereckt, ihr Gleichgewicht mit den Flügeln balancierend, kommen sie auf uns zu. An den äußeren Rändern der 500 Meter laufen, leise redend und lockend, zwei der uniformierten Männer mit und korrigieren die Richtung einiger »Ausbrecher«. Ohne die geringste Scheu nähern sich die Pinguine den Tribünen, hüpfen über die Schwellen der Bankreihen, watscheln zwischen den Beinen der Menschen hindurch, bleiben stehen, sehen sich die seltsam unterschiedlich gefiederte Gattung von Landtieren an, schütteln verwundert die Köpfe und ziehen weiter. Tausende watscheln da vom Strand, durch die Gassen in den Tribünen, hinauf in die Büsche zwischen den Dünen, um sich für den Rest der Nacht vom anstrengenden Tagwerk, dem Fischfang, zu erholen.

Als manchmal harter Kritiker des Verhaltens von Menschen, vor allem dort, wo sie in Massen auftreten, war ich begeistert von den an diesem unglaublichen Schauspiel beteiligten Besuchern auf Phillip Island. Kein Geschrei, kein Blitzlicht, kein Gerenne – und kein Grapschen nach den liebenswerten Tieren. Noch auf dem Weg zurück, die Dünen aufwärts, zwischen den Tausenden von Büschen hindurch, in denen es zwitscherte, schnatterte und gackerte und sich die Pinguine darüber unterhielten, was sie tagsüber und eben erlebt hatten, blieben die Menschen menschlich. Das Vertrauen der liebenswerten Tiere hatte sie einander nähergebracht. Leise erzählte jeder jedem, was er in der letzten Stunde erlebt, gesehen, gehört und empfunden hatte. Viele blieben stehen, lauschten den Stimmen der Pinguine und dachten vielleicht nach. Über das Wunder Natur auf Gottes Erde, die wir Menschen so malträtieren.

Wie von der Tarantel gestochen

Australien kann giftig sein

Kennen Sie das makabre Spiel »Berühmte letzte Worte«? Zum Beispiel: Diese Kurve kenne ich wie meine Westentasche. Oder: Keine Angst, die Pilze habe ich selber gesucht.
Für Australien könnte gelten: Nein, in dieser Bucht gibt es keine Haifische! Oder: Spinne am Abend, erquickend und labend!
Das Land ist ein riesiges zoologisches Museum, dessen Tierarten heute zum großen Teil keine Verwandten in

anderen Teilen der Welt haben. Die bei uns bekanntesten davon sind Känguruh, Emu, Koala und das höchst seltsame Schnabeltier. Ich will nichts von den 140 verschiedenen Schlangenarten erzählen, von denen zwanzig für den Menschen absolut tödlich und weitere sechzig sehr gefährlich sind. Auch nichts von den Krokodilen oder vom höchst giftigen Stone Fish, auf dessen Stachel zu treten den sicheren Tod innerhalb von zwei Stunden bedeutet, es sei denn, ein Arzt wäre zufällig in der Nähe und hätte zufällig das entsprechende Serum zur Hand, um es zu spritzen.

Geschichten gibt es unheimliche und unzählige. Ob man sie glaubt, hängt nicht nur vom Erzähler ab, vielmehr davon, ob man sie glauben möchte und wie groß die Angst vor der giftigen Fauna Australiens ist. Und das hängt wiederum davon ab, wo man lebt. In den Outbacks, im Busch, kein Zweifel, sollte man auf Schritt und Tritt gewärtig sein, daß man die gefährlichen Urbewohner in ihrer paradiesischen Ruhe stört. Am Rande der Großstadt empfiehlt sich immer noch erhöhte Aufmerksamkeit, denn der Übergang vom Busch zur asphaltierten Zivilisation ist oft nahtlos.

In der Stadt selbst, denke ich, überholen die Geschichten die Wirklichkeit, was die Gefahr betrifft. Aber erzählt wird viel von den drei Menschenmördern, dem Hai, der Funnel Web Spider und der Schwarzen Witwe. Die Weißen Ameisen, White Ants, fressen zwar keine Menschen, dafür aber ihre Häuser, wenn man sie gewähren läßt. Diese termitenähnlichen Tierchen lieben alles, was an Häusern aus Holz ist. Tür- und Fensterrahmen, Unterkonstruktionen, Zwischendecken, Dachbalken und dergleichen mehr höhlen sie von innen so aus, daß der Besitzer eines Hauses bis zur Katastro-

179

phe kaum etwas oder überhaupt nichts merkt. Schließt er eines Tages eine Tür, ein Fenster etwas heftiger als gewöhnlich, kann es sein, daß ihm das, was die White Ants übriggelassen haben, wie Staub unter den Händen zerfällt. Unsere Handwerker behaupteten, Schreckliches auf diesem Gebiet erlebt zu haben. Betroffene haben wir bis heute nicht kennengelernt, die dringend empfohlenen Sprühmaßnahmen in unserem Haus aber peinlich genau durchführen lassen.

Bleiben wir bei den Haien und Spinnen, ein bißchen auch wegen der Gänsehaut. Der gefürchtetste ist der »Große Weiße Hai«. Nicht der von Hollywood, sondern seine Brüder, die an der südaustralischen Küste auf ihre badefreudigen Opfer warten. Angeblich sollen sie auch an der Ostküste, ja sogar im Hafen von Sydney gesehen worden sein, aber da beginnen vermutlich die Geschichten.

Vorsicht ist die Mutter nicht nur der Porzellankiste, sondern ganz besonders bei Schwimmbädern in von Haien bewohnten Gewässern. Häfen gehören dazu, weil die scharfzahnigen Ungetüme, wie man sagt, gern großen Schiffen folgen, über deren Reling manches fliegt, was ihren Mägen bekömmlich ist. Nicht umsonst heißt eines der malerischen Picknickziele vor unseren Fenstern »Shark Island«. Es läßt sich heute nicht mehr genau feststellen, wer früher auf oder um diese kleine Insel herum auf sein Picknick gewartet hat. Jedenfalls sind die stärker frequentierten Strände im Hafen mit Netzen oder dichten Eisengittern gesichert.

Jeder Bootsbesitzer weiß genau, wo in Middle Harbour die Laichplätze liegen. Was keinen daran hindert, nicht weit davon zu ankern und im seichten, glasklaren Wasser ein erfrischendes Bad zu nehmen. Es ist erlaubt, natürliche Überreste einer Bootsparty über Bord zu kippen, was die wenigsten tun, die meisten bringen ihre Müllsäcke brav an die Liegeplätze zurück, aber selbst wenn, wir haben noch nie einen Hai zu Gesicht bekommen. Und über viele Jahre zurück ist nicht bekannt, daß je einer der unzähligen Windsurfer, die zu Hunderten die Fahrrinnen der Passagier- und Frachtschiffe kreuzen, bei einem Sturz von einem Hai angegriffen worden wäre. Famous last words?

Mit den Spinnen ist das ein bißchen anders. Edith Glowatzky hatte schon des öfteren erzählt, daß sie aus dem Schwimmbad im Garten oder unter alten Bäumen eine Funnel Web Spider gefischt hätte. Wir machen seither einen respektvollen Bogen drumherum und haben gelernt, im eigenen kleinen Garten nur mit Segeltuchhandschuhen zu werkeln, ganz gleich ob beim Rosenschneiden, Unkrautjäten, oder wenn wir uns eine Zitrone eigener Zucht vom Baum pflücken.
Es war Gott sei Dank keine Funnel Web, die eines Tages Gundel an den Rand eines Schlaganfalls brachte, sondern »nur« eine Tarantel. Diese ekligen Biester können handtellergroß werden und besitzen ein beachtliches Sprungvermögen. An im allgemeinen unzugänglichen Stellen weben sie ihre großen, starken Netze, in deren Mitte sie oft tagelang unbeweglich lauern. Erst wenn sie sich bedroht fühlen, springen sie den Feind an und beißen. Ihr Gift ist weniger gefährlich, verursacht aber schmerzhafte Entzündungen und Schwellungen.
Unsere Tarantel hatte sich leider eine sehr zugängliche Behausung auserkoren, den Boden unter dem Fahrersitz im Auto. Sie muß nicht lange Zeit gehabt haben, ihr Netz zu spinnen, denn am Tag zuvor hatte ich den

Wagen waschen lassen. Eine sehenswerte Angelegenheit übrigens, an der sich nicht weniger als acht Männer beteiligen. Mit Sauger, Leder, Wedel und Lappen rükken sie dem Gefährt zu Leibe, und kein Winkel bleibt unbeachtet. Diese Autowäsche hätte keine Tarantel überlebt.

Rolf Lauenstein, Australienrepräsentant von MAN, und seine Frau Ulla hatten uns zu einer Bootsfahrt zu Ehren des Generaldirektors der IATA, Professor Günter Eser aus Kanada, und einiger Industrieller aus der Bundesrepublik eingeladen. Wir freuten uns auf die Hafenrundfahrt an einem prächtigen Tag. Leicht und luftig angetan – auch bei hochgestellten Gästen bleibt man ganz leger – bestiegen wir den unter der offenen Bedachung geparkten Wagen. Dann ging alles blitzschnell. Zur gleichen Sekunde sah ich etwas vom Fahrzeugboden schräg nach oben springen und hörte Gundels markerschütternden Schrei. Auf ihrer Bluse, dicht an ihrem Hals, saß die Tarantel und rührte sich nicht. Wahrscheinlich war sie nicht weniger erschreckt als wir.

Bei Spinnen und Schlangen bin ich ein ausgesprochener Feigling, vor Angst fast gelähmt, aber wenn es um Gundel geht, schlage ich blitzartig zu. Ganz instinktiv fegte ich das langbeinige Scheusal mit der bloßen Hand von Gundels Schulter. Die Arme war schneeweiß und einige Sekunden unfähig, sich zu rühren. Dann realisierten wir beide, daß das Biest ja noch im Wagen sein mußte. Gundel machte einen bemerkenswerten Satz nach draußen, ich sah das Vieh auf der Rückbank zappeln, sichtlich angeschlagen und nicht mehr sprungfähig. Mit dem Stadtplan beförderte ich es auf die Straße und kümmerte mich um meine Frau. Uns zitterten die

Knie gleichermaßen, und wir brauchten lange, um uns von dem Schock zu erholen. Gerne hätten wir darauf verzichtet, am eigenen Leib die Bedeutung des Sprichworts zu erfahren: Sie fuhr auf wie von der Tarantel gestochen! Nun, sie hatte ja nicht.

»Euer Derrick ist der Größte.«

Fernsehen in fünfzig Sprachen

Was Rundfunk und Fernsehen in der Bundesrepublik Deutschland betrifft, heißt das aktuelle Schlagwort »Veränderung der Medienlandschaft«. Das bisherige Monopol der öffentlich-rechtlichen Rundfunkanstalten ARD und ZDF beginnt zu bröckeln, seitdem private Programmanbieter auf den Markt drängen. Bis sie zu einer ernst zu nehmenden Konkurrenz heranwachsen, wird es noch einige Zeit dauern, aber finanzstarke Gruppierungen werden sich mit Hilfe neuer technischer Möglichkeiten in absehbarer Zeit ein beachtliches Stück vom Medienkuchen abschneiden.
Diese Veränderung der Medienlandschaft vollzieht sich derzeit in Australien auf andere Art. Bis auf einen staatlichen Fernsehkanal, ABC Australian Broadcasting Commission, liegen die großen Networks in privater Hand und sind derzeit spektakuläre Handelsobjekte mit Verkaufssummen in Milliardenhöhe. Tycoon dieser Szene ist der Bierbrauer Alan Bond aus Perth. Mit seinem »Swan Lager« löscht er den Durst eines beachtlichen Teiles australischer Kehlen. Mit dem sicheren Instinkt des cleveren »Entrepreneur« erkannte Alan

Bond die Möglichkeiten zur totalen Popularisierung seines Produkts, indem er 1983 mit einem Aufwand von -zig Millionen Dollar die Teilnahme Australiens am »America's Cup« sponserte.

Das Glück war Bond hold. Sein Schiff »Australia II« gewann den Cup des sicher spektakulärsten Rennens für Hochseejachten auf einem Dreieckskurs. Damit bescherte er nicht nur Australien einen neuen Nationalfeiertag, sondern erhöhte für die nächsten Jahre seine ohnehin sechzig Prozent Anteile am heimischen Biermarkt. Außerdem holte er durch seinen Sieg die nächste Austragung des America's Cup nach Freemantle, nur wenige Kilometer südlich seiner Heimatstadt Perth, an der Westküste. Von dort brachte Skipper Denis Connors mit seinem Boot »Stars and Stripes« in einer weltweit mit Spannung verfolgten Segelschlacht den Cup von Australien nach Amerika zurück.

Die fast lückenlosen Fernsehübertragungen kamen zum großen Teil aus dem Alan-Bond-eigenen Plimb, einem Zeppelin, der als wirkungsvoller Werbeträger ständig über Australien kreist. Am Ende des weltweiten, wenn auch verlorenen Spektakels mußte Alan Bond die Erkenntnis gewonnen haben, daß mit dem Einfluß und der Macht des Fernsehens ein ebenso großes Geschäft zu machen sei wie mit seinem Bier. Für eine Milliarde Dollar übernahm er von seinem Unternehmerkollegen Kerry Packer den größten Fernsehsender des Landes, Channel 9.

Wir lernten Alan Bond im Mai 1987 beim Grand-Prix-Rennen der Formel 1 in Monte Carlo kennen. Im Hause unseres Freundes Carl Hirschmann, Besitzer von Jet Aviation, einem Unternehmen, das auf dem Gebiet der privaten und geschäftlichen Luftfahrt weltweit operiert, verabredeten wir uns zu einem Gespräch in Perth über Möglichkeiten zu einem Fernseh-Programmaustausch zwischen Deutschland und Australien.

Der zweite, der die Medienszene in Australien seit Jahren in Bewegung hält, ist Rupert Murdock. Er machte vor Jahren Schlagzeilen, als er amerikanischer Staatsbürger wurde, um sich auf dem US-Medienmarkt einkaufen zu können. Er war es auch, der den Druckerstreik in London auslöste, nachdem er die »Times« erworben hatte und einen Teil der Belegschaft wegrationalisierte. Als er 1986 zwei australische Zeitungen übernehmen wollte, wurde ihm die Aufgabe seiner australischen Staatsbürgerschaft zum Hindernis in seinem Heimatland, denn Gesetze bestimmen die Anteile, die ein Ausländer im Medienbereich in Australien besitzen darf. Lange verhandelte die Murdock-Gruppe mit dem Multiunternehmer Robert Holmes à Court um Print- und TV-Medienanteile.

Eine nicht weniger wichtige Rolle spielt eine der ältesten Familien der australischen Geldaristokratie, die Fairfax.

Ein neuer Mann scheint derzeit auf das Medienkarussell aufgesprungen zu sein, Christopher Skase, der sich in kurzer Zeit als Macher in der Fernsehszene ebenso etabliert hat wie auf dem Gebiet des rasant wachsenden Massentourismus.

Wer wem wann was verkauft – und wer wann mit was zu wem wechselt, das ist derzeit ein faszinierendes Verwirrspiel. In Australien gibt es neben dem staatlichen Rundfunk und Fernsehen ABC 155 private Fernseh- und 141 Rundfunkstationen. In Sydney, Melbourne und Canberra senden zusätzlich die »Ethnischen Program-

185

me« des Special Broadcasting Service in fünfzig Sprachen. Selbstverständlich auch viele Programme in Deutsch, vom alten Film aus der Zeit vor dem Tausendjährigen Reich bis zur erfolgreichsten deutschen Fernsehserie auf dem internationalen Markt, »Derrick«, mit Horst Tappert in der Rolle des eleganten und intelligenten Kriminalinspektors. Hauptdarsteller und Serie genießen im vornehmlich mit amerikanischen Serien überschwemmten Land eine ganz außerordentliche Popularität.

Gebe ich zu erkennen, daß ich Horst Tappert, alias Stefan Derrick, zu meinen Freunden zähle, ernte ich nicht nur bewundernde Blicke, sondern das für ihn sicher schmeichelhafte Kompliment: »Derrick is the greatest!« In seiner Rolle wurde er zu einem bemerkenswerten Gegengewicht zur leider nach wie vor üblichen Darstellung der Deutschen im Fernsehen außerhalb unserer Bundesrepublik. Von der erschütternden Serie »Holocaust« bis zu den unerträglich dümmlichen Darstellungen deutscher Vergangenheit, »Wonderwomen« oder »Hogan's Heroes«, spürt man wiedererwachende Ressentiments. Natürlich in unterschiedlicher Qualität, eine Frage der Intelligenz der erwachsenen Zuschauer. Bei Kindern halte ich die Wirkung dieser seicht gemachten »soap-operas« für ausgesprochen gefährlich.

Horst Tappert in seiner Rolle als Stefan Derrick hat erreicht, die deutsche Polizei, den deutschen Polizisten von dem in internationalen Fernsehen leider immer wieder aufgekochten Ruf der Gestapo zu befreien.

In ihrem Würstchenstand sorgen Brigitte Mira, Brigitte Grothum und Günter Pfitzmann auf ihre Weise für ein liebenswertes Bild des deutschen Durchschnittsbürgers. Und vielleicht konnte ich bei meinem Auftritt in der Michael-Walsh-Show mit einem Ausschnitt aus »Auf los geht's los« auch ein bißchen was dazu tun. Diese Art von Zweistunden-Show am Samstagabend ist dem Rest der Fernsehwelt unbekannt.

Mike Walsh interessierte sich vor allem für die technische Perfektion der Live-Übertragungen aus großen Hallen, außerhalb der sendereigenen Studios, mit Tausenden von Zuschauern. Er und seine Mitarbeiter waren fasziniert von meinem Bericht über Sendungen wie »Verstehen Sie Spaß«, »Am laufenden Band«, »Der große Preis« oder »Einer wird gewinnen«. Aber regelrecht elektrisiert reagierten sie, als wir ihnen von »Wetten, daß...?« erzählten. Australier sind ausgesprochene Wettfanatiker. »Wir wetten auf zwei Fliegen an der Wand«, lachte Mike Walsh und wollte genau wissen, was in »Wetten, daß...?« passiert.

Frank Elstner war begeistert von der Idee, die Rechte an seiner Show für eine australische Ausgabe zu vergeben, und beauftragte uns, mit der Produktionsgruppe von Mike Walsh in Sydney zu verhandeln. Die Frank-Elstner-Produktion in Luxemburg stellte einige Videobänder mit besonders originellen Wetten zur Verfügung. Die Vorführung vor den Bossen von Channel 10 war denkbar erfolgreich. Begeistert verfolgten die Profis, wie ein junger Mann versuchte, an einer vier Meter hohen Wand hochzulaufen, um mit dem Fuß am oberen Rand der Wand einen Lichtschalter zu erreichen und eine Lampe zum Leuchten zu bringen. Für unmöglich hielten sie die Wette einer Gruppe von Schweizern, einen riesigen Lastwagen auf vier leere Gläser zu stellen, ohne daß sie zerbrechen. Als es gelang, klatschten sie.

Gespannt verfolgten sie die Bemühungen von vier Ka-
nuten, einen angehängten Wellenreiter aus dem Wasser
zu ziehen, und höchst amüsiert waren sie über den vergeblichen Versuch eines jungen Mannes, seinem Bruder
eine tiefgekühlte Traube über 80 Meter in den geöffneten Mund zu werfen.

»Das ist die beste Show für Australien, wir wollen sie
machen!«

Mit dieser erfreulichen Entscheidung flogen wir nach
Deutschland zurück. Frank Elstner und Mike Walsh
vereinbarten ein Treffen in London, um die Einzelheiten der Übernahme von »Wetten, daß...?« in Australien
zu besprechen. Einige Zeit danach rief mich Walshs
Produktionschef Peter McCormick in München an, um
mitzuteilen, daß die Präsentation bei Channel 10 erfolgreich war und der Vertrag zu 99 Prozent unter Dach
und Fach sei.

Leider kam das letzte Prozent damals nicht mehr dazu.
Manchmal kann man wirklich nicht so dumm denken,
wie es kommt.

*L*ange schon, nach über 2000 Ausgaben, wollte Mike
Walsh mit seiner Mittagsshow aufhören und eine
Abendshow starten. Er hatte mir das erzählt, und ich
habe damals zu bedenken gegeben, daß die Treue der
Zuschauer nicht nur dem Moderator gilt, sondern auch
dem Produkt, das er anbietet, also einer bestimmten
Form von Unterhaltungssendung. Es gibt keine Garan-
tie dafür, daß die Treue bleibt, wenn der Inhalt einer
Sendung und die Sendezeit geändert werden. Leider
sollte sich das bestätigen. Walsh bekam seine Abend-
sendung, und die Einschaltziffern blieben weit unter
den Erwartungen. Im kommerziellen Fernsehen bedeu-

tet das das schnelle und sichere Aus. Auch für Mike Walsh. Die Sendung wurde »axed« – geköpft, gekippt, aus dem Programm geworfen.

Erste Folge: »You bet...«, der bereits festgelegte australische Titel für »Wetten, daß...?«, wurde zunächst auf Eis gelegt. Mike Walsh stand plötzlich im Regen. Seine Mittagsshow hatte er aufgegeben, die Abendshow hatte man ihm genommen, und »Wetten, daß...?« wollte man ihn nicht mehr machen lassen. Außerdem, so wurde ihm mitgeteilt, habe man festgestellt, daß die Produktion zu teuer geworden wäre.

Was tun? Er tat, was bei uns nur schwer vorstellbar ist, er verklagte den Sender. Der Prozeß lief zwei Jahre und wurde im Herbst 1987 entschieden. Das Urteil: Mike Walsh hatte einen langfristigen Vertrag für seine Abendshow. Durch die vorzeitige Absetzung sei sein Ruf in der Öffentlichkeit beschädigt worden. Eine Art »Stigmatisierung« durch den Sender habe dazu geführt, daß der bereits ausgehandelte Vertrag für die neue Sendung »You bet...« nicht unterzeichnet worden sei. Dies habe den Ruf des erfolgreichen Entertainers weiter geschädigt. Daraus ergebe sich eindeutig ein Anspruch auf Entschädigung. Die für Michael Walsh vom Gericht festgelegte Summe: sieben Millionen australische Dollar, rund 9,5 Millionen D-Mark.

Was nun mit »Wetten, daß...?« in Australien wird? Na klar, wir werden weiter verhandeln. Ein neuer Mann muß gesucht werden, denn der um sieben Millionen Dollar reichere Mike Walsh wird wohl durch seinen Prozeß eine andere Art von »Stigma« bei den australischen Fernsehstationen davongetragen haben. Aber auch dort sind Moderatoren für große Fernsehabende rar, so rar wie bei uns. Und auch hier hat sich die Situation geändert. Thomas Gottschalk hat »Wetten, daß...?« übernommen, Frank Elstner seine Rechte an das ZDF verkauft.

Aber wir haben keineswegs den Plan aufgegeben, eine der erfolgreichsten Unterhaltungssendungen der deutschen Fernsehszene nach Australien zu bringen. Für dieses Land gilt eben besonders die Devise: Gut Ding will Weile haben. Und in fast vierzig Jahren im Showbusiness habe ich gelernt, daß endlich gut wird, was lange währt.

Internationaler Programmaustausch war das Thema einer Vorlesung, zu der ich eine Einladung der Medienfakultät der Universität von New South Wales erhielt. Interessant war die Meinung der Studenten, daß im Gegensatz zum Informationsfluß auf den Gebieten Politik und Sport die Unterhaltung großen Nachholbedarf hat. Das Kolleg wurde sehr schnell zur Talkshow, bei der eine kritische Einstellung gegen die inhaltlich ziemlich leeren, aber mit erstaunlich hohen Preisen ausgestatteten Sendungen amerikanischer Machart deutlich wurde. Besonders das Fehlen von Sendungen im Unterhaltungsbereich, die Kinder *und* Erwachsene gleichermaßen ansprechen, wurde bemängelt. Beispiele wie »Montagsmaler«, »Telespiele« oder etwas wie Michael Schanzes Gespräche mit Kindern in der »Goldenen 1« weckten den Wunsch nach ähnlichen Sendungen im australischen Fernsehprogramm.

Der Sport hat eine ausgesprochene Vormachtstellung im Programm, vor allem der Motorsport. Die Übertragung des jährlichen Gastspiels der Formel-1-Weltmeisterschaft aus der südaustralischen Hauptstadt Adelaide ist ein nationales Ereignis. Nicht minder das

Tausend-Kilometer-Rennen für Tourenwagen in Bathurst, 200 Kilometer nordwestlich von Sydney, hinter den Blue Mountains. Eine regelrechte Völkerwanderung setzt die schmucke Kleinstadt am Mount Panorama an diesem Wochenende unter den Druck der Gaspedale. Ein Acht-Stunden-Spektakel, das von der ersten bis zur letzten Sekunde mit allen technischen Raffinessen lückenlos übertragen wird.

Zum erstenmal erlebte ich vor ein paar Jahren fasziniert, wie vier Wagen um den Kurs jagten, deren eingebaute Fernsehkameras, von einem Hubschrauber aus ferngesteuert, jede Phase des Rennens aus der Sicht der Fahrer übertrugen. Um den Zuschauern ein klares Bild von den oft haarsträubenden Situationen beim Kampf um die Positionen zu vermitteln, waren auch die Scheibenwaschanlagen ferngesteuert und wurden vom Helikopter aus mit der Kamera zusammen eingeschaltet, ohne Rücksicht auf die momentane Situation der Fahrer.

Einer von ihnen war Prinz Poldi von Bayern in seinem BMW 635. Natürlich war Seine Königliche Hoheit aus Bavaria die Attraktion des Rennens. Ob ihm das gefallen hat, war eine andere Frage. Man konnte sich lebhaft vorstellen, daß die Frage des Reporters, warum ein leibhaftiger Prinz aus dem fernen Europa sich ausgerechnet diesem Sport verschrieben hat, der Konzentration bei knapp 300 Stundenkilometer nicht gerade dienlich war. Aber Poldi von Bayern gab freundlich Auskunft, wann immer er angesprochen wurde und sein Scheibenwischer zu wedeln begann und augenblicklich die Sicht verschmierte. An diesem Tag erfuhr er sich nicht nur einen achtbaren fünften Platz, sondern große Popularität im Lande der Känguruhs und Koalas.

Nach seiner Rückkehr aus Bathurst gaben wir ihm zu Ehren einen Empfang in unserem Haus. Während der Vorbereitung waren wir damit beschäftigt, unseren australischen Freunden die Frage zu beantworten, wie der Gast denn anzureden sei. Royal Highness, Sir, Herr von Bayern oder ganz einfach Herr Prinz? In einem Land, dessen offizielles Staatsoberhaupt noch immer Ihre Majestät Königin Elisabeth II. von England ist, einigte man sich schließlich auf Königliche Hoheit. Poldi von Bayern schmückte die Party mit Smoking und unwiderstehlichem Charme.

Warum Australien?

Ein Kritiker kommt zu Besuch

Seit unserem Engagement auf der anderen Seite der Erde vor nunmehr sechs Jahren werden wir immer wieder mit der Frage konfrontiert: Warum Australien? Warum so weit weg?

Anscheinend läßt mit zunehmender Entfernung die Vorstellungskraft nach. Es fehlt nicht an kritischen Bemerkungen.

»Was sind denn das für Leute da drüben?«

»Wann werden denn abends die Bürgersteige hochgeklappt?«

»Wie schmeckt denn Känguruhfleisch?«

»Wie lebt man denn hinter dem Mond?« Und dergleichen mehr.

Eckhart Schmidt, früher Filmkritiker der Süddeutschen Zeitung, seit vierzehn Jahren in beratender

Funktion bei meinen Unterhaltungssendungen »Der heiße Draht«, »Spiel mit mir« und »Auf los geht's los« und Mitarbeiter bei der Talkshow »Heut abend«, gehörte zu den besonders kritischen Betrachtern unserer Australienbegeisterung.

»Eine vorübergehende Laune«, meinte er und prophezeite eine reumütige Rückkehr. Vielleicht lag darin die falsche Vorstellung. Zurückkehren kann nur, wer entschlossen war wegzugehen.

Was nutzen alle Erzählungen, Erklärungen und Überzeugungsversuche, wenn sie kaum mehr als ein gleichbleibend nachsichtiges Lächeln hervorrufen. Was bleibt einem übrig, als irgendwann zu sagen: »Komm und mach dir dein eigenes Bild!« Er kam, sah – und Australien siegte. Ob aus einem Saulus ein Paulus wurde oder ob seine professionell kritischen Augen etwas anderes entdeckten als unsere – dies selbst zu schildern, räume ich ihm einen Teil dieses Buches ein.

Sie nannten es »Warrane«

Wiedersehen in Sydney

Trip um den halben Globus

Ehrlich gesagt, es sprang bei mir kein Funke über, als uns Blacky nach Sydney einlud. Über dreißig Stunden unterwegs, ein Land ohne Kultur, so dachte ich, eine Oper, deren Renommee suspekt ist, amerikanisches Fernsehen. Also ein zweites, sprich: sekundäres Amerika, das darüber hinaus noch mit seinem britischen Erbe zu ringen hat... Die Aborigines kannte ich aus Filmen im deutschen Fernsehen. Und auch die Bilder, die jeder fotografiert: Segel, rote Berge, austauschbare Stadtlandschaften... Es gab nichts, was mich hätte reizen können. Nichts, was mich diesem unendlich weit entfernten Kontinent hätte näherbringen können.
Ich betrachtete Blackys Begeisterung für Sydney als einen Spleen, der sich schon wieder legen würde – als eine abgehobene Urlaubseuphorie, von der nicht mehr als ein paar Erinnerungen bleiben würden.
Die Einladung blieb bestehen. Meine Reserviertheit ebenfalls. Bis ich dann eines Abends ja sagte – aus irgendeiner Anwandlung heraus, die um ein Vielfaches diffuser war als mein vierjähriges Ignorieren des insistierenden »Komm und sieh es dir an«. Eine sachliche Motivation war jedenfalls mit im Spiel: Ich würde Ende

Dezember Blacky in Sydney besuchen, im Gepäck das Recherchen-Material für zwei »Heut Abend«-Sendungen, die wir Anfang Februar zu machen hatten. Wir würden in Sydney die Vorbereitungen zu diesen Sendungen treffen und endlich einmal in Ruhe die Konzeption für eine neue Samstag-Abend-Sendung entwickeln können.

*I*ch glaubte eigentlich bis zum letzten Moment, daß etwas dazwischenkommen würde, daß die Fuchsbergers ihren australischen Sommer zu unserer Winterszeit abkürzen oder abbrechen würden. Aber es herrschte Funkstille.

In letzter Minute noch buchten wir auf eine direktere Maschine um, was uns ein paar Stunden Flugzeit ersparen sollte. Dann standen wir in Sommerklamotten auf dem winterlichen Münchener Flughafen.

Die Boden-Stewardess übertrug die Umbuchung in die Tickets, stockte angesichts unseres Flugziels und schaute uns mit Augen an, die ich nicht so schnell vergessen werde.

»Sie fliegen in die schönste Stadt der Welt. Sie wissen gar nicht, wie ich Sie beneide!«

»Wirklich?«

»Ich war oft in Sydney. Es gibt nichts, was schöner ist!«

Ich bedankte mich, glaube ich, überschwenglich. Eigentlich waren es diese spontanen, vor Sydney-Sehnsucht wehmütigen Bemerkungen der Ground-Stewardess, die der erste Schritt dazu waren, meine Vorurteile abzubauen und mich auf Australien einzulassen.

*I*n der Tat, der Flug ist ein Horrortrip. Und zum Teil auch ein Abenteuer, wenn man zum Beispiel in Dubai von halben Kindern, deren Hand locker am Abzug der Maschinenpistole zu sitzen scheint, herumkommandiert und zur Aufstellung in einer Reihe gezwungen wird und jeder zweite Passagier vor dem Weiterflug eine Leibesvisitation über sich ergehen lassen muß.

Aber schließlich kehrt Apathie ein, wie man sie auch Geiseln angesichts einer permanenten und aus eigener Kraft nicht abwendbaren Gefahr nachsagt, ein Laisserfaire zwischen Schlaf, Halbschlaf und Wachen. Alle Kopfhörerprogramme sind nach fünf, zehn, zwanzig Stunden Flug längst durchgehört, alle Filme an Bord längst gesehen, und die Lust auf die Literatur im Handkoffer ist längst erloschen.

Erloschen ist irgendwo auch der Gedanke, jemals ans Ziel zu kommen. Der Tag- und Nachtrhythmus ist nicht mehr kontrollierbar, das Warten verselbständigt sich.

Bis bei der Zwischenlandung in Melbourne der uniformierte Sprayer angeblich ungiftige Desinfektions- und Antiinsektizidwolken verbreitet, um zu verhindern, daß irgend etwas in den Fünften Kontinent eingeschleppt wird, was dessen »natürliches« Gleichgewicht stören könnte. Man weiß ja, daß Australien bis heute an einer importierten Kaninchenplage leidet, die auch dadurch nicht gestoppt werden konnte, daß man den »natürlichen« Kaninchenfeind, den Fuchs, auf die gegen Zäune, Jäger oder gezielte Infektion resistenten Hasen ansetzte. Der Machtkampf Kaninchen/Fuchs endete damit, daß beide Tiere zur Plage wurden. Und der Versuch, gegen den Zuckerrohrkäfer Kröten aus Hawaii zu mobilisieren, lief auf das gleiche Problem-Patt hinaus.

Die Angst der Australier, sich die Plagen anderer Zivilisationen zu importieren, ist also verständlich. Aber das australische Mißtrauen funktioniert offenbar auch im eigenen Land. Beim Aufenthalt im Flughafen von Melbourne liest man Schilder, die es verbieten, Tiere, Früchte etc. von Melbourne (im Bundesstaat Victoria) nach Sydney (im Bundesstaat New South Wales) zu transportieren.

Warten. Weiterflug. Warten. Queueing. Am Rande der Selbstbeherrschung angelangt, ist man versucht, jenes selbstverständliche, klaglose Anstehen nicht als britisches Erbe zu sehen, sondern es als Schikane mißzuverstehen.

*U*nd dann endlich Sydney! Wir hielten Ausschau nach Blacky. Zwar hatten wir ihm von München aus ein Telegramm geschickt, daß wir ein paar Stunden früher ankämen, gegen 7 Uhr, und daß er uns nicht abholen solle, wir würden uns ein Taxi nehmen. Aber wie wir ihn kannten, würde er es sich nicht nehmen lassen, zum Flugplatz zu fahren, um uns die Stadt gleich zu Beginn von der besten Seite zu zeigen. Blacky war nicht in Sicht. Wir warteten. Hatten wir uns verfehlt? Hatte er sich entschlossen weiterzuschlafen?

Mit gemischten Gefühlen bestiegen wir schließlich ein Taxi. Erste Eindrücke aus dem gemächlich fahrenden Wagen: Linksverkehr, ein weiteres britisches Erbe. Gebäude, Straßen, Plätze, Reklamen, Farben und Formen wie in den USA. Also doch ein zweites, ein cleaneres Amerika?

Und dann plötzlich die Erkenntnis, den Winter hinter sich gelassen zu haben und durch eine flirrende Stadt im Sommer zu fahren. Vorbei an Menschen mit fröhlichen Gesichtern und lässig leichten Bewegungen. Weiße Häuserfassaden und leuchtendes Grün im Rhythmus der Fahrt. Weltstadtflair unter blauem Himmel. Ein Gefühl von Freiheit, von unbegrenzten Möglichkeiten, vom Glück des Daseins. Ein Gefühl, tief durchatmen zu können und einmal alles hinter sich zu lassen. Euphorie, in einem anderen Land, in einer anderen Welt angekommen zu sein und mit offenen Augen zu träumen. Sollten hier Postkartenansichten Wirklichkeit werden? Ich begann, Blacky und Gundel zu verstehen. Ich begann, der Faszination Sydneys zu verfallen.

Der Chauffeur hatte keine Probleme, Point Piper zu finden, aber was das gewünschte Haus betraf, versagte selbst sein vielgepriesener Stadtplan. Die Hausnummer, die wir suchten, blieb unauffindbar. Die Straße endete plötzlich, begann an anderer Stelle wieder, hieß auf einmal ganz anders. Wir fuhren sie rauf und runter, ohne Erfolg. Plötzlich entdeckte ich ein Haus, das ich von Blackys Videos her kannte. Das mußte es sein, hier mußten sie wohnen.

Kein Name an der Tür. Kein Telefon in der Nähe. Keine Möglichkeit, sich bemerkbar zu machen. Wir begannen zu rufen. Kein Lebenszeichen. Es war inzwischen neun Uhr. Es schien vertretbar, Blacky zu wecken. Oder sollten wir uns doch vielleicht auf unserem Gepäck vor dem Haus niederlassen, um abzuwarten, wie sich die Dinge weiter entwickelten?

Da öffnete sich vorsichtig die Tür. Gundel, Blacky. In den Morgen-Kimonos. Überrascht? Nein, fassungslos!

»Woher kommt ihr denn? Wir wollten uns gerade fertigmachen, um euch abzuholen. Wir hatten uns so gefreut, euch den ersten Eindruck von Sydney so attraktiv wie

möglich zu machen. Wir hatten uns schon eine be-
stimmte Route vom Airport nach Hause überlegt.«
Das Telegramm, das unsere frühere Ankunft ankün-
digen sollte, traf eine Woche später zu den Weihnachts-
feiertagen ein: australisch-europäische Entfernungen.
Trotzdem behauptet Blacky heute noch, wir hätten es
erst von Australien aus aufgegeben.

Die Dämonen schlafen nur

Kontrastierende Erscheinungsformen

Bald war mir klar, was Blacky meinte, wenn er in
München von der Wichtigkeit des View, des Blickes,
sprach: Hafen, Harbour Bridge, eine der Hafen-Inseln,
Shark Island, die Perspektive hinaus zu den Heads, das
Tag und Nacht vorüberziehende Spektakel der Jachten,
Passagierschiffe und Touristenboote – der Hafen als
anregende, aufregende, ewig dynamische Attraktion.
Für alle, die um Sydney Harbour herum wohnen,
scheint der Blick das vordringlichste und wichtigste
Thema zu sein. Wohin man auch kommt, stundenlange
Gespräche, wer was aus welcher Perspektive sieht; ob
die Totale mit der freien Wahl der Details dem von
vornherein begrenzten Blick überlegen sei, ob die Oper
und die Bridge der Rocks- und Manly-Perspektive vor-
zuziehen seien. Jeder Haushalt »mit Blick« – und der
»Blick« ist das Statussymbol der Status-people – verfügt zumindest über ein Fernglas zur Beobachtung der
Segler und Surfer, Spinnaker und Katamarane, der Hydrofoils und sonstigen Schiffe.

200

Das Hafengeschehen scheint allen, die in Sydney leben, so wesentlich, daß kaum ein Vorgang, kaum eine Hafenbewegung unregistriert bleibt. Spielt sich etwas Ungewöhnliches ab, und dieses »Ungewöhnliche« geschieht jeden Tag, kann man sicher sein, daß einer der zahlreichen TV-Channels live darüber berichtet, wie überhaupt jeder Hubschrauber am Himmel die Leute von Sydney von der Realität weg zu den Bildschirmen treibt – denn Hubschrauberflug bedeutet eigentlich immer Fernseh-News.

Angesichts der unentwegten Geschäftigkeit im Hafen von Sydney fällt es schwer, sich in gegenläufigen Rhythmen die Vergangenheit vorzustellen und die Zeit zurückzudrehen, um hinter der Sydney-Idylle aus Buchten und Villen, Skyline und Oper, Inseln und Harbour Bridge noch die einstige Naturhafen-Idylle der Siedler der First Fleet zu entdecken.
Heute hat Sydney in jeder Beziehung Besitz von seinem Harbour ergriffen. Kein Fest, das nicht auch ihn mit einbezieht, die Brücke, die Rocks, die Heads, die Oper. Der Hafen ist das Herz einer Metropole, die dabei ist, ihre Fesseln abzustreifen, vielleicht nicht zuletzt dadurch, daß sie ihr Geschichtsbewußtsein wie eine Litanei zelebriert.
Die australische Identität ist ein neuralgisches, um nicht zu sagen ein neurotisches und traumatisches Thema des jungen Kontinents. Offenbar haben sich die Australier erst in den letzten Jahren dazu durchgerungen, mit ihrer britischen Vergangenheit, ihrer amerikanischen Gegenwart und ihrer pazifischen Zukunft zu leben. In dem Maße, wie Städte wie Sydney, Hobart, Adelaide oder Melbourne lernten, ihr britisches Erbe zu

akzeptieren, in dem Maße konnten sie sich von der Last dieser Vergangenheit befreien. Der Blick zurück ist nicht mehr aggressiv, sondern nostalgisch gelassen. Politiker rühmen die Gebäude, Brücken, Kirchen und Monumente der britischen Frühzeit, in deren Erhaltung Unsummen gesteckt werden. Die Bewahrung dieser Relikte der Convicts und der ersten Siedlerzeit stärkt das Bewußtsein, heute über diesen Monumenten einer fernen, wenn auch nicht fremden Kultur zu stehen.

Eine Alternative zur Bindung an England war nicht die Welt der Ureinwohner, sondern ein weltumspannender Amerikanismus. Der Blutzoll, den Australien in zwei Weltkriegen zu erbringen hatte, ohne direkt in die Konflikte involviert zu sein, ließ die Vereinigten Staaten von Amerika in der Glorie eines »big brother« erscheinen, der ein ähnliches Schicksal zu bewältigen hatte.

Die Loslösung von Europa schuf eine neue, wenn auch vorwiegend auf die Medien konzentrierte Abhängigkeit von den USA. Ist London noch der Fixpunkt australischen Kapitals, verkörpert in Pioniergestalten wie Alan Bond, so ist es die erklärte Absicht der jüngeren Generation der Filmproduzenten, Musiker und Showleute, den amerikanischen Markt zu erobern. Und in der Tat stehen ihre Chancen da nicht schlecht.

Die koloniale Vergangenheit ist noch spürbar in Vaucluse House, wo die viktorianischen Details einer ganzen Epoche als Exponate zu bestaunen sind. Oder im Queen Victoria Building, dem wahrscheinlich ältesten Shopping-Center Australiens: Es verbreitet den Duft der australischen Blumenwelt, hält von Opalen bis Patisserie, von T-Shirts bis zu Brillen, von Bücher- bis

Souvenir-Shops alles parat. Die Atmosphäre des wunderschön renovierten, mit Rolltreppen modernisierten, mit Teppich ausgelegten und Straßenmusikanten belebten Gebäudes aber bleibt steril. Man entwickelt Museumsgefühle, wenn man den Blick über die verführerischen Perspektiven des fast 200 Meter langen Monuments australischen Marketing-Bewußtseins streifen läßt, die byzantinischen Glasfenster und den über 50 Meter hohen Kuppelbau bestaunt. Alles wirkt synthetisch, stil- und geschmackvoll zu Tode restauriert und atmet so viel Sauberkeit und Ordnung, daß man glaubt, sich die Schuhe ausziehen und auf Socken durch die drei Etagen des viktorianischen Konsumtempels spazieren zu müssen.

Nur auf den ersten Blick eine Gegenwelt tut sich ein paar Meter weiter auf: Gleich neben der Town Hall wurde die ebenfalls neu herausgeputzte St.-Andrews-Kathedrale im neugotischen Stil erbaut. Von der Majestät gotischer Dome Europas ist hier freilich nichts mehr zu spüren. Das Gewölbe drückt, das Holz ist düster, das Hauptschiff ähnelt einer muffigen Wohnstube. Was der Architekt Edmund Blacket hier im Auftrag seiner Gemeinde formuliert hat, sollte Menschenmaß behalten.

*D*ie unermeßliche Weite dieses Landes, das fast so groß ist wie die USA, was hat sie eigentlich ausgelöst bei den britischen Kolonisatoren, Organisatoren und Convicts? Flüchteten sie sich vor den klimatischen und geographischen Herausforderungen des Kontinents in die Enge, in die »homesteads«, in überschaubare Größenverhältnisse, in die Werte des Bürgerlichen und der Idylle, in die beruhigende Wirkung wohlgewählter Details?

Der Kontrast ist nah, drängt sich ungestüm heran: monumentale Hochhäuser, Hotels und Bankpaläste, gewaltige Straßenschluchten von New Yorker Ausmaß, Einkaufszentren, die es an Glanz und Großzügigkeit mit Hongkong aufnehmen können, Kino-Paläste, die in der Welt ihresgleichen suchen – ein City-Leben, das vital, aber nicht atemlos hektisch wirkt, das von Gelassenheit im Handeln und Großmut im Denken zeugt und doch ein seltsames, unauflösbares und allgegenwärtiges Wechselspiel zwischen dem Stolz auf die Moderne und dem Bewußtsein für Tradition ist.

Geht man durch die Art Gallery of New South Wales, die im klassizistischen Stil in The Domain gebaute Kunsthalle Sydneys, dann spürt man ein ohnmächtiges Bemühen der australischen Maler, sich vom Malstil der europäischen Mutterländer zu befreien. Der Einfluß reicht von der britischen Kolonialmalerei bis zum Impressionismus, vom Klassizismus der Franzosen bis zum Versuch, zumindest über spezifische Motive – Landschaften, Wolkengebirge, Rainwood-Szenerien, Schafschur – so etwas wie Eigenständigkeit zu gewinnen.

Man befindet sich hier in einem Museum, das so leicht wirkt wie die berühmte Vibration Sydneys. Aber entlarvt sich diese Leichtigkeit nicht schnell als Oberflächlichkeit? Die Natur bleibt Idylle, die Bäume könnten im Jardin de Luxembourg stehen, und die Sonnenuntergänge leuchten neapolitanisch. Was trieb die Künstler dazu, die Augen zu verschließen vor der Wildheit des Kontinents?

30000 Jahre vor ihnen hatten die Aborigines-Künstler im Röntgenstil, jenseits eines Oberflächenrealismus, ihr Verständnis von Welt, Schöpfung und Umwelt an die Felsen gemalt. Fiel den Künstlern des 19. Jahrhunderts zur Terra Australis fast immer nur europäisches Erbe ein? »Heidelberger Schule« von Pariser Gnaden?

Die glatte, gefällige, allenfalls exotisch und maltechnisch interessante Öde dieser Art Gallery hört auf, wenn man in die Kellergewölbe hinabsteigt. Der Pulsschlag fiebriger Tänze, der Atem der Geister, die Schreie der Beschwörungen und die grellen Fanale der Tabuzonen schlagen einem entgegen. Masken mit weit aufgerissenen Augen, Köpfe, die sich angstvoll in die Körper ducken, Geistergestalten, die alle, die sich in ihr Reich wagen, mit bizarren Ornamenten, magischen Körperhaltungen und dämonischem Blick zu bannen versuchen.

Rituelle Kampfschilder und Ruder, Schweinsgestalten und Krokodile, Totems und Ketten, spitze Brüste, die aus gequälten Körpern zur Erde schießen, männliche Glieder, die Macht demonstrieren – was da aus den Inseln Neuguineas in den Verliesen der Art Gallery auf New South Wales gestrandet ist, demaskiert die Idyllen der oberen Stockwerke als ohnmächtiges Verdrängungsblendwerk von Menschen, die sich den wahren Mächten dieser Erde und ihres Lebens nicht stellen wollen oder können. Hier explodieren Formen und Farben mit einer Gewalt, die einem den Atem raubt, mit einer Kraft, die alle pointillistischen Details impressionistischer Epigonen wegfegt, die den Postkartenlandschaften die Grimasse zeigt und den Besucher zwingt, Position zu beziehen.

Wir sind die einzigen im Keller, zwischen Hunderten von Objekten, deren Funktion so geheimnisvoll bleibt wie ihr Ursprung. Wir sind allein in dieser unterirdi-

205

schen Welt der Angst und Macht, des undurchdringli-
chen Blicks, der die Pforten in die Dämonenwelt öffnet
und tabuisiert.

Hier pulsiert ein Ritual, das sich seine Gestalten erzwang; das es sich nicht leisten konnte, Kunst als Luxus
zu betrachten. Dieses Ritual beschwor Geister und Dämonen, steigerte alltägliche Gegenstände ins Exem-
plarische und schrie nach Formen, die zu faszinieren
und abzustoßen hatten. Die hier versammelten Objekte
sollten Angst und Schrecken wecken, aber auch Zuver-
sicht und Ewigkeit verheißen.

Der Weg zurück aus der Dämonenwelt führt durch
adrett gestaltete Räume mit Bildern, in denen Künstler,
die die ersten Australien-Entdecker begleiteten, geradezu höfisch zeremoniell wiedergaben, was sie sahen:
Eingeborene, Tiere, Pflanzen, Strände, Wälder, Felsformationen. Nicht, daß sie logen, nicht, daß sie blind
oder begriffsstutzig waren – aber nichts macht den Unterschied der Perzeption deutlicher als der Gang durch
die konträren Art-Gallery-Welten.

Es war uns, als sei alles, was sich hier oben als Kunst
geriert, hoffnungslos zum Untergang bestimmt. Als
harrten die Dämonen im Keller geduldig ihrer Stunde
entgegen. Als wäre die Zeit, die gerade gelebt wird, eine
Sekunde im Vergleich zur magischen Ewigkeit, die an
die Wurzeln der Menschheit zwischen Schöpfung und
Vergehen, zwischen Ich und Welt, zwischen Unsichtba-
rem und Sichtbarem, zwischen Ritual und Kosmos
rührt.

Gesichter Asiens

Japaner und Chinesen als Dauergäste

*E*iner der Sydney-Schauplätze, auf den jeder Australier stolz ist, ist der Botanische Garten – sozusagen die Grüne Lunge der Millionen-Metropole. Zwischen Oper und Circular Quay, Woolloomooloo und Townhall sind Hyde Park, The Domain und Botanic Gardens die Oasen im Skyline-Arrangement. Obwohl es zunächst so aussieht, als bedrohe der Beton das kultivierte Grün, so begreift man dennoch schnell, daß die Bauherrnmacht Respekt bezeugt vor dem Bestand an alter Baum- und Buschsubstanz. Australische Identität als die zweihundert Jahre praktizierte Tradition, mit dem Mut zur Gegenwart die Probleme der Zukunft zu bewältigen.

Beim Spaziergang durch den Botanischen Garten, auf dem Weg zum Government House, leuchtet weiß das Zeichen einer ganz anderen Tradition durch das Grün der exotischen Baum- und Pflanzenwelt: japanische Brautpaare, Braut und Brautjungfern ganz in Weiß, auf ihrem Weg zum günstigen Foto-View vor Oper und Bridge.

Sydney hat Hawaii als Hauptreiseziel der japanischen Hochzeiter abgelöst. Jetzt fallen sie zu Tausenden in die Luxushotels nahe der restaurierten Rocks ein, Verwandte und Bekannte im Schlepptau. Zwanzig, dreißig, manchmal noch mehr Menschen bauen sich vor dem Hafenpanorama auf, lassen sich erschöpft auf dem kurzgeschnittenen Rasen nieder, wagen es vielleicht sogar, die Jacken ihrer dunklen Anzüge über den Arm zu legen.

Doch was führt die japanischen Hochzeitsgesellschaften nach Australien? Der Reiz des Neuen? Die Neugier auf einen Kontinent, der das, was Japan fehlt, scheinbar unermeßlich besitzt: Raum, Entfaltungsmöglichkeit? Oder ist es etwas anderes, was die Japaner und Hongkong-Chinesen mit den Australiern verbindet: das Gefühl der Isolation, kompensiert durch die Überzeugung, für die Welt denken und vor allem produzieren zu müssen?

Die Japan-Präsenz in Städten wie Sydney bezeugen ein Dutzend exzellenter Japan-Restaurants, eine japanische Buchhandlung, die neben Büchern alles bereithält, was Japaner und Japan-Fans zu ihrem Glück oder vermeintlichen Glück benötigen, oder Shops wie »Kabuki«, wo man sich vom alten Kimono über Holzschnitte bis zum Geschirr mit allem Erdenklichen eindecken kann. Die ohne Substanzverlust praktizierte Lust der japanischen Brautpaare, ihre Trauung in buddhistischem, shintoistischem und katholischem Ritus hintereinanderweg zu vollziehen, entspricht der Fähigkeit, sich fremde Einflüsse, Notwendigkeiten und Möglichkeiten ohne Gesichts- und Profilverlust einzuverleiben.

Aus jedem Blick, aus jeder Geste, aus jedem Gegenstand spricht das Bewußtsein von Jahrtausenden. Wie etwas zu erlernen und zu erforschen ist, wie etwas zu falten, zu legen oder zu arrangieren ist, wie es sich in einem fremden Land, in einer fremden Sprache, in einer nicht immer freundlich gesinnten Umwelt erfolgreich überleben läßt – asiatische Traditionen halten für diese und alle erdenklichen Herausforderungen Hunderte von Antworten parat. Und aus der Perspektive derer, die hierfür auf Hochzeits- oder auf Geschäftsreise kommen, ist die Terra Australis nicht lange ein unbekanntes Land. Sie ist Vakuum-Land, der letzte Kontinent der unbegrenzten Möglichkeiten, der gewaltigsten Kapazitäten und Ressourcen. Sie ist die nahe Alternative zum eigenen Inselreich, vielleicht auch das Terrain, auf dem sich die kommende Südpazifik-Epoche der Menschheit entscheidet. Und Japan wird hier – das spürt man vielleicht nirgends deutlicher als in Australien – mitreden, mithandeln. Es ist dabei, seine Vorhut zu installieren.

Die Rocks, unter Arthur Phillip als Strafgefangenenkolonie angelegt, waren in der wechselvollen Geschichte der Stadt immer so etwas wie der Angelpunkt künftiger Entwicklungen. Nach den Convicts und den Siedlern der First Fleet, die dem felsigen Westufer der Sydney-Cove-Bucht den Namen gaben, ließen sich hier die reichen Bürger der Stadt in gefälligen Terrassenhäusern nieder. Mit dem florierenden Schiffsverkehr kam die Slum-Periode der Seemannskneipen, der Asozialen und Kriminellen über die Rocks. Beim Bau der Harbour Bridge wurden Teile der Slums abgerissen. Vor etwa zwanzig Jahren begann man, mit der Betonung des australischen Erbes auch die Rocks-Szenerie neu zu bewerten. Man renovierte, man verkaufte an Galerien und Shops, baute die größten Lagerhäuser zu Einkaufs- und Kunstzentren um, setzte Luxushotels in die Lücken und schuf Plätze für eine breite Palette von Restaurants.

Gern als »Wiege Australiens« apostrophiert, weil von hier die erste Anstrengung zur Besiedlung des Kontinents ausging, sind die Rocks heute die Wiege des modernen Tourismus, der Souvenir- und Kneipenseligkeit, des hektischen Galerien- und Shopbetriebs, der sich die geschützten Fassaden, Räume, Treppen und Keller ungeniert dienstbar macht. Die Autofahrt durch die Rocks – wo noch einige Reihen verkommener Häuser den ursprünglichen Eindruck vermitteln – läßt am ehesten ahnen, wie Sydney im 19. Jahrhundert ausgesehen hat.

1980 entstand in einem denkmalgeschützten Lagerhaus, das der Bankier und Viehhändler Robert Campbell 1838 hatte bauen lassen, eines der besten Restaurants Sydneys, das »Imperial Peking«. Der Besitzer und Architekt Alfred Leu entschloß sich, sein »Imperial Peking« im China-Stil des 19. Jahrhunderts zu kreieren, um eine gefällige Harmonie zum kolonialen Sandsteinbau herzustellen.

Vielleicht ist »Imperial Peking« deshalb so beliebt, weil es eine australisch-asiatische Symbiose in Perfektion darstellt. Die Gerichte – so das Selbstverständnis des Hauses – passen den Geschmack der Peking-Küche den klimatischen Erfordernissen des wärmeren Sydney an. China-Impressionen mit Tempelstatuen, alten Weinkrügen, Bassins mit lebenden Fischen und kühnen Blumenarrangements, Kimonos und Bildern mit China-Motiven an den Wänden. Mit geheimnisvollem Lächeln begrüßt Maureen Chan die bekannteren Gäste persönlich, um sie dann in das obere Stockwerk zu führen, zu einem der Tische, die den Blick über Sydney Cove hinüber zum Opernhaus haben.

Vor über hundert Jahren ist in der »Rocks«-Ära das erste Chinatown Sydneys entstanden. Damals zählte die Chinesensiedlung noch 2200 Seelen. Wie viele Chinesen heute im Land sind, ist nicht bekannt. Wahrscheinlich dürften es mehr als hunderttausend sein.

Der prozentuale Anteil der Asiaten an der Gesamteinwanderung soll derzeit bei achtzig Prozent liegen. Ich habe mit vielen Australiern gesprochen, die der asiatischen Invasion mit gemischten Gefühlen entgegensehen. Angeblich sollen sich Hongkong-Chinesen das Entree auf dem Fünften Kontinent mit einer halben Million Dollar als Mitbringsel erkaufen und dann ganze Heerscharen von Verwandten hinter sich her ins Land schleusen.

Die Angst vor den Chinesen ist kein aktuelles australisches Phänomen. Bereits 1857 wurde die Idee von einem »weißen Australien« propagiert, und die Goldgräber begannen, gegen die gelbe Invasion zu protestieren. Noch im selben Jahr gründeten Einwohner Sydneys die »Anti-Chinesische Liga«. Der Gouverneur von New South Wales, Henry Parkes, brachte damals die zunehmende Sorge auf einen Nenner, der auch heute noch Gültigkeit hat: »Gerade weil ich glaube, daß die Chinesen ein Volk sind, das auch in unserem Land eine große Rolle spielen kann, möchte ich sie aus unserem Land fernhalten.«

Daß die chinesische Kolonie in Sydney mit einer Power funktioniert, die der von Los Angeles, San Francisco und New York in nichts nachsteht, läßt sich in Chinatown unschwer beobachten. Man stößt hier auf alle Faktoren, die für den asiatischen Vormarsch typisch sind: Vitalität, Traditionsbewußtsein, Stil und Flexibilität. Ein Gang durch die chinesischen Warenhäuser des Viertels ist eine unvergeßliche Erfahrung. Man kommt aus einer Welt, die verzweifelt ihre Identität sucht, und tritt in eine Welt, in der alles Identität ausstrahlt – von den Verkäufern, die für ihre Kunden wie in alten Tagen die Gewürze mit Mörsern zerkleinern, bis zu Geschirr, Schuhen, Paravents und China-Kitsch aus Hongkong oder der Volksrepublik.

211

Die Art, wie hier Waren gestapelt sind, wie eine Flut der unterschiedlichsten Dinge nebeneinander und übereinander arrangiert ist, stets überschaubar und zugänglich bleibt, die zurückhaltende Präsenz der Verkäufer, die zwanglose Wachsamkeit ihrer Augen, das Selbstbewußtsein, das sie und ihre Umgebung in jedem Detail transportieren – das alles wirkt wie selbstverständlich. Als hätten diese Menschen die Gewißheit, daß ihnen ohnehin alles zufällt, als müßten sie nur das Vertrauen in die eigene Kultur ungebrochen aufrechterhalten und sich in jener Geduld üben, die aus der Erfahrung der Geschichte resultiert.

Chinatown, wie es sich in und um die Dixon Street herum darstellt, exotisch, malerisch, von einem Portal entriert, ist erst der vorsichtige Beginn eines Projekts zwischen Sydney Entertainment Centre und Central Station – wo allein auf dem Kultursektor über 500 Millionen australische Dollar investiert werden sollen. Man sieht kaum weiße Gesichter in Chinatown. In den Warenhäusern sind wir die einzigen.

In einem der neutral gehaltenen, nur punktuell chinesisch beeinflußten Shopping-Center gehen wir in eine Eis- und Kaffeediele, in der sich bevorzugt China-Kids treffen. Die Sprache ist chinesisch. Die Karte ist chinesisch. Man versteht Englisch. Wir sind die einzigen Weißen unter dem »trendy« hergerichteten China-Nachwuchs. Das Café hat Stil. Es demonstriert asiatisches New-Wave-Bewußtsein. Die Musik ist chinesisch: China-Pop.

Auch diese Generation, die jüngste Generation der asiatischen Einwanderer, lebt in einer eigenen Welt, die zwischen der Tradition der Väter und der Faszination der Moderne keine Identitätsprobleme erkennen läßt.

Die Dämonen in der Art Gallery, die Holzschnitte des
Kabuki, die Wucht des China-Warenhauses, die Kids
im Café des Shopping-Center, das imperiale Peking
hinter den kolonialen Sandsteinfassaden – Zellen, Auf-
bausteine, Chancen, Perspektiven.

Die schöne Welt des Ken Done

Australien mit den richtigen Augen sehen?

Kunst aus Australien« und »Das Beste von down-under« sind die Slogans, mit denen das Kunstgewerbe-
Genie Ken Done für seine Produkte wirbt. Natürlich
hat er seine Top-Boutique da, wo die Geschäfte gemacht werden – bei den Rocks. Aber Ken Done, der
Mann, der sich mit breitem Aussie-Lachen unterm
Schnauzbart präsentiert, bräuchte keine eigenen Shops
mehr, um seine diversen Erzeugnisse zu vertreiben.
Ansichten von Oper und Bridge, Segelboote und Sonne,
lustige Wölkchen und lockende Wellen, nächtliche Feu-
erwerke und leuchtende Türme, bunte Fische und exotische Blumen schmücken Tassen und Teller, Becher
und Vasen, Tapeten und Sets, weißgerahmte Drucke
und Originale. Der Done-Touch ist allgegenwärtig.
Man bestätigt dem Australier, daß es vierzig Jahre Trai-
ning bedurfte, bis er endlich – auf den Spuren von
Raoul Dufy und Henri Matisse – malen konnte, wie er
jetzt malt: wie ein Kind.
Doch ganz so kindlich ist die geradezu obsessive Done-
Kreativität nicht. Der gebürtige Australier hat eine
Ausbildung an der National Art School hinter sich, war

lange Jahre Creative Director einer der größten internationalen Werbeagenturen in London und New York und kehrte schließlich nach Sydney zurück, wo er die Art Director's Gallery eröffnete und Aussies und Aussie-Touristen mit seinen Aussie-Idyllen in heitere Schwingungen versetzt.

Die Done-Welt ist unkompliziert, spontan, witzig, frech und positiv – ganz so, wie sich die Australier eigentlich am liebsten sehen. Und wer will, kann sich in Sydney ganz auf diese unkomplizierte Done-Perspektive einlassen. Martin Place, von Fußgängern beherrscht, hat das Fluidum fast eines Pariser Platzes, mit Liebespaaren, Straßenmusikanten, Passanten, die endlos Zeit zu haben scheinen, Zeitungskiosken und dem General Post Office im Renaissancestil, Banken und adretten Pennern, die sich fast entschuldigen, daß es ihnen nicht so gut geht wie den anderen.

Die Sonne scheint. Das Wasser ist nicht weit. Die Arbeit hat Zeit. Die koloniale Vergangenheit, der moderne Großstadtverkehr und die Wolkenkratzerschluchten sind eine stimulierende Verbindung eingegangen.

*S*chwer möglich, von den Menschen auf den ersten Blick nicht begeistert zu sein. Der Taxifahrer am Flughafen zuckt sofort zurück, als ich die Andeutung mache, unser Gepäck selbst im Kofferraum zu verstauen – ich könnte ja besondere Gründe haben, ihn nicht an die Gepäckstücke heranzulassen. Er würde seine Hilfe nicht aufdrängen, auch wenn er jederzeit dazu bereit wäre, behilflich zu sein. Diese Distanz zueinander, dieses sich abtastende Reagieren auf den anderen, diese permanente Angst, dem anderen zu nahe zu kommen oder selbst bedrängt zu werden, zieht sich wie ein magischer Kreis um die Menschen.

»Thank you« ist das wahrscheinlich am häufigsten gebrauchte Wort Australiens.

»Thank you« sagt die Bedienung, die das Essen bringt, der Taxifahrer, der die Tür zum Einsteigen aufreißt, der Passant, der einem Auskunft über den nächsten Weg zum Cosmopolitan Centre gibt, der Eisverkäufer, der einem die gefüllte Waffel mit dem (tatsächlich) besten Eis der Welt in die Hand drückt, das Mädchen, das einem die aus dem Arm gerutschte Zeitung aufhebt, das Office-girl, bei dem man sich nach dem Opernprogramm des Monats erkundigt. Zuerst erstaunt, dann befremdet das »Thank you«-Ritual, dann wird es Alltag – und das heißt, es bedeutet nicht mehr viel.

Es illustriert jedoch eine Haltung, die durch das ganze australische Miteinander, man könnte auch sagen: Nebeneinander, geht. Kaum möglich, hier mit jemandem zusammenzurempeln, kaum vorstellbar, daß irgendwer seinen Schritt beschleunigt, um als erster durch eine Tür zu kommen oder als erster bei einem Obststand zu sein. Kaum vorstellbar, daß sich ein Kunde vordrängelt, sich als erster bedienen läßt, obwohl er noch nicht an der Reihe ist, oder sich sonstwie irgendeinen Vorteil oder Vortritt erzwingt. Auch das Schlangestehen vor Bussen, Schiffen, Kassen und Banken ist geprägt von Distanz, Respekt und Zurückhaltung. Nicht denkbar, daß der nächste in der Schlange visuell oder akustisch mitbekommen würde, welche Art von Geschäft sein Vorgänger am Bankschalter tätigt. Nicht vorstellbar, daß ein Gegenübersitzender die Zeitung mitliest. Nicht vorstellbar, irgendwo genötigt oder überredet zu werden, dieses oder jenes zu kaufen oder zu lassen.

215

Auf der anderen Seite stellt man als chronisch gestreßter Europäer auch schnell die Nachteile dieses Systems
fest. So zum Beispiel ist es nahezu unmöglich, irgendeine Art von Druck auszuüben, einen Vorgang gezielt zu
beschleunigen, eine Handbewegung oder eine Geste
schneller ausgeführt zu bekommen. Warten, Geduld
und geradezu stoische Gelassenheit sind nötig, um da
nicht mitunter an den Rand des Nervenzusammenbruchs zu geraten. Wer es eilig hat, ist verloren.
Es ist mein Problem, wenn ich unter Druck stehe! Ich
habe jedenfalls nicht das Recht, diesen Druck weiterzugeben, auch dann nicht, wenn ich bereit bin, dafür zu
zahlen. Meine Freiheit endet bei der Freiheit des Nächsten.
Geld ändert nichts an diesem Grundsatz. Für Geld ist
niemand bereit, sich einzuschränken, sich speziell
motivieren oder manipulieren zu lassen. Im Gegenteil:
Trinkgelder werden nur akzeptiert, wenn der Service
eine Extraleistung miteinschließt – wenn beispielsweise ein Taxifahrer diesen oder jenen Umweg mit Wartezeiten vor Shops hinter sich zu bringen hat. Nur die Beförderung von A nach B allein berechtigt nicht zur Zahlung von Trinkgeld. Thank you!

*D*a Australien funktioniert, da die Menschen, die man
auf Straßen und Parties sieht, allesamt mehr als satt zu
werden scheinen und trotz der (für die Angestellten)
phantastischen Ladenschlußzeiten alle meist besser
denn notdürftig gekleidet sind, scheint das Prinzip, das
die tagtäglichen zwischenmenschlichen Beziehungen
regelt, offensichtlich erfolgreich zu sein.
Auch da liegt Ken Done richtig, wenn er die Versatzstücke wie isoliert auf seine durchweg idyllischen Ta-

216

bleaus arrangiert: Seine Visionen vom Fünften Kontinent zerfallen in tausend Einzelteile. Sie sehen nicht aus, als ob sie je ein Kern, eine Idee, eine Konzeption zusammengehalten hätte. Vielleicht, das suggerieren die Done-Bilder auf Konsumenten-Level, wird irgendwann einmal die Fusion stattfinden.

Welche Art von Fusion, das kann sich kein Australier vorstellen. Das »down-under«-Gefühl, das den Minderwertigkeitskomplex einer Nation liebevoll, sarkastisch und selbstkritisch formulierte, war etwas, was sie alle einte. Doch »down-under« ist ein Stück Vergangenheit. Ist es auch der zwei Jahrhunderte alte Komplex, Produkt der Strafkolonie des britischen Imperiums zu sein? Berührungen, wenn sie stattfinden, können explosiv sein. Ein »Touch me«, das auf das tägliche »Don't touch me« folgt, kann mörderisch sein.

Festlaune macht die Barrieren zwischen denen, die feiern, durchlässig. Aus Berührungen entstehen plötzlich Massaker. In der Silvesternacht 1986/87 wurden allein in Sydney ein Dutzend Menschen erstochen, erschlagen, zu Tode getreten. Ist der Bannkreis, der den einzelnen täglich umgibt, einmal im Jahr außer Kraft, wird die Umarmung der respektvoll Distanzierten zur tödlichen Erdrosselung.

Freude als Ventil zum Terror eines jeden gegen jeden? Das Fernsehen sendet Bilder von Leichen und Blut, von Feiernden und Neugierigen, von Betrunkenen und Sanitätern, die einem Schauer über den Rücken jagen.

217

Vor und hinter Gittern

Im Taronga-Zoo

Du hast Sydney nicht gesehen, wenn du den Taronga-Zoo nicht gesehen hast«, hat man mir gesagt.

Ich muß gestehen, daß Zoos für mich noch nie das waren, was sie offensichtlich für andere Menschen sind. Ich habe ein gestörtes Verhältnis zur Situation von Tieren, die auf ein paar Quadratmetern eingekerkert sind, obwohl ihnen von ihrer natürlichen Anlage her die Weite eines ganzen Landstriches zur Verfügung stehen müßte. Ich kann die krankhafte, neurotische Motorik von Tieren nicht ertragen, die ihre Körper und Instinkte an den begrenzten Bewegungsspielraum anpassen mußten – und mit jedem Schritt, jedem Blick, jeder Bewegung schmerzhaft formulieren, was ihnen mangelt. Mein Problem, ich weiß. Ich kenne die Studien, die skizzieren, daß die vermeintlich freien Zoobesucher angesichts der eingesperrten Tiere die wahrsten Glücksgefühle überkommen.

Die Fähre zum Zoo verkehrt vom Circular Quay. Von hier aus erschließt sich touristisch und auch sonst der Sydney-Hafen und irgendwo auch der Rest der Welt. Der Terminal für die Überseeschiffe ist gleich nebenan. Circular Quay gilt als eines der Symbole der Hafenstadt.

Ist es Zufall, daß die Reinigungsmanie Sydneys ausgerechnet vor diesem so bedeutsamen Schauplatz versagt? Papier in den Zugängen, Graffiti an den Wänden. Telefonzellen, die nicht funktionieren – offensichtlich haben Drogensüchtige versucht, sie zu leeren, und dann wütend die Hörer aus den Halterungen gerissen. Be-

218

trunkene an den Kiosken. Ausgemergelte, bleiche Gestalten, die auf ihren Dealer warten.

Das Circular-Quay-Umfeld ähnelt einer Geisterszenerie. In den Stunden der Rush-hour nimmt man den desolaten Sumpf, der das Gelände umgibt, kaum wahr. Kommt der Schiffsverkehr zur Ruhe, öffnet sich der Blick auf das, was man ein Stück verdrängte Sydney-Realität nennen könnte.

Von Quay 5 aus geht die Fähre zum Taronga-Zoo. Der Blick zurück bei der Zwölf-Minuten-Fahrt läßt Sydneys eindrucksvolle Skyline mit Bridge, Oper, Hochhäusern, Botanischem Garten, Farm Cove, Woolloomooloo und Elizabeth Bay vor einem erstehen. Eine spektakuläre Kulisse, die sich hinter New York nicht zu verstecken braucht. Faszinierend auch der Blick zurück vom Zoo: eine der schönsten Sydney-Perspektiven. Prospektreife Momentaufnahmen, die euphorisieren können.

Und der Taronga-Zoo selbst? Eine Friendship-Farm: Menschen begegnen Tieren. Die Menschen haben bezahlt. Womit bezahlen die Tiere?

Zoo-Theater, Seehundnummern, wie sie alle mit dem Wasser verbundenen Touristenzentren im Programm haben. Ein Zoo-Train kürzt die Wege ab und reduziert die Begegnung mit den Tieren auf Augenblicke.

Über 4000 Tiere, Giraffen, Tiger, Bären, Schimpansen, Schildkröten. Ein Aquarium. Eigentlich waren wir im Taronga-Zoo, weil wir Känguruhs und Koalas sehen wollten – schwer vorstellbar, Sydney und Australien zu verlassen, ohne beide Tiere zumindest einmal, und sei es auch nur im Zoo, »live« erlebt zu haben.

Wir haben sie dann auch »live« erlebt. Drei Koala-Bären, die in zwei kahlen Bäumen klebten. Um Bäume und Tiere herum hat man ein Haus aus Holz mit einem spiralförmig hochführenden Laufsteg für die Besucher gebaut. Die Koalas zeigen sich unbeeindruckt. Sie liefern alle paar Minuten eine ihrer Minimalbewegungen ab. Betäubt von der Droge der Eukalyptusblätter, die sie hier nicht mehr auf den Bäumen finden, sondern extra geliefert bekommen.

Ja, auch Känguruhs haben wir beobachtet. Sie sahen in den Souvenir-Shops adretter aus. Hier, in ihrem Gehege, wirkten sie verloren, als hätten sie es längst aufgegeben, ihre groteske exotische Würde zu bewahren.

Ich habe es vielen Leuten in Sydney erzählt, vermutlich hat es mir keiner geglaubt, aber wahrscheinlich ist es typisch für mich, daß mich am meisten im Taronga-Zoo die Ratten beeindruckt haben.

Sie übernehmen sozusagen den Zoo, wenn sich gegen Abend hin die Besuchermassen ausgedünnt haben – sie machen sich über das Futter der Känguruhs her, wenn diese sich, erschöpft davon, betrachtet und besprochen, animiert und fotografiert zu werden, kaum noch bewegen können. Sie holen sich, was sie zum Überleben brauchen, bei den Seehunden, bei den Bären und bei den Giraffen. Faszinierende Tiere. Größer habe ich sie selten gesehen. Mir erschienen sie als die Könige des Taronga-Zoos. Wild, frei, von Gehege zu Gehege wandernd, auf Raubzug im verschwenderischsten Revier der Welt.

Keiner macht Jagd auf sie. Denn offiziell gibt es sie nicht. Sie wurden nicht mitgezählt, als die viertausend Zoo-Tiere gezählt wurden. Sie gehen und kommen, und keiner kann über sie bestimmen. Sie haben nur einen Feind – den Menschen. Und dieser Feind hat

beschlossen, sie zu ignorieren. Nicht sehen, was nicht
sein soll.

Als wir zurückkamen vom Taronga-Zoo, erregten wir
mit unserer Rattengeschichte kopfschüttelndes Unverständnis. Keiner der Partygäste hatte je Ratten im Taronga-Zoo gesehen oder je gehört, daß dort Ratten
überhaupt existieren.

Mein Problem ist sicher auch die Bilanz eines Besuches
in Pier One, einem der ältesten Werftgebäude des Hafens, seit fünfzig Jahren von der Harbour Bridge dominiert und vom Verfall bedroht. Die Fassade wurde gerettet, wie man heute weltweit Fassaden rettet. Das Gebäude wurde einer sinnvollen Nutzung zugeführt.

Sinnvoll, das heißt in diesem wie in zahllosen anderen
Fällen – ebenfalls weltweit –, daß man das alte Gebäude
in ein Shopping-Center verwandelt hat. Ein Aboriginal
Cultural Centre, das in Wirklichkeit ein Shop wie jeder
andere ist: ein Shop, der dreidimensionale Hologram-
me vertreibt, eine Puppenstube mit Fabrikaten aus der
ganzen Welt, Juwelen- und Opal-Shops, die obligaten
Souvenirläden, Geschäfte mit T-Shirts und Billigkla-
motten – und eine Kette von Imbiß- und Schnellim-
bißmöglichkeiten knapp über oder auf dem Junk-
Level.

Auch das ist sicher nicht das Problem Sydneys allein,
obwohl es sich hier deutlicher formiert als anderswo.
Wie eine alte Werft bewahren, die man im ursprünglichen Sinn nicht mehr nutzen kann? Wie sie mit neuem
Leben füllen? Wie sie in den Alltag der Bürger integrieren? Besser, sie zu renovieren und stehen zu lassen, als
Geschäfte aus ihr herauszuschlagen? Wäre eine einzige
große Galerie etwa zur Geschichte des Sydney-Hafens

– Ansätze dazu sind da – noch die beste Alternative? Also doch wieder das Museum? Fragen, auf die nicht nur Australien keine Antwort gefunden hat.

Wo Sonne ist, gibt es auch Schatten

Die andere Seite Sydneys

Überblick gewinnen, die Dinge aus der Distanz betrachten, von sich selbst absehen – auch das sind australische Eigenschaften, die als Tugend gelten. Einen Überblick, wie ihn der Observatory Park mit seinem vor 130 Jahren erbauten Observatorium, Sydneys höchstem Punkt über Stadt und Hafen, liefert. Überblick gewinnen herab vom 300 Meter hohen Sydney-Tower, den Blick durch Glas, heraus aus den Dachrestaurants oder aus den beiden Beobachtungsplattformen, auf die Unendlichkeit der Stadt, den über 50 Quadratkilometer großen Hafen, die fernen blauen Berge, die Heads, gegen die der Pazifik schlägt, den Horizont, der sich im Dunst auflöst. Sie sind gigantisch, die Kulissen solcher Überblicke.

Eine Woche lang fuhr uns Blacky, der mehr über jedes Viertel, jedes Gebäude und jede Straße Sydneys weiß als alle Sydney-Leute, die wir getroffen haben, mit dem Wagen durch die Szenerie einer unglaublich vielfältigen, dynamischen und faszinierenden Weltstadt.

Doch Sydney wäre keine Weltstadt, wenn es nicht auch das andere Sydney gäbe. New York und Los Angeles, Paris und Hamburg, Rom und London – sie leben wie

Sydney mit der Gegenwelt zu Sightseeing-Glanz und Shopping-Glamour.

Die dunkle Seele Sydneys offenbart sich heute in Kings Cross, einem Viertel, in dem früher jüdische Einwanderer den Grundstein zum Erfolg zu legen suchten, damit Fortune hatten und in vornehmere Harbour-View-Regionen wie Rose Bay, Double Bay, Elizabeth Bay und Rushcutters Bay abgewandert sind.

Australien und speziell Sydney stehen im Konsum harter Drogen weit oben auf der Skala der Drogen-Nationen. Kaum eine Familie, die nicht ein »Problem« hat, aber man spricht in den schicken Gegenden allenfalls hinter vorgehaltener Hand darüber, und schon gar nicht spricht man die an, die es getroffen hat.

In Kings Cross treten die Probleme amerikanisch offen zutage: Nutten und Massage-Salons, Drogen-Treffs und Dealer, Fixer in den Hauseingängen, Betrunkene auf den Bänken, Striptease-Läden, die Ableger bekannter Schnellimbiß-Ketten, daneben aber auch renommierte japanische, italienische und chinesische Restaurants, Buchläden, die nicht oder nicht nur Pornographie verkaufen, der El-Alamain-Brunnen, der sein Wasser wie eine Pusteblume versprüht, die Fitzroy Gardens, einer der Kings-Cross-Umschlagplätze in Sachen Drogen. Kings Cross gilt auch als die Aids-Hochburg Australiens.

Berührungen in der Zwielichtzone der Kriminalität und der offen ausgelebten Sexualität. Berührungen in den Folterstuben der oberen Stockwerke, während sich in der Dunkelheit der Pornokinos die nachfolgende Kundschaft anheizt. Zum Zweck der Befreiung aus den Normen des »Don't touch«, »Keep cool«, »Stay off«, »Be a good mate«?

Berührungen durch die Nadel, die jene Bekenntnisse und Wahrheiten, jene Dunkelheit und Outsider-Existenz erzwingt, die man nach außen hin nicht demonstrieren möchte.

Berührungen durch das Kokain, das hilft, hinauszuwachsen über das Arrangement zwischen Engländern und Asiaten, Deutschen, Iren, Italienern, Griechen und Jugoslawen, das die Lethargie durch kurze Euphorien ablöst und das hilft, die Augen zu schließen vor dem, was ist, und vor dem, was vielleicht kommt.

Kings Cross wird auch »The Cross« genannt. Die offene Brutalität dieses Stadtteils, eigentlich nur mit New Yorker, kaum mit Londoner Maßstäben meßbar, verändert den Blick auf Sydney. Selbst wer nur hinter Sightseeing her ist, selbst wer nur der Welt schönste Fassadenstadt im Blick hat – nach Kings Cross wird er sich fragen, ob der schöne Schein nicht trügt und die Ruhe nicht künstlich ist.

Betretenes Schweigen, wenn man – provozierend – erklärt, daß man Kings Cross aufregend findet, ja, daß man überhaupt da war. Drogen sind kein Thema. Kein Thema, daß die zahllosen Bordelle Sydneys nicht nur von asiatischen Touristen besucht werden. Kein Thema, daß Sucht und Perversion, Krankheit und Laster vor kaum einem Haushalt, einem Unternehmen, einer Schule haltmachen.

Freie Gesellschaft. Auch frei, das zu verdrängen, was im Untergrund rumort. Frei, das heimlich auszuleben, was offen nicht ausgelebt werden darf.

Heute erzählt man in Sydney, die Künstler und die Studenten kämen zurück nach Kings Cross; und daß hier – nach Paddington – ein weiterer Stadtteil seinen Charakter ändern und vielleicht zum neuen »in«-Quarter werde. Bagatellisierungsversuche, die demonstrieren sollen, daß Kings Cross so, wie es existiert, eigentlich nicht mehr existiert.

An den Rand des Viertels drängen die Glas- und Marmorpaläste von Autokonzernen, Versicherungen, Fernsehstationen und Banken. Neben dem Konzern-Reichtum, der sich da wie zynisch über den Reichtum erhebt, der mit der Lust und Sucht verdient wird, an der Kreuzung William/Bourke Street eine halbe Meile Elend: verfallene Häuser, deren Weiß grau und braun wurde, zerstörte Fassaden, schmutzige Schindeln, die von den Dächern hängen.

Die Straße ist leer. Ganz unten, am Ende fast, ein Japan-Restaurant. Man kommt mit dem Auto. Hier geht man nicht zu Fuß. Betrunkene torkeln in ihre verfallenen Unterkünfte. Ein Fenster schlägt. Das Büro einer Hilfsorganisation, das verlassen scheint. Katzen, die neugierig zur Straße laufen, durch die kaum ein Auto, mit Sicherheit aber kein Taxi fährt. Gefahr für Leib und Leben? Kaum vorstellbar. Wer hier lebt, wehrt sich nicht mehr. Wer hier lebt, greift nicht an. Wer hier vegetiert, ist auf der letzten Sprosse eines Landes gelandet.

Aber offenbar ist es noch lange nicht die allerletzte. Die Alten mit den aufgeblähten Bäuchen, Stoppelgesichtern, zerfetzten Kleidern und Anzügen, wirrem Haar und unsicherem Gang – sie haben vielleicht die trostloseste Station noch vor sich, denn »ihre« Straße wird abgerissen. Natürlich wäre es sinnlos, sie zu sanieren und die Holzhäuser zu renovieren. Und wenn, dann wäre in den auf edel getrimmten Unterkünften bestimmt kein Platz mehr für den Auswurf des besseren Australien.

*D*er Fels, der den Aborigines heilig ist, bewahrt die Sydney-Bucht vor der Gewalt des Pazifiks. Die knapp über einen Kilometer breite Öffnung zwischen South und North Head hat Hunderten das Leben gekostet, doch Millionen Menschen vor der Wut des Meeres beschützt.

Man kann auf dem Head stehen, hinaus auf den Pazifik schauen und sich, vom Wind bewegt, Visionen leisten, die vom Anfang der Welt, vom Auseinander- und Zusammendriften der Kontinente bis zur kurzen Dauer aller menschlichen Bemühungen reichen. Ein magischer Ort.

Felszeichnungen und Werkzeugfunde lassen darauf schließen, daß in Sydney und Umgebung bereits vor 30 000 Jahren, vielleicht sogar vor 50 000 Jahren Aborigines gelebt haben. Offensichtlich hatte Sydney – von ihnen »Warrane« genannt – eine besondere Bedeutung im Geister- und Stammesleben der Aborigines. Die Heads, die Opern-Halbinsel und die heutigen Botanischen Gärten scheinen Zentren der Aborigines-Riten gewesen zu sein.

Aus dem Stadtbild des heutigen Sydney sind die Aborigines verschwunden. Auf den Heads plazieren sich bei den großen Jachttagen Tausende von Schaulustigen, um von dieser idealen Position aus die Fahrt der Schiffe hinaus in den Pazifik zu beobachten. Die Botanischen Gärten wurden zur Grünen Lunge und zu einer merkwürdigen Drehscheibe des vergangenen und des zukünftigen Sydney. Und da, wo früher die Aborigines ihre Initiationsfeste feierten, steht heute das wichtigste Wahrzeichen des modernen Australien, die Oper.

Man kann tagelang, vielleicht monatelang durch Sydneys weiße Welten gehen, ohne mit den Aborigines anders als in Form der zahlreichen Kunstgewerbe-Shops und Aboriginal Art Galleries konfrontiert zu werden. Und auf entsprechende Fragen gibt es Antworten, die glaubhaft wirken: Die Aborigines seien kein Problem in Sydney und kaum ein Problem im restlichen Australien; die Regierung tue alles, um ihre Integration zu finanzieren; die größte Schwierigkeit sei, daß die Aborigines außerstande seien, sich dem modernen Leben anzupassen.

Man schweigt über Redfern. Und man kann in der Tat in den Vierteln um den Hafen herum leben, ohne je an Redfern denken zu müssen. Möglich, daß es Sydney-Leute gibt, die nie von Redfern gehört haben, die sich nie für das Thema Aborigines interessiert haben, die sich nie fragen mußten, wem dieser Hafen, diese Inseln, diese Hügel, diese Buchten, diese Felsen einmal gehörten. Nicht, daß hier gleich Verdrängungsmechanismen wirksam sind, aber in einer von pulsierendem Business-Leben erfüllten Sonnenstadt wie Sydney spielt die Aborigines-Frage schon seit Jahrzehnten einfach keine Rolle mehr.

Gelegentlich einmal huscht ein schwarzer Schatten durch die Straßen der Banken- und Shopping-Metropole, als ob er sich in eine Welt fremder Geister verirrt hätte, aber niemand käme auf die Idee, sich deshalb gleich bedroht zu fühlen, sich Rechenschaft abzulegen oder unbequeme Fragen zu stellen. Die Aborigines sind aus dem Bewußtsein, vielleicht sogar aus dem Unterbewußtsein verschwunden. Möglicherweise haben sie es nie erreicht.

Wir entdeckten Redfern aus purem Zufall. Ein Taxifahrer, der uns zu einem weit draußen liegenden Shop bringen sollte, erzählte en passant, daß dort drüben das Aborigines-Ghetto liege.

Ich glaubte, nicht richtig zu verstehen, und fragte nach. Ich hörte – nach fast drei Wochen Sydney-Aufenthalt – zum allerersten Mal, daß es in der Stadt ein Aborigines-Ghetto gibt und daß es Redfern heißt.

Auf dem Rückweg baten wir den Fahrer, uns Redfern zu zeigen. Er sagte, es sei gefährlich. Es gäbe immer wieder Zwischenfälle. Meist würden Taxis mit Steinen attackiert. Ich versprach, daß ich für eventuelle Schäden aufkäme.

Der Fahrer war schließlich bereit, das Risiko auf sich zu nehmen, verließ die breite Straße Richtung Central Station und bog ein in eine gespenstische Slum-Welt.

Verfallene und verkommene Hochhäuser. Die Lichter der Straßenbeleuchtung sind zerschlagen. Glas, Steine und Holz auf den Straßen. Die Fassaden der meisten Häuser zerstört. Die Wohnungen öffnen sich weit zur Straße hin.

Offene Feuer flackern auf den Böden der großen Zimmer. Schwarze, die um die Feuer herum hocken und in die Flammen starren. Der Rauch zieht in dunklen Schwaden hoch, färbt die Reste der Außenmauern schwarz, steigt wie klagend in den blauen Himmel.

Kaum sind wir im Slum, taucht hinter uns ein Polizeiwagen auf und folgt uns im Abstand von hundert Metern. Menschen liegen vor den Häusern, lehnen an den ramponierten Treppen und Mauern. Kinder spielen auf den Straßen, schieben in kaputten Kinderwagen ihre kleineren Geschwister vor sich her. Plötzlich stellt sich ein Auto quer. Schwere dunkle Männeraugen, die uns durch die Scheiben anstarren.

Der Taxifahrer weicht dem Wagen aus, fährt hoch auf

den halbzerstörten Gehsteig, umfährt das Hindernis, fährt weiter. Zwischen den armselig gekleideten Schwarzen immer wieder Weiße – langhaarige, ausgemergelte Fixergestalten, die sich kaum noch aufrecht halten können. Menschen am Abgrund, Geächtete, Ausgestoßene und Hoffnungslose, die in Alkohol und Heroin so etwas wie Solidarität entdeckt zu haben scheinen.

Wir sind schäbige Voyeure ihrer Situation. Die Angst weicht der Scham, als wir Redfern verlassen – Sydneys schwarze Wunde.

20 000 Menschen sollen in Redfern leben, in Freiheit eingesperrt, hinter die Gitter ihrer eigenen Verzweiflung, aber vielleicht doch nicht ganz so ohne jedes Glück und ohne jede Hoffnung, wie man denkt!

Da sind Kinder. Da ist die Tatsache, daß die zweihundert Jahre des heutigen Sydney nichts sind gegen die 30 000 oder 50 000 Jahre Warranes.

Wenn es stimmt, was in den Zeitungen steht, dann leben heute in Australien wieder so viele Aborigines wie in der Zeit vor der weißen Invasion...

Milton Park und Katoomba

Streifzüge im Umland

Das Outback, das Hinterland der Leute von Sydney, sind die Blue Mountains – das Gebiet vor der Great Dividing Range, der lange Zeit unüberwindlichen Wasserscheide zwischen Ost und West.

Unsere erste Fahrt dorthin führte über die endlosen

Strände südlich von Sydney durch das Kangaroo Valley in Richtung Mittagong: Die Straßen sind wie mit dem Lineal gezogen. Streckenweise führen sie durch undurchdringliche Regenwälder oder über riesige Flächen, die das Buschfeuer vernichtet hat. Aus den Wipfeln verkohlter Bäume treibt frisches Grün. Unvermittelt öffnen sich Hügellandschaften zu Ebenen. Gleißender Himmel und glänzender Wald scheinen zu verschmelzen. Man rollt in ein riesiges Tal, in dem ein, zwei Farmen stehen. Orte, die sich auf der Karte groß ausnehmen, haben eine Handvoll Häuser aufzuweisen.

Unser Ziel heißt Milton Park, etwa zwei Autostunden von Sydney, bei Mittagong, bei Bowral, kompliziert zu finden. Es ist so etwas wie der »in«-Place der Reichen von Sydney. Im Prospekt wird Milton Park als Country House Hotel bezeichnet. Ein prächtiger Park – in der Weltrangliste der schönsten Parks immerhin die Nummer acht – umgibt die exklusiv renovierte alte Homestead. Tennisplätze, Golfplätze, geheizter Pool, offener Kamin und natürlich Zentralheizung in den Zimmern. Verschwenderisch ausgestattete Aufenthaltsräume, Sitznischen und Bars, die alles bereithalten, was es in der Welt, die endlos weit weg scheint, an luxuriösen Annehmlichkeiten gibt, vom Modejournal bis zum exotischen Drink.

Es ist das zweite Mal, daß wir außerhalb Sydneys ungeschützt an der Luft sind. Das erste Mal war es kurz vor Kangaroo Valley in einer idyllisch, etwas abseits vom Highway gelegenen Barbecue-Station mit einem Dutzend Feuerstellen für Besucher, die sich Australiens Nationalgericht selbst zubereiten wollen. Ich war überrascht, daß der Imbiß-Shop selbst gut besucht war,

230

die Barbecue-Plätze aber einsam und verlassen in der sonnigen Landschaftsidylle lagen. Als wir mit unseren Happen und Getränken auf der leeren Terrasse Platz nahmen, verstand ich das, was die Aussies den australischen Gruß nennen: die heftige Handbewegung vor dem Gesicht, um die dichten Schwärme von Fliegen zu vertreiben, die außerhalb der Städte über alles herfallen, was sich bewegt.

Millionen Fliegen lassen auch den achtschönsten Park der Welt vereinsamen. Unser Garten-, Pool- und Pflanzen-Walk wird zu einem Martyrium. Experten haben versucht, der Fliegenplage, die das ganze Land wie eine Heimsuchung befallen hat, Herr zu werden, aber der Mistkäfer, der den Schafsmist, möglicherweise eine der Ursachen der Fliegen-Milliarden, beseitigen sollte, mußte angesichts der rauhen australischen Bodenverhältnisse und der Omnipräsenz der Schafe seine Vertilgungswaffen strecken.

Er hätte noch vor ein paar Jahren hier ganz in der Nähe Land kaufen können, erzählte uns ein Bekannter auf der Rückfahrt, für Pfennige. Jetzt sei die ganze Gegend eine Boom-Gegend. Nicht zuletzt wegen Milton-Park, wo im französischen Stil gespeist und im britischen Stil gegen Austro-Dollars gewohnt wird. So weit das Auge reicht, hat jetzt ein Chinese das Land aufgekauft, der sein Geld in Hongkong gemacht hat. Was er mit dem Landstrich, auf dem ein paar scheinbar unbewirtschaftete Farmhäuser und Ställe stehen, anfangen will, weiß keiner.

Irgendeine Zukunft wird auch dieses Land haben. Denn nichts in Australien ist ohne Zukunft. Nichts, was nicht irgendeiner Entwicklung der letzten Jahrzehnte von Nutzen war. Vielleicht werden sich hier eines Tages

Wolkenkratzer zu einer Skyline formieren, von denen sich heute noch niemand recht vorstellen kann, wem oder was sie dienen könnten.

Die Fahrt zurück nach Sydney geht über die Paramatta Road. Papierwimpel mit den Nationalfarben Italiens sind quer über die Straße gespannt. Kaffee-Bars, Geschäfte mit italienischen Namen – von Städten und von Menschen. Klein-Italien an der Durchgangsstraße.
Es soll ein gutes italienisches Lokal hier geben. Endlich einmal einen Kaffee trinken, der nach Kaffee schmeckt? Keiner hat Lust anzuhalten. Venezianische Gondeln in einem Schaufenster. T-Shirts mit italienischen Motiven. Vorbei. Das Little Italy der Paramatta-Road ist kein Chinatown.
Hundert Jahre ist es her, daß man die Italiener als olivfarbene »Dagos« beschimpfte. Enrico Caruso weigerte sich, nach Sydney zu reisen und vor »nackten, schwarzen Wilden« aufzutreten.
Die Italiener werden es nicht sein, die diesem Kontinent das Gesicht geben werden.

Wenige Tage später sind wir wieder unterwegs, hinter der Faszination eines Namens her. Katoomba heißt der Ort. Das klingt wie ein Aboriginal-Ritual, wie dumpfer Trommelschlag, wie eine Stimme aus einer anderen Welt. Doch was wie Buschmagie dröhnt, was die Faszination des Bedrohlichen auszustrahlen scheint, ist ein friedlicher, eher beiläufig arrangierter Ort, erreichbar über den Great Western Highway, über Plätze wie Lawson, Bullaburra, Wentworth Falls, Leura – an die hundert Kilometer von Sydney entfernt, das Herz der Blue Mountains, am Rande der Nationalparks.

Katoomba, das ist ein Touristenzentrum mit einem Souvenir-Shop, das ist der Blick vom Echo Point über die Weite einer Landschaft, wie sie in bizarren Träumen existiert, das sind drei Felsformationen, die sich nebeneinander in den Himmel recken und Three Sisters heißen. Die Legende weiß, daß drei Schwestern, als sie mit drei Freiern tändelten, zur Strafe in Felsen verwandelt wurden.

Neunhundert Stufen führen von Katoomba hinab ins Regenwaldtal. Aber die meisten Touristen lassen Regenwald Regenwald sein und machen auf halber Strecke halt, um vom Scenic Skyway, einer Seilbahn, einen Blick in schwindelerregende Tiefen und unermeßliche, von Menschenhand noch lange unberührbare Weiten zu tun. Und schließlich fährt Scenic Railway ihre Passagiere tief nach unten, zu einer aufgelassenen Mine. Tonbandkommentare erläutern ein Stück Kolonialgeschichte.

So fesselnd die Attraktionen dieses Schauplatzes sind, so zufällig scheint er letzten Endes gewählt. Felsformationen, Regenwälder, Höhen, die Panorama-Blicke gestatten, Abgründe, Schluchten und Höhlen – sie ließen sich auch an zahllosen anderen Stellen der Blue Mountains und des Landes zur Touristenattraktion ausbauen. Oder funktioniert auf irritierende Weise doch die alte Magie der Aborigines? Katoomba. Die bis heute noch unerschlossenen Höhlensysteme, die Jenolan Caves, sind nah. Über dreihundert Kalksteinhöhlen.

Wasser – ein Wort, dessen Magie mehr unbewußt als bewußt bis heute wirkt. »Falls« nennt man in der Blue-Mountain-Region Rinnsale, die eher vom Felsen tropfen als schießen. Wasser, das war immer der Schlüssel zum Leben, immer kostbar. Aber böse Zungen behaupten, daß man die Fälle nur anstellt, wenn zahlende Touristengruppen in Sicht sind.

Der blaue Dunst, der entsteht, wenn die Sonne die ölige Feuchtigkeit der Eukalyptusblätter verdampft – er gab den Blue Mountains ihren Namen. Fiktion, Legende, Wirklichkeit?

Seltsam, wie Sydney und die Australier die Orte domestizieren, die auch die Plätze der Aborigines waren. Arthur Phillip brach den Bann der Heads. Andere brachen den Bann der Caves. Auch Ayers Rock, in der Aborigines-Sprache Uluru, der rotglühende Monolith im Roten Zentrum, 600 Millionen Jahre alt – auch er ist gezähmt mit einem Kletterpfad, der hinauf zum Scheitel führt, mit Straßen, die ihn umgarnen, mit einem Flugplatz. Der moderne Massentourismus ist nicht bereit, Strapazen auf sich zu nehmen. Das Spektakel hat parat zu sein, hat sich willig zu öffnen – oder es wird links liegengelassen.

Vielleicht ist das gut so. Vielleicht wirkt so die Magie der alten Plätze anders weiter, als es die Puristen glauben. Vielleicht ist es der leichte Zugang, der das Heilige der heiligen Stätten ausmacht. Vielleicht sorgen die Geister, die hier zu Hause sind, dafür, daß ihre Symbole nicht verdrängt werden. Vielleicht lebt Alien weiter unter denen, die hoffen, ihn domestiziert, konsumiert und für immer überwunden zu haben.

Impressionen, Momentaufnahmen. Erste Versuche zu verstehen, was sich vor und hinter den Fassaden abspielt. Annäherungen an eine Welt, die dabei ist, ihr europäisches Erbe abzustreifen und sich in der pazifischen Herausforderung zwischen Amerika und Asien selbst zu finden.

Ein erregender Prozeß. Eines der faszinierendsten und hoffnungsvollsten Abenteuer der Menschheit, vergleichbar nur mit der Geburt der USA. Vielleicht unser aller letzte Chance.

Ich kam als Skeptiker. Ich versuchte, kritisch zu bleiben in diesen Tagen und Wochen. Oft ist es mir schwergefallen, mich nicht blind der allgemeinen Begeisterung und Euphorie auszuliefern.

Tasmanien

Inselstaat südlich des Inselkontinents

Van Diemen's Land

Geschichte und Geschichten

Lukian berichtete vor nahezu 2000 Jahren von Tieren, die ihre Bäuche als Taschen für ihre Jungen benutzten. Für die Phönizier war das Land im Süden ein Reich der Toten. Die Portugiesen hielten die Entdeckung Australiens geheim – angeblich, weil das rätselhafte Südland nach der vom Papst verfügten Aufteilung der Welt nicht ihnen, sondern den Spaniern zugefallen wäre.

Am 25. Oktober 1616 erreichte ein Kapitän Dirk Hartog im Auftrag der holländischen Ostindien-Compagnie Westaustralien und nagelte einen Zinnteller an einen Baum, vor dem dann 180 Jahre später sein Landsmann Kapitän Willem De Flaming staunend stand. Aber weder Hartog noch Flaming hißten auf dem neuen Kontinent die Flagge. Er kam ihnen offensichtlich zu trostlos, zu unergiebig, zu uninteressant vor.

1642 entsandte der Gouverneur von Java, van Diemen, seinen Seefahrer Abel Tasman gen Süden. Tasman landete auf einer 60000 Quadratkilometer großen Insel, die er zur höheren Ehre seines Auftraggebers »Van Diemen's Land« nannte. Aber auch Tasman, dem das ehemalige »Van Diemen's Land« seinen heutigen Namen verdankt, erforschte das Innere der Insel nicht. Seine Leute hätten nichts anderes fertiggebracht, schimpfte van Diemen, als an der Küste entlangzusegeln; doch wer ein Land kennenlernen wolle, müsse es betreten. Das aber hielten die auf dem Meer heimischen Seeleute lange für unmöglich. Und die, die es endlich wagten, brachen nicht gerade in Jubel aus über das, was sie erwartete.

Noch 1699 zeichnete der britische Freibeuter William Dampier ein düsteres Bild des Südlands, wenn er von trockenen Böden ohne Wasser berichtete, von Bäumen, die keine Früchte trügen, von Landschaften ohne Tiere. Eine einzige Tierspur hatte Dampier gesichtet – die eines Tieres vermutlich von der Größe eines Hundes. Auch über die Eingeborenen machte sich Dampier Gedanken: Sie seien häßlicher als alles, was ihm bisher begegnet sei. Ihre Augen seien stets halb geschlossen, um die Fliegen abzuhalten. Und überhaupt: Die Insektenplage sei schlicht unerträglich. Man brauche beide Hände, um sich der Tiere zu erwehren. Sie würden einem in die Nasenlöcher kriechen und in den Mund, sobald man die Lippen öffne.

Das Aufeinanderprallen von Steinzeit-Kultur und Neuzeit-Zivilisation erfolgte erst 1768, als James Cook »Van Diemen's Land« entdeckte – und zwar bevor er das Festland sah. Hatte Dampier die Eingeborenen noch mit kurioser Neugier betrachtet, so hatte Cook als Vorläufer kommender Kolonisatoren den Auftrag, zu erkunden, wo man neue Siedlungen anlegen und wie man das Land für die Krone nutzbar machen konnte. 1770 notierte Cook einen Versuch, sich mit den Aborigines zu arrangieren. Um ihre Sympathie zu gewinnen, hatte man ihnen Glasperlen und Nägel angeboten, aber sie legten keinen Wert auf die Offerte und quittierten die Landung der Briten damit, daß sie einen großen Stein nach den Eindringlingen warfen und zwei Pfeile auf sie abschossen. Cook ließ daraufhin zwei Schüsse aus Schrotflinten abfeuern. Die Aborigines flohen in die Wälder.

Hundert Jahre nach diesem Ereignis war der Kampf zwischen den ursprünglichen Herren des Fünften Kontinents und den Europäern längst entschieden. 1876 starb in Tasmanien »the last aboriginal«, eine Frau.

Die Siedler hatten kurzen Prozeß gemacht. Sie hatten Aborigines wie Tiere gejagt. Aborigines-Ohren wurden als Trophäen abgeschnitten und in Salzfässern eingepökelt. Vereinzelt hatten sich Eingeborene zu wehren versucht. So war es 1830 in Tasmanien zu einem Aborigines-Aufstand gekommen, bei dem mehrere Weiße umgebracht wurden. In einem siebenwöchigen Feldzug hatten daraufhin dreitausend weiße Soldaten die Inselwelt durchkämmt und gehofft, die Hauptstreitmacht der Aborigines an der letzten Landspitze zusammengetrieben zu haben. In der Falle aber saßen eine Frau und ein Kind.

*F*ür England in Besitz genommen wurde Tasmanien im Jahre 1802. Damals siegte ein britischer Leutnant namens Robbins über die französische Konkurrenz, hißte die Flagge, feuerte drei Schüsse ab und annektierte so die gesamte Insel. Sie sollte zur Strafkolonie werden.

Der achtzehnjährige Captain John Bowen erhielt den Auftrag, mit einer Handvoll demoralisierter Soldaten, die offensichtlich wenig Lust verspürten, Sydney zu verlassen und neues Terrain zu sondieren, sowie einigen Sträflingen eine Siedlung zu bauen. Der unerfahrene Bowen wählte dafür einen Standort beim heutigen Risdon Cove und nannte die Siedlung Hobart.

Ein Jahr später traf Colonel David Collins mit zwei Schiffen und dreihundert Strafgefangenen in Tasmanien ein. Er verwarf die Entscheidung des jungen Bowen, verlegte die Häuser einige Kilometer weiter nach Süden zum Sullivan's Cove – und dort entstand das heutige Hobart.

Auch im Norden Tasmaniens geschah ähnliches: Auch hier wurde eine Stadt einfach umgesiedelt. Ein Colonel Paterson gab das küstennahe York Town auf und gründete weiter im Landesinneren Launceston: nahe am Trinkwasser.

Es dauerte nicht lange, und »Van Diemen's Land« hatte in der damaligen Welt den Ruf, so etwas wie ein Reich der Kriminellen, der für immer Verbannten zu sein. Wer die Bass Strait, die Meerenge zwischen Victoria und Tasmanien, passiert hatte, für den gab es keine Wiederkehr. Dennoch hatte er eine Chance, sein Leben sinnvoll zu gestalten.

Die Engländer hatten im Strafvollzug dazugelernt: Wer nach Tasmanien kam, wurde nicht wie in den Frühtagen Amerikas als Sklave gehandelt oder auf Gedeih und Verderb einem frommen Siedler ausgeliefert. Die Convicts hatten die Möglichkeit, eines Tages selbst Siedler zu werden. Sie wußten, daß ihnen die Rückkehr in die Heimat für immer verwehrt war, aber diese Heimat war für sie kein Faktor allzugroßer Sehnsucht.

Offenbar gelang es im fernen »Van Diemen's Land« freien Siedlern, Militärs und Strafgefangenen, sich besonders schnell zu arrangieren. Convicts, die im Siedlerauftrag Land bewirtschafteten und dafür Gewinnanteile zurückbehalten durften, wurden reicher als viele Siedler und Soldaten. Das Freigängersystem gestattete den Convicts, in praktisch allen Bereichen des Lebens aktiv zu werden. Und Gefangene, die ihre Strafe hinter sich hatten, konnten sich als freie Bürger niederlassen, jede Art von Geschäft und Handel treiben, ihre in England lebenden Familien nachkommen lassen und zu Macht und Ansehen gelangen.

Zeitungen berichteten von einer Party bei Gouverneur Thomas Davey, bei der Offiziere und Soldaten, Siedler und Strafgefangene bis zum Morgengrauen gemeinsam gezecht und Lieder gegrölt hatten. Und als die fröhliche Gesellschaft schließlich die Vorratskammern des Gouverneurs plünderte, tröstete sich Davey einfach damit, daß er erklärte, er werde schon noch in irgendeinem Restaurant Hobarts etwas zu essen kriegen.

Zustände, wie sie in Tasmanien eingerissen waren, empfand man im Mutterland als Skandal. Abhilfe sollte geschaffen und die Regierungsautorität neu installiert werden. Eine Kommission wurde berufen – benannt nach ihrem Leiter Bigge –, die den lasch gewordenen Strafvollzug effektiver gestalten sollte. 1820 wurde der Beschluß gefaßt, bei Macquarie Harbour, einem Binnenhafen an der Westseite der Insel, ein Gefängnis zu bauen, aus dem es kein Entrinnen mehr gab. Von keinerlei Vegetation umgeben, ohne Landzugang zu Hobart, umspült von der rauhen See, sollte Macquarie das lose Inselreich wieder zur Räson bringen. Und Macquarie Harbour war wirklich dazu angetan, Angst und Schrecken unter den Straftätern und ihren Kumpanen zu verbreiten. Die Anstalt war so hart, die Situation so ausweglos, daß mancher dort Eingesperrte einen Kameraden tötete – nur um diesem »Tor zur Hölle« zu entrinnen und in Hobart gehängt zu werden.

*T*rotzdem änderten sich die Zustände in Hobart und Launceston nicht grundlegend. Die härteren Fälle arbeiteten zwar als Kettensträflinge, aber die Chancen der meisten Verbannten waren nach wie vor vergleichsweise gut. Während in den Slums der Alten Welt schieres Elend herrschte, fünf Menschen in einem Bett schliefen, Kinderarbeit an der Tagesordnung war und Frauen wie Tiere zu schuften hatten, gestaltete sich das Sträflingsleben an den Küsten Australiens geradezu hoffnungsvoll.

Kein Wunder also, daß euphorische Briefe nach Hause geschrieben wurden und unter der Hand eine rege Familienzusammenführung anlief. War der Mann wegen irgendeines Delikts verurteilt und strafverschickt worden, begingen Frau und Kind oft ebenfalls irgendeine verbannungswürdige Tat, um dem Mann oder Vater in die Fremde folgen zu können. Die meisten der Strafgefangenen machten sich eines Vergehens schuldig, das heute in der Kategorie Mundraub anzusiedeln wäre. Einige von ihnen hatten Widerstand gegen die ausbeuterischen Praktiken ihrer Dienstherren geleistet. Viele von ihnen waren politische Gefangene und kamen aus Irland.

Zum Beispiel Port Arthur

Experimente im Strafvollzug

*A*ls George Arthur 1824 Gouverneur von »Van Diemen's Land« wurde, übernahm er 5 938 Convicts. Ihnen standen 6 029 freie Siedler gegenüber bzw. Häftlinge, die freie Siedler geworden waren. George Arthur machte sich daran, die untragbaren Zustände in Macquarie Harbour zu beenden – ohne die Anarchie der Jahre vor der Bigges-Kommission wieder einreißen zu lassen.

Die Aufgabe war nicht einfach. 1830 lebten in »Van Diemen's Land« bereits über 10000 und 1836 fast 18000 Strafgefangene. Sie waren in eine Gesellschaft von fast 26000 Siedlern, Soldaten und Wachpersonal zu integrieren.

George Arthur hatte klare Prinzipien: »Alle Strafmaßnahmen haben ihre Grenzen in der Menschlichkeit. Wo sie nicht gewährleistet ist, besteht die Gefahr, die Sträflinge zu Verzweiflungstaten zu treiben.«

Arthur hielt Ausschau nach einem Platz, der sich besser als Macquarie Harbour für die Isolation jener Sträflinge eignete, die nicht als Freigänger oder als Paßgänger Integration übten. Er baute, was heute Port Arthur heißt. Tasmaniens südöstliche Halbinsel mit ihren zwei Landengen schien ein ideales natürliches Gefängnis zu sein – auch von den Möglichkeiten her, die Sträflingskolonie sinnvoll zu beschäftigen. Die Landspitze lag abseits von Hobart und Launceston, ohne jedoch zu weit ab vom Schuß zu sein.

Arthur sorgte für eine geregelte Fluktuation zwischen den drei großen Convicts-Gruppen – den Sträflingen, die in der Kolonie bei Siedlern arbeiteten, den Sträflingen, die im öffentlichen Auftrag, zum Beispiel im Straßenbau, tätig waren, und den Sträflingen, die in der Kolonie erneut straffällig geworden waren. Ein System von sieben Klassen machte jedem einzelnen Strafgefangenen klar, an welchem Platz zwischen Strafe, Bewährung und Freiheit er sich gerade befand. Es reichte von denen, die mit über fünfzehnjährigen Strafen in den Gefängnissen einzusitzen hatten, bis zu denen, die

243

auf Bewährung freigelassen worden waren und nur noch eine einzige Auflage zu erfüllen hatten, nicht nach England zurückzukehren. Mit zehn Prozent war die Klasse der Freigänger die größte aller Klassen. Nur etwa fünfhundert Männer arbeiteten unter George Arthur als Kettensträflinge.

1833 hatte der Gouverneur sein Port Arthur aus ein paar Holzhütten zu einer Art Strafgefangenenstadt innerhalb der Strafkolonie ausgebaut. Im Laufe der folgenden elf Jahre ersetzte Arthurs Sträflingsspezialist Captain O'Hara Booth die Holzbaracken durch Steingebäude, errichtete eine Kirche, einen riesigen Pulver- und Aussichtsturm, eine großzügig angelegte Strafanstalt, ein Hospital, ein Frauen- und ein Knabengefängnis, Gebäude für Militär, Wachpersonal und den Kommandanten, den Hafen und eine Bahnlinie.

Heute ist von Port Arthur nicht viel mehr übrig als eine eindrucksvolle Ruinenlandschaft mit sorgfältig gepflegtem Rasen. Nach der Auflösung des Lagers 1877 wurde die Sträflingsstadt von Siedlern und Souvenirjägern geplündert. Und den Rest besorgten Ende des 19. Jahrhunderts drei Buschfeuer. Was erhalten ist, steht unter Denkmalschutz und wird – vielleicht nicht immer zur Freude aller Australier – als Zeugnis der eigenen Vergangenheit vorgeführt. Dia-Shows, Museen und Führungen machen den Besucher mit dem Alltag der Gefangenen bekannt. Zum Teil sind die Häuser und Einrichtungen nach alten Plänen neu erstellt worden.

Port Arthur nutzt den Horror der Historie als Touristen-Attraktion und als Bewußtseins-Alibi. Nur zögernd akzeptiert man jene Historiker, die beschreiben, daß es sich in Port Arthur im großen und ganzen leben ließ. In fast fünfzig Jahren starben von über hunderttausend Häftlingen etwa zweitausend. Ein KZ oder GULag war Port Arthur nicht. Eher ist es ein Schlüssel zur tasmanischen Selbstfindung, denn Port Arthur steht für den Bruch mit der britischen Vergangenheit, für das belastende Sträflingserbe, für eine neue Disziplin, für eine beachtliche wirtschaftliche Kraft und vor allem für den erwachenden Willen, in der Neuen Welt mit der Neuen Welt zu leben. Port Arthur funktionierte als Strafkolonie, aber *auch* – und vielleicht vor allem – als Kolonie.

1830 erbrachten die dort hergestellten oder erwirtschafteten Produkte 188 Pfund, ein Jahr später bereits 2500 Pfund und 1834 immerhin 11380 Pfund. Erzgewinnung und Kartoffelanbau, Schuh- und Kleiderproduktion, Obst- und Kohlanbau, Schiffsbau und Holzverarbeitung – Port Arthur barst beinahe vor Produktivität. Und doch darf man über den Leistungen und dem Leistungszwang die Gefängnissituation nicht vergessen. Die, die auf der Halbinsel schufteten, hatten kaum eine Chance, sich dem System, dessen Teil sie waren, zu entziehen.

Flucht war nahezu ausgeschlossen. Eagle Bay Neck, die Landenge zur Forestier-Halbinsel, war praktisch unpassierbar. Sie wurde gleich nach der Gründung von Port Arthur dichtgemacht. Wachmannschaften und ein Hundekordon stellten ein unüberwindbares Hindernis dar. Es war nur schwer möglich, die Landenge im Bogen zu umschwimmen oder zu umschiffen. Aber selbst wer das schaffte und unbemerkt die angrenzende Halbinsel erreichte, der hatte dort eine weitere Landenge, East Bay Neck, zu bewältigen. Von der Tatsache abgesehen, daß im 19. Jahrhundert durchaus nicht alle Menschen schwimmen konnten, streute Port Arthurs Komman-

245

dant zur Abschreckung noch das Gerücht aus, daß es im Meer von menschenfressenden Haien nur so wimmelte.

Den neben Hobart und Launceston florierendsten Flecken Tasmaniens, die Tasman Peninsula, durfte niemand ohne Sondererlaubnis des Gouverneurs betreten. Und die, die sie ohne Erlaubnis verlassen wollten, kamen meist nicht sehr weit. Wer sich etwas zuschulden kommen ließ, wanderte in das sogenannte Separate oder »Model Prison«. Diese Einzelhaftanstalt wurde vor allem für die Unverbesserlichen errichtet. Und zwar nach britisch-amerikanischen Vorbildern. Man ging dabei von der These aus, daß Straffällige durch strenge Isolation schneller wieder brauchbare Mitglieder der Gemeinschaft würden: Wer keinen Kontakt zu Mithäftlingen habe, könne während der Haft nicht noch zusätzlich verdorben und in seiner Entfaltung zu höherem Menschentum behindert werden.

Ein Isolationssystem wurde entwickelt, das den Häftling dazu zwingen sollte, über sich und seine Taten nachzudenken. Im kreuzförmig angelegten Bau des »Model Prison« konnte der in seine Einzelzelle gesperrte Häftling keine einzige unkontrollierte Bewegung tun. Um 6 Uhr früh hatte er seine immerhin mit einem Waschbecken ausgestattete Zelle zu säubern, um 6.30 Uhr – kontrolliert durch ein Guckloch – seine Arbeit aufzunehmen, Schuhe herzustellen oder Kleider zu nähen. Um 7.30 Uhr gab es Frühstück; dabei wurde streng darauf geachtet, daß es zu keinerlei Kontakt zwischen Häftling und Wärter kam. Um 8 Uhr war Ausgang oder Gottesdienst. Bevor er seine Zelle verließ, hatte der Sträfling eine Gesichtsmaske aus Stoff über den Kopf zu ziehen. Auf dem Weg zur Kapelle oder zum Innenhof hatte er unter allen Umständen zwei Meter Abstand zum Vorder- und Hintermann zu halten. Sogar im Gottesdienst setzte sich das Zellensystem fort. Jeder einzelne Häftling nahm Platz in einer durch Trennwände abgegrenzten Kapellenzelle. Saßen alle Häftlinge, schob das Wachpersonal Stahlriegel davor. Dann durften die Häftlinge ihre Sehschlitzmasken abnehmen. Nach links und rechts war ihnen der Blick genommen, der einzige Mensch, den sie sehen konnten, war der Pfarrer am Altar – und sie durften zum ersten und einzigen Mal ihre Stimme erheben: zur Ehre des Herrn. Denn im »Model Prison« herrschte absolutes Sprechverbot. Wer sich ans Wachpersonal wandte, mußte flüstern.

Um 9 Uhr wurde die Arbeit in der Zelle wiederaufgenommen. Um 13 Uhr gab es Mittagessen. Nach der Nachmittagsarbeit wurde um 17 Uhr das Abendessen durch die Zellentür geschoben. Um 19 Uhr durfte die Arbeit eingestellt werden. Jetzt konnte sich der Häftling der Lektüre widmen – jede Zelle war mit einer Bibel ausgestattet. Um 21 Uhr wurden die Lichter gelöscht.

Wer sich irgendeiner Anordnung widersetzte, wanderte in eine der Dunkelzellen. Dreißig Tage lang drang kein Lichtschimmer in seine hermetisch abgeschlossene Welt. Einzige Nahrung: Brot und Wasser – durch ein kompliziertes Tür- und Klappensystem gereicht, das jeden Lichteinfall verhinderte.

Dieses als reformerische Offenbarung gepriesene Mustergefängnis trug erheblich zum Schreckensruf von Port Arthur bei – und es erwies sich als Katastrophe. Die Isolationsfolter brach den Menschen, aber sie besserte ihn nicht. Die jeder menschlichen Berührung und jedes verbalen Kontakts beraubten Sträflinge trieben in den Wahnsinn. Das Asyl für Geisteskranke füllte sich. Die von den Briten installierte Schule des Schrekkens hatte allenfalls als Abschreckungseffekt ihre Funktion.

*N*och mehr Schlagzeilen als das »Model Prison« aber machte die auf der Point-Puer-Landzunge gelegene Haftanstalt für Knaben. Der Gerüchteküche nach herrschten da so unbeschreibliche Zustände, daß die Elf- bis Achtzehnjährigen an den Rand der Verzweiflung geraten mußten. Zwei von ihnen sollen über die Klippen – heute Selbstmordklippen genannt – in den Tod gesprungen sein.

Auch wenn Historiker später nachzuweisen versuchten, daß der erste Knabe am Klippenrand von Point Puer ausrutschte und der zweite von seinen Kameraden in den Tod gestürzt wurde – bei der Fahrt im Touristenboot vorbei am Point Puer bleibt die Legende von den gequälten und verzweifelten jungen Selbstmördern lebendig. Vielleicht tut es gut, sich die Hölle auf Erden in glühenden Farben auszumalen – um sich und anderen zu beweisen, welche Folter ein Kolonialsystem für die geringsten Vergehen bereithielt und was die Vorfahren durchzustehen hatten, um freie und unabhängige Menschen zu werden.

In Port Arthur wurde gestraft und geprügelt. Man sagt, im Knabengefängnis hätten sodomistische Praktiken geherrscht; man sagt, man hätte die Kinder hungern lassen und in Kellerkerker gesperrt. Glaubhafte Chronisten indes versichern, diese Verliese hätten nur als Waschküchen und Backstuben gedient. Es wird wohl nie mehr zu klären sein, wieweit die Port-Arthur-Exzesse reichten und wie berechtigt die Behauptung

eines David Burns ist, der 1842 behauptete: »Englands
arme, aber tugendhafte Kinder wären überglücklich,
wenn sie die Verköstigung, die Unterkunft, die Kleidung und die Ausbildung der Kinder von Point Puer
hätten.«
Tatsache ist, daß die Jungen Unterricht erhielten, aber
auch zu Gartenarbeit, zum Roden des Landes und zur
Ernte eingesetzt wurden. Sie halfen mit beim Schiffsbau, in der Buchbinderei, der Schneiderei und beim
Schuhemachen. Die erste Hälfte des Tages galt dem
Unterricht, die zweite der Arbeit. Samstag war frei.
Zweimal in der Woche verkündete man den Knaben von
Point Puer Gottes Wort. Wie viele von ihnen auf der
zwei Hektar großen Toteninsel starben, wird für immer
ungeklärt bleiben. Ungeklärt auch, wie viele der zu sieben bis vierzehn Jahren Gefängnis verurteilten Kinder
es schafften, das stolze Reformgefängnis zu ihrem Vorteil zu nutzen.

Island of the Dead, die Toteninsel, die »Kleine Insel«,
wie die Häftlinge sie nannten, ist heute ein National-
denkmal. Nicht zuletzt der Seuchen wegen hatte
Charles O'Hara Booth den Port-Arthur-Friedhof auf
die ehemalige Opossum-Insel verlegen lassen.
1769 Sträflinge und 180 freie Männer und Frauen wurden auf der Toteninsel bestattet. Für die Soldaten und
Wachmannschaften errichtete man Grabsteine, die
man heute mit allen restauratorischen Mitteln zu bewahren trachtet. Für die toten Strafgefangenen gab es
nicht einmal ein Kreuz überm Grab. Sie fanden auf dem
flachen Inselgrund ihre letzte Ruhestätte. Die Inselhü-
gel waren für ihre Bewacher reserviert.
Faktotum des Totenreichs war ein Strafgefangener na-

mens Mark Jeffrey. Er hatte sich freiwillig zur Insel versetzen lassen, denn er galt als hoffnungsloser Fall ohne jede Chance auf Rehabilitation. Jeffreys Job war es, die notdürftige Einsegnungshalle – im Grunde nur ein Unterstand für schlechtes Wetter – in Ordnung und ständig zwei Gräber in Bereitschaft zu halten: das eine für einen Protestanten, das andere für einen Katholiken. Heimlich hatte Jeffrey, der auf der Insel eigenes Obst und Gemüse zog und eine kleine Hütte bewohnte, freilich noch ein drittes Grab ausgehoben – eines für sich selbst.

Doch Jeffrey ruht nicht auf dem Grund seiner Insel. Als Port Arthur 1877 aufgelöst wurde, ging Mark Jeffrey nach Launceston. Da lebte er als bedingt freier Mann, strickte emsig am Port-Arthur-Garn, gab den neugierigen Journalisten willig skandalhaltige Convict-Stories zum besten und schrieb unter dem Titel »Das Leben eines Diebes« schließlich sogar seine Memoiren. 1903 starb er, 79 Jahre alt.

Und die Gegenwart auf der Insel der Toten? Verwitterte Sandsteine bezeugen australische Geschichte.

So die von den drei Slaveley-Kindern. Das jüngste ertrank mit zweieinhalb Jahren in einem Brunnen neben der Kirche, das zweite, ein Mädchen, starb im Alter von fünf Monaten, und das dritte wurde immerhin achtzehn Jahre alt. Slaveley, hart vom Schicksal getroffen, war der Aufseher jener Strafgefangenen, die Australiens allererste Passagier-Eisenbahn »antrieben«. Der Tasmanien-Train verkehrte mit Strafgefangenenkraft zwischen Taranna und Oakwood und verkürzte den Reisenden aus Hobart den gefährlichen Schiffsweg um das Cape Raoul. Die Schienen bestanden aus Holz, die Waggons schob an jeder Ecke ein Convict. Auf halber Strekke wurden die Häftlinge gewechselt. Kommandant Charles O'Hara Booth war stolz auf diese Erfindung.

Ein einziger Convict hat es geschafft, mit einem eigenen Grabstein verewigt zu werden: ein gewisser John Owen. Er starb im Alter von 76 Jahren und hatte sieben Jahre lang beim katholischen Dekan Maquire als treuer Diener gearbeitet.

*E*in ganz anderes Experiment des Strafvollzugs exerzierte ein Captain Maconochie 1837 in Norfolk Island, 1 600 Kilometer nordöstlich von Sydney durch. Er hatte die Zustände in Port Arthur angeprangert und sollte als Kommandant von Norfolk Island andere Gefängniskommandanten moderne Reformmethoden lehren. Am 25. Mai 1840 öffneten sich die Zellentore in Norfolk Island. Gefangene und Aufsichtspersonal lagen sich einen Tag und eine Nacht lang bei Wein, Gesang und Theaterspektakel in den Armen. Im Vorfeld hatte Maconochie seine Versuchskaninchen händeringend gebeten, nicht über die Stränge zu schlagen – in ihrem eigenen Interesse. Die Sträflingsfete verlief dann auch ohne Zwischenfälle. Einige Monate später aber kaperten zwölf Norfolk-Convicts das Schiff »Governor Phillip«. Ihr Fluchtplan scheiterte, und sie wurden in Sydney hingerichtet.

Kurz darauf kam es zu einem Aufstand der Convicts. Wärter wurden erschlagen. Die Gefangenen und korruptes Wachpersonal ergriffen die Macht. Bis Sir John Price mit brutalen Methoden das Ende des Experiments einläutete. Er verschiffte die härtesten Burschen seiner wild gewordenen »Schützlinge« nach Port Arthur – und wurde später von Convicts erschlagen.

Mit Waffengewalt gegen Convicts-Schiffe

Die Flüchtlingsmisere und ihre Folgen

Solange es mehr oder weniger geschlossene Anstalten und Teufelsinseln gab, so lange versuchten Gefangene ihrem mehr oder weniger gerechten Schicksal zu entgehen. Auch Tasmanien machte da keine Ausnahme.

So setzten sich eines Tages 44 Sträflinge und neun Frauen Richtung China ab. Die meisten verhungerten, eine Handvoll Flüchtlinge kehrte erschöpft und demoralisiert zurück. Um Nachfolgetäter abzuschrecken, stellte man ein Schiff mit Offizieren und Convicts zusammen, ließ sie noch einmal Richtung China segeln, bis die Convicts an Bord aus eigener Anschauung die Sinnlosigkeit eines solchen Unterfangens einsahen.

Ein Strafgefangener verbreitete in Port Arthur in den glühendsten Farben, er habe im Herzen Tasmaniens eine riesige, paradiesische weiße Ansiedlung gesehen. Sie sei ein idealer Fluchtpunkt. Sein Märchen machte Furore. Es gab kein Mittel, den Phantasten von seiner Legende abzubringen. Auch als er 1835 in Hobart dafür hingerichtet werden sollte, hielt er eisern am schönen, aber aufrührerischen Gedanken vom unentdeckten Geheim-Paradies im Herzen Tasmaniens fest.

In den Jahren von Macquarie Harbour trieb die Häftlinge die schiere Verzweiflung zur Flucht. Man schätzt, daß fünfzig Prozent aller Häftlinge ihr Heil darin suchten und scheiterten. Tasmaniens Regenwald, eine undurchdringliche Wand aus Pflanzen und Bäumen, schien vielen die einzige Möglichkeit, unauffindbar unterzutauchen. 1822 verschwanden ein John Green und ein Joseph Sanders im Busch. Als sie nicht zurückkamen, folgten ihnen sechs weitere Männer – doch sie alle blieben für immer verschwunden; der Busch hatte sie verschlungen.

Ein Alexander Pearce versuchte bei seiner Flucht mit einer Gruppe von Männern, Boot und Busch zu kombinieren. Sie setzten sich erfolgreich ab, zerstörten ihr Boot und gingen in den Busch. Einige starben vor Erschöpfung. Einer der Häftlinge wurde vom Rest der Gruppe getötet – und gegessen. Am Ende lebten nur noch Pearce und ein gewisser Greenhill. Tagelang umschlichen sich die beiden und beobachteten sich. Beide wußten, daß einer sterben mußte, damit der andere vielleicht überleben konnte. Schließlich gelang es Pearce, Greenhill im Schlaf zu töten. Er aß ihn auf – und überlebte. Später wurde er gefaßt und nach Macquarie Harbour zurückgebracht.

Doch Pearce hatte seine Hoffnung auf Freiheit noch nicht begraben. Ein Mithäftling – er hieß Cox – überredete ihn, es noch einmal mit der Flucht zu versuchen. Beide setzten sich in den Busch ab. Greenhills Schicksal wiederholte sich. Pearce tötete Cox und lebte von dem Leichnam – bis er sich stellte und in Hobart hingerichtet wurde.

Eine der verrücktesten Fluchtgeschichten gelang einem gewissen Swallow. Er kaperte mit dreißig Häftlingen die »Cyprus«. Als sich dreizehn Kumpane seinen weiteren Plänen verweigerten, setzte Swallow sie aus – und überließ sie den tödlichen Attacken der Aborigines. Swallow kaperte auf dem Weg über Neuseeland und die Friendly Islands ein Schiff namens »Edward«, tötete dessen Captain, Waldron, und segelte als falscher Waldron nach Kanton, wo er eine abenteuerliche Hurrikan- und Piratengeschichte auftischte. Man glaubte sie ihm und ließ Waldron alias Swallow nach London segeln. Doch ein Schiff mit der Wahrheit an Bord traf vor Swallow und seinen Leuten in England ein. Swallow erfaßte die Situation und ließ sich kurz vor dem Ziel absetzen. Seine Leute wurden verhaftet. Schließlich erwischte man auch Swallow – die einzige Flucht, die bis England geführt hatte, war damit gescheitert.

Sehr zum Kummer der unbescholtenen Siedler verliefen die Grenzen zwischen ihnen und den Strafgefangenen fließend. Viele der Convicts hatten sich eine bedingte Freiheit erkämpft, erarbeitet oder erwarteten sie. Viele von ihnen waren Paßgänger, die sich relativ frei bewegen konnten. Viele waren Freigänger, die sich ab und an zu melden hatten. Nur der harte Kern der Männer, Knaben und Frauen befand sich unter permanenter Kontrolle von Militär, Wachpersonal und Polizei.

Immer wieder kam es vor, daß halbfreie Sträflinge erneut kriminelle Handlungen begingen. Sie überfielen Siedler, vergewaltigten deren Frauen, machten die kleinen Städte unsicher, versuchten, Tasmanien unter ihre Kontrolle zu bringen. Das »Bushranger«-Problem drohte die Insel bereits 1813 in die Anarchie zu stürzen. Als New-South-Wales-Gouverneur Macquarie für alle Bushrangers, die sich keine Mordtaten hatten zuschulden kommen lassen, eine Generalamnestie verkündete, griffen diese mit Plünderung, Vergewaltigung und Raub noch einmal in die vollen – und ergaben sich dann an dem von Macquarie deklarierten Stichtag.

Ein gewisser Michael Howe ernannte sich – denn die Amnestie beendete das Bushranger-Unwesen keineswegs – zum »Governor of the Ranges«. Zweimal überfiel er das Haus von Hobarts Polizeikommissar, er ermordete und beraubte Siedler, einem tödlich verletzten Kumpan schnitt er den Kopf ab, damit er nicht zur Beute von Kopfgeldjägern werden konnte. Dann stellte er sich der Polizei. Doch bald war er der Geborgenheit seines Haftlebens überdrüssig. Er setzte sich ab, rief seinen in alle Buschwinde verstreuten Haufen wieder zusammen, nahm seine Raubzüge erneut auf und wurde schließlich von V-Leuten in den eigenen Reihen in eine Polizeifalle gelockt und erschossen. Fünf Jahre nach dem Tod von Howe fand man sein Versteck – ein idyllisches Häuschen, das einen verzweifelten Traum von bürgerlichem Leben verriet.

Tasmaniens letzter großer Bushranger hieß Martin Cash. Er soll 1843/44 »regiert« und sich den Ruf eines Robin Hood errungen haben. Ärmere Siedler schonten Cashs Leute oder baten sie nicht so kräftig zur Kasse, bei den Reichen jedoch kassierten sie gnadenlos ab. Auch Cash hatte sich aus Port Arthur abgesetzt. Er hatte das Eaglehawk Neck umschwommen, wurde aber ein paar Meilen vor Hobart gefaßt. Er brach erneut aus, tat sich mit zwei profilierten Kumpanen – Kavanagh und Jones – zusammen, überfiel einen Militärposten und spielte sich als Herrscher der »Ranges« auf.

Als Cashs Frau den Behörden in die Hände fiel, drohten Cash, Kavanagh und Jones dem Gouverneur, Sir John Franklin, schriftlich Prügel an, wenn er sie nicht sofort laufenlasse. Dieser »Freundschaftsbrief« wurde mit einer größeren Suchaktion und einer höheren Kopfgeldprämie beantwortet. Daraufhin streifte Cashs Truppe kreuz und quer durchs Land, »befreite« bei den Siedlern arbeitende Convicts und lieferte sich mit den Suchmannschaften siegreiche Gefechte. Als sich Kavanagh mit der Waffe selbst verwundete, organisierte Cash einen Arzt – gab dann jedoch Kavanaghs Wunsch nach, ihn den Behörden auszuliefern.

Die Eifersucht wurde Cash schließlich zum Verhängnis. Weil er gehört hatte, seine inzwischen freigelassene Frau lebe in Hobart mit einem anderen zusammen, ging Cash nach Hobart, um das Paar umzubringen. Er wurde erkannt, erschoß einen seiner Verfolger, wurde zum Tode verurteilt, schließlich aber zu lebenslänglich begnadigt. Er kam nicht nach Port Arthur, sondern nach Norfolk Island. Als man Norfolk Island auflöste, wurde Martin Cash Gärtner in Hobart – beim Gouverneur. Nach einem Neuseeland-Besuch blieb Cash dort und starb 1877.

Fünfzig verschiedene Convicts-Stationen gab es zeitweilig in Tasmanien. Die wichtigsten Punkte des Landes standen über Signalstationen miteinander in Verbindung. Es dauerte etwa fünfzehn Minuten, eine Nachricht – zum Beispiel die Beschreibung eines Flüchtigen – von Port Arthur nach Hobart zu übermitteln.

Die enorme Convicts-Präsenz und die Unfähigkeit der Behörden, die plündernden Bushrangers unter Kontrolle zu bringen, stellten für die Siedler ein nicht zu unterschätzendes Problem dar. Je lockerer der Strafvollzug war, desto finsterer blickten die Siedler in die Zukunft. Der ursprüngliche Gedanke, die Siedler durch die Convicts mit billigen Arbeitskräften zu versorgen, hatte sich geradezu ins Gegenteil verkehrt. Freigekommene Strafgefangene nahmen Arbeitern die rar werdenden Arbeitsplätze weg und bestahlen die, die Arbeit zu vergeben hatten.

Als sich 1841 die Möglichkeiten für die Convicts noch verbesserten, spitzte sich der Konflikt Siedler/Convicts zu. Die Presse führte im Namen der Siedler eine Kampagne gegen das Reformsystem. Als sie scheiterte, zogen die Van-Diemen's-Land-Bürger die Konsequenzen. Bis 1841 waren pro Jahr um die dreitausend Siedler eingewandert. Nach dem Inkrafttreten der Verordnung kamen nur noch 26. Und 1844 erreichte die tasmanische Einwanderungsziffer den Rekord nach unten – es kam ein einziger Einwanderer.

Schlimmer noch. Tasmaniens sich bedroht und benutzt vorkommende Siedler, Handwerker und Pioniere verließen zunehmend die Insel – zu Tausenden. Sie zogen New South Wales den Zuständen vor, wie sie in Van Diemen's Land eingerissen waren.

Schließlich blieb London nichts übrig, als 1847 das gesamte System zu ändern: Man machte Convicts sofort zu Siedlern, die sich frei im Land bewegen und nach Erstattung der Überfahrt und nach Ablauf der Strafzeit freikaufen konnten. Man siebte also nicht mehr erst in Tasmanien die schweren Jungs von den Besserungswilligen, sondern bereits in England.

Der Weisheit letzter Schluß war aber auch diese Maßnahme nicht. 1853 wurde ein Stopp der Transporte verkündet. Immer mehr Siedler hatten die Landung der Convicts-Schiffe mit Waffengewalt verhindert. 1855 wurde die Insel unabhängig. Das bisherige »Van-Diemen's-Land« bekam einen eigenen Gouverneur und hieß in Zukunft zu Ehren von Abel Tasman »Tasmanien«.

Als 1877 Port Arthur aufgelöst wurde, begann das Land, bewußt mit dem Convicts-Erbe umzugehen und zu »Ehren der ungeehrten Toten« den »heiligen und historischen Ort« der Toteninsel zu restaurieren. Minen und Mühlen, Piers und Lagerhallen wurden zu Monumenten nationaler Identität. Doch Jahrzehnten des Erinnerns folgten Jahrzehnte des Vergessens.

In den dreißiger Jahren unseres Jahrhunderts war die Insel der Toten wieder so verfallen, daß dort vergeblich ein Garten der Erinnerung geplant wurde. Seit 1971 wird sie vom »National Park and Wildlife Service« betreut. Man hat gerettet und bewahrt, was einer der Angelpunkte tasmanisch-australischer Historie bleiben wird.

Wer mit dem nach Port Arthurs berühmtesten Kommandanten Captain Charles O'Hara Booth genannten »T.S.M.L. O'Hara Booth« heute zur Toteninsel fährt, bekommt ihre Chronik per Tonband zu hören. Man geht vom Landungssteg der Insel hoch zu den sanften Hügeln der Grabsteine. Vielleicht über die Gräber jener Convicts, die hier begraben liegen und für die – außer einer Zahl – keine Erinnerung im Garten der Erinnerung geblieben ist.

Und doch: Wer die Toteninsel, Port Arthur, ganz Tasmanien sieht, wird nicht leugnen können, daß hier ein gewaltiger Selbstfindungsprozeß im Gang ist. Über 120 000 Convicts lebten in den 47 Port-Arthur-Jahren im Brennpunkt der tasmanischen Strafkolonie. Sie haben nicht nur die tasmanische Halbinsel, sondern ganz Tasmanien mit geprägt – und das Land hat sie geprägt.

Ein Traum, der Hobart heißt

Stadt der Hoffnung und Verzweiflung

*H*obart, das war für viele der Traum von Freiheit, Unabhängigkeit und Reichtum. Die meisten Convicts waren nach Port Arthur gekommen aufgrund von Vergehen, die kaum »kriminelle Energie« voraussetzten, sondern eher von freiheitsbewußtem und gerechtigkeitsliebendem Individualismus zeugten. Nicht zu zähmende liberale Charaktere wurden hierher abgeschoben – durchaus auch mit dem Hintergedanken, daß diese Kolonie Ihrer Majestät nur von einem solchen Menschenschlag nutzbringend zu bewältigen sein würde. Van Diemen's Land, das so groß ist wie ganz England, hatte damals weniger Einwohner als London.

Vielleicht ist es anmaßend, sich in den Ruinen Port Arthurs vorzustellen, wie da das Leben vor einhundert bis einhundertfünfzig Jahren war. Wie Gerüchte und Legenden unter den Häftlingen blühten. Wie es Tausenden von Häftlingen in den Köpfen und den Fäusten brannte, ihre Bewacher und Peiniger einfach ins Meer zu werfen, auf den selbstgebauten Schiffen die Segel Richtung Norden zu setzen und das gelobte Land paradiesischer Möglichkeiten anzupeilen. Für die meisten von ihnen wurden die einhundert Meilen nach Hobart zur Strecke des Todes. Und die, die Hobart schließlich erreichten, kamen in eine Stadt, in der die Todesurteile nicht nur verhängt, sondern auch vollstreckt wurden.

*H*eute führt von Port Arthur nach Hobart eine gut ausgebaute Straße. Der Wald ist gelichtet: vielleicht eine

259

Folge der Bush-Mill, ein paar Kilometer vor Port Arthur. Sie funktioniert immer noch. Wo früher die Convicts Holz zum Schiffsbau aufbereiteten, demonstrieren heute alte oder altertümelnde Hütten, Sägen, Feuerstellen und Lagerhallen, daß hier zwar schlicht, aber umsichtig gelebt und gearbeitet wurde.

Die Härte der Arbeit läßt sich am Gelände noch ablesen, aber der Ausstellungscharakter dominiert. Lichtschranken setzen in der Schmiede oder an der Doktorhütte Tonbänder in Gang. Die anonyme Stimme erzählt von der nahen Vergangenheit, als läge sie Lichtjahre zurück. Schwer, anders mit solchen Dingen umzugehen.

Schwer auch, sich vorzustellen, was der Weg Richtung Norden für den Flüchtling bedeutete. Das Tasmanische Meer, das am Eaglehawk Neck gegen die Felsküste schlägt, hat gespenstische Formationen aus dem Stein gerissen. Devil's Kitchen, Tasman Arch und Blowhole. Das Meer kocht. Sich der Gewalt der Wasserbewegung entgegenzustemmen, hieß Gott versuchen. Da sich der Stein dem Stoß aus den Wasserweiten nicht gewachsen zeigte, wie konnte es einem Menschen gelingen, aus eigener Kraft die Landenge an der Pirates Bay zu umschwimmen, um Forestier-Peninsula zu erreichen?

Und doch mußten sie es riskieren. Denn der Kordon aus Bluthunden und Bewachern war noch unüberwindlicher. Und westlich von Eaglehawk Neck, in der Norfolk Bay, kontrollierten Patrouillen jede Bewegung. Und da war Taranna nah, die Eisenbahnverbindung nach Port Arthur. Nein, es blieb nur der Weg durch das tobende Element des Höllenfürsten und die Bucht der Piraten. Durch die Forestier-Peninsula. Hier wurde gestorben, gekämpft, Jagd gemacht. Bis zur nächsten Landenge, bis zur Blackman Bay, wo Abel Tasman zum erstenmal an Land gegangen war und die Insel »Van Diemen's Land« getauft hatte. Der Weg durch die Bay hinüber zu der Stelle, wo heute das Tasman-Monument steht. Hoffnung im Herzen. Der Wille, es diesmal zu schaffen. Koste es, was es wolle – auch das Leben der Kameraden.

Und oft, wenn diese letzte Hürde vor der paradiesischen Weite dieses »gelobten Landes« überwunden schien, wenn sie glaubten, aufatmen zu können, ergriff sie eine Patrouille. Hobart im Blick, zerrannen ihre Illusionen. Und in Hobart wartete der Galgen oder die Verbannung in die Dunkelzellen Port Arthurs – zurück ganz an den Anfang der Stufenleiter. Noch einmal von vorne beginnen? Den Weg der Anpassung wählen oder eine zweite Flucht riskieren, die besser vorbereitet wäre, weiter führen, Hobart umgehen würde? Mußten sie nicht Hobart als Idylle in Erinnerung behalten, wenn sie vom Constitution Dock weiterverschifft wurden nach Port Arthur?

*H*eute stellt sich die Stadt selbstbewußt ihrer Vergangenheit. Der Blick zurück wird nicht mehr als Belastung empfunden, sondern als Chance.
Im Wrestpoint-Casino wird vom Nachmittag an gespielt. Klein-Las-Vegas. Wie abgerissen auch immer, in Turnschuhen oder ohne Schuhe, im Smoking oder Sweatshirt, in Jeans oder im Hawaiihemd – hier zählt einzig und allein der Umsatz. Die Hotel-Fernseher sind zu Monitoren umfunktioniert, die dem Glücksspielgeschehen einen weiteren Radius sichern. Man kann sich sogar von den Zimmern aus beteiligen. An den Tischen Menschentrauben. Die Fluktuation ist per-

manent, der Lärm ohrenbetäubend, die Atmosphäre stoßzeitartig.

Könige des Casinos sind die Asiaten – Chinesen aus Hongkong. Berge von Chips häufen sich vor ihnen, dezimieren sich im Minutentempo, türmen sich wieder auf. Man sagt, sie verlassen das sinkende Schiff Hongkong, bringen es im langsamen Australien schnell zu Millionen – und schaufeln ihr Geld wieder unters Volk. Sie sind nicht auf elegant getrimmt. Sie wirken unrasiert, tragen bunte, offene Hemden. Doch in ihren Gesichtern stehen nicht nur die Spuren des Spiellasters. Viele von ihnen sind Muster der Selbstbeherrschung – Erbe einer vieltausendjährigen Tradition. Gewinn und Verlust in astronomischer Höhe. Die Andeutung eines Lächelns oder eine unmerkliche Feuchtigkeit der Haut – mehr zeigt sich von ihrer inneren Erregung nicht.

Woher ihr Reichtum stammt? Sie sehen nicht nach Computer- oder Kleiderhändlern aus, eher nach Drogen- und Waffenhändlern. Aber der Eindruck mag trügen. Vielleicht bangen zu Hause fleißige Familien wegen der Leidenschaft der Väter und Söhne.

So wild bewegt das Casino-Leben bis tief in die Nacht hinein sein mag, so streng ist das Regiment im Drehrestaurant oben auf dem Wrestpoint-Hotel. Ich begehe den Fehler, unaufgefordert das Restaurant zu betreten, wo Freunde bereits Platz genommen haben. Der Oberkellner verfolgt mich durch das Restaurant, fordert mich auf, die Regel »Wait to be seated« (Warten Sie, bis man Ihnen einen Platz zuweist) einzuhalten. Ich ignoriere ihn, erkläre ihm, daß meine Freunde bereits sitzen, die Platzfrage also geklärt sei. Er wird laut, will mich zwingen, umzukehren. Ich mache ihn darauf aufmerksam, daß ich kein Convict sei, sondern ein freier Mann. Auch das beeindruckt ihn nicht. Schließlich fügt er sich in das Unvermeidliche, denn wir haben die Freunde erreicht. Mit zornbebendem Gesicht schiebt er mir einen Stuhl zurecht.

Dann erliegen wir dem Blick über den Derwent, den natürlichen Hafen Hobarts, über die Stadt, hoch zu den Bergen, über die Weite des Landes. Die Lichter verwandeln die Kulisse zur Traumkulisse.

Battery Point, das erste von den Convicts erbaute Wohnviertel, ihm gegenüber Bellerive. Der Blick reicht über die Tasman Bridge hinüber nach Risdon, wo Hobart geboren wurde, hoch zum Mount Nelson. Berge. Meer. Die Bucht. Lichter. Raum. Leben. Perspektiven, die noch unendlich zu sein scheinen.

Salamanca Place. Vor den weißen, in den dreißiger Jahren des vorigen Jahrhunderts gebauten Lagerhallen ist Markt. Ähnlich einem unserer Flohmärkte. Das Geschäftsleben der umfunktionierten Lagerhallen scheint sich nach außen gestülpt zu haben. Dazu private Anbieter, die alles gesammelt haben, was die ersten und die letzten Siedler auf Frachtschiffen und Containern ins Land schleppten. Die Mischung ist britisch-amerikanisch. Noch dominiert im Trödel das englische Element.

Es sind nicht nur Tasmanien-Touristen, die über den legendären Markt pilgern, in alten Büchern, Postkarten und Klamotten stöbern, die Produkte tasmanischen Kunstgewerbes begutachten. Man hat das Gefühl, das noch nicht einmal 200 000 Einwohner zählende Hobart ist eine Millionenstadt.

Weltoffen auch, was in den edel umfunktionierten Lagerhallen untergebracht ist. Galerien, ein Japan-Shop, Restaurants, Buchhandlungen, Cafés, Reisebüros – und die Geschäfte sind voll.

Minuten später. Wir kommen von einem Bummel durch Battery Point auf den Salamanca Place zurück. Die Tausende sind wie vom Erdboden verschluckt. Die letzten Stände werden abgeräumt. Eine in dichter Reihe arbeitende Reinigungskolonne spritzt den Salamanca Place blank. Porentiefe Vollreinigung mit allen Weiß- und Saubermachern der Erde. Kein Papierschnitzel, keine Kippe, kein Staubkorn scheint dem entschlossenen Reinigungstrupp entgehen zu können. Wie ein Spuk, was sich noch vor Minuten hier abspielte.

Nicht weit vom Salamanca Place: ein Chalet wie ein Puppenschloß inmitten eines Juwels altbritischer Garten- und Pflanzenkunst. An dieser Idylle kann man unmöglich vorübergehen. Im Näherkommen identifiziert man es als Restaurant, eines von der Luxusklasse. Man diniert hier wie in alten Zeiten mit Tradition und Kultur, Ritual und Zeremonie. Doch das auf leichter Anhöhe gebaute Schlößchen ist nur die Krönung eines modernen Hotels, das eine Etage tiefer in den Hügel gebaut und auf den ersten Blick nicht zu sehen ist.

An den Docks wird ein Schiff verabschiedet. Eines jener Traumschiffe, die Passagiere von Hafen zu Hafen befördern, vielleicht rund um die Welt. Neugierige am altgedienten Pier. Von einem Begleitschiff ertönt Musik. Sie sollen Hobart und Tasmanien in guter Erinnerung behalten. Es wird gewunken. Die Schiffssirene ruft zurück. Was mag in denen vorgehen, die hier zurückbleiben? Was in denen, die jetzt hier ablegen und den Derwent hinunter zum Meer geleitet werden?

Nehmen sie mehr mit als Touristeneindrücke, Postkarten- und Fernsehperspektiven, die sie im Zeitalter der allgegenwärtigen Medien ohnehin schon kannten? Ohne alle Konsequenz für ihr Leben und ihre Zukunft. Oder werden einige von ihnen als Einwanderer zurückkehren?

Und dann doch wieder Vergangenheit: Anglesea Barracks, die älteste Kaserne Australiens; Parliament House, eines der ältesten Parlamente Australiens; das Theatre Royal, das älteste Theater Australiens.

Wir fahren hoch zum Mount Nelson, vorbei an den luxuriösen Villen mit dem View über den Derwent, über Hobart und über die Storm Bay hinüber nach Port Arthur. Auf dem Mount Nelson steht die älteste Signalstation, 1811 gebaut, adrett weiß gestrichen. Port Arthurs Kommandanten hatten ein präzises Code-System entwickelt, um den Viertel-Stunden-Rekord der Nachrichtenübermittlung zu erreichen. Sie wirkte letztlich abschreckender als Dunkelzelle und Isolationshaft, als Sklavenarbeit am Zug und Norfolk-Island-Horror.

Dieser weiße Signalposten über Hobart, auf dem Berg des Überblicks und des Weitblicks, erwies sich als unüberwindliches Hindernis für die, die mit der Hoffnung der Verzweiflung nach Hobart flohen und plötzlich vor Constables standen, die, Rachegöttern gleich, aus dem Nichts auftauchten. Alles wissend.

Mount Nelson, der Berg der beherrschen half, der Berg, der die Walfänger – Hobart war eine Zeitlang der größte Walfanghafen Englands – leitete und begleitete, der Berg, der die Siedler vor der Anarchie der Convicts und Bushmen schützte.

Westwärts von Hobart, 1271 Meter hoch, steht ein anderer Berg, Mount Wellington. Ich weiß nicht, ob er einer der heiligen Berge der Aborigines war, die 1803/1804 mit Waffengewalt aus dem Gebiet des heutigen Hobart vertrieben und in der Deportation auf Flinders Island im Norden Tasmaniens ihrem Schicksal entgegen vegetierten. Mount Wellington ist kein Berg wie der Uluru, kein magisches Sonnenspektakel läßt ihn glühen.

Die Wolken hängen tief, als wir auf den Mount Wellington fahren. Buschfeuer, die den Regenwald an einigen Hängen zerstörten, haben mahnend weiße Baumfinger im Stein zurückgelassen. Über der Straße ragt Felsgestein aus dem Berg, das sich jede Minute auf die Eindringlinge zu stürzen droht. Der Regenwald, der sich links türmt, ist wie eine Wand aus Gewächsen, eine Mauer, die ihr Geheimnis nie preisgeben wird. Wer sie stört und zerstört, wer sie rodet und durchstößt, vernichtet, was er sucht.

Die Sicht reicht einige Meter weit. Tiere schreien. Steine liegen auf der Straße. Das Weiß und Grau des Wolkenniesels hüllt unser Auto ein, trägt es durch die bizarre Wald- und Steinlandschaft. Höher hinauf, an Abgründen und Schluchten vorbei, vorbei an wechselnden Wald- und Buschflächen, auf einer sich von Meter zu Meter verändernden Straße.

Wir wissen, daß dies ein irrationales Unternehmen ist. Aber die Fahrt geht weiter. Statt des Blicks in die Weite des tasmanischen Westens, ein Blick in die europäische Seele? Es ist wie ein Zwang.

Wir lassen Bäume, Busch, Gehölz, allen Pflanzenwuchs zurück. Die Straße führt an einer Fernsehstation vorbei und endet in einer Steinwüste. Steine, die sich zum Gip-

fel türmen. Die Felsen sind glitschig. Der Blick vom
höchsten Punkt reicht nicht einmal hinunter bis zum
Auto. Die Picknick-Plätze, die steingebauten Toiletten,
der Parkplatz und das hermetisch verschlossene Gebäude, alles ist in Wolken getaucht. Ihre sanfte Durch-
lässigkeit wird zum Symbol dessen, was uns umgibt.

Auf dem Mount Wellington, an diesem regnerischen
Tag im australischen Frühsommer, habe ich zum er-
stenmal geahnt, warum Berge den Eingeborenen als
Göttersitze gelten... Der Berg als Nahtstelle zwischen
Diesseits und Jenseits, Leben und Tod, Ausblick und
Einblick, Welt und Seele, Mensch und Gott.

Kontrollierte Paradiese

Launceston und Umgebung

Tasmanien ist die Wiege der australischen Grünen-Be-
wegung. Um Landschaft und kulturelles Erbe zu bewahren, verhinderten die Tasmanier den Bau des Gor-
don-below-Franklin-Staudamms. Fährt man durch die
Insel, kann man verstehen, warum sich der Umwelt-
schutzgedanke hier früher und kraftvoller als anderswo entwickelte.

Das Land ist wild, aber auch da, wo es unberührt
scheint, dicht an der Grenze zur Kulturlandschaft. Der
Umweltschutz konnte bisher die Zerstörung riesiger
Waldgebiete nicht verhindern. Die Trassen, die in die
Wälder zwischen Midland Launceston und Tasman
Highway an der Ostküste geschlagen wurden, haben of-
fensichtlich die Funktion von Forststraßen. Die Wälder

rechts und links davon sind gerodet und gelichtet. Das Rot der Erde führt einen siegreichen Kampf gegen das Grün. Wie vom Lineal gezogen. Die Fahrbahn ist noch schlecht, löst sich bei Regen auf und hinterläßt bei Trockenheit riesige rote Staubwolken.

Tasmanien ist kontrollierbar. Anders als der australische Kontinent, dessen Entdeckung – sprich Ausbeutung – längst nicht abgeschlossen ist; wo man immer noch auf Aborigines-Stämme stoßen kann, die nie einen Weißen gesehen haben, und wo der »bushwalk« ein Abenteuer ist, das tödlich enden kann. Tasmanien, die Insel, Urlaubsmetropole und Glücksspielinsel der Retortenkapitale Canberra, ist vielleicht nicht ganz erschlossen, aber sie ist sozusagen verteilt.

Man fährt durch Gegenden von der Größe eines deutschen Landstrichs mit Tälern, Wäldern und Weiden und entdeckt erst nach einer halben Stunde, wer dieses Reich beherrscht – ein Siedler, der sich am Wasser, sein Land im Blick, niedergelassen hat. Sein Landsitz ist nicht viel größer und nicht viel aufwendiger als ein deutsches Eigenheim in irgendeiner Vorstadt. Ein Häuschen, das ein Paradies beherrscht, so weit das Auge reicht.

Launceston, 200 Kilometer nördlich von Hobart, erschließt den Norden der Insel. Keine Stadt ist gepflegter, keine geordneter, keine verrät weniger, wovon ihre Bürger leben. Die historischen Häuser aus den zwanziger und dreißiger Jahren des vorigen Jahrhunderts, die aufwendig renovierten Windmühlen, die das Stadtbild mit prägen, die Kirchen, die Banken, die Hotels, die Verwaltungsgebäude – 19.-Jahrhundert-Architektur und Moderne gehen hier nicht auf Konfrontation. Das

Nebeneinander ist ein Miteinander des Soliden, Geschmackvollen.

Zwei Jahre nach Hobart, 1806 gegründet, hat Launceston heute 87 000 Einwohner. Sie leben von der Landwirtschaft, aber auch von Maschinenbau und Textilindustrie. Die Parks von Launceston gehören zu den schönsten Australiens. Die Schlucht des South Esk River ist eine der malerischsten Szenerien des Landes. Von der Gewalt, die auch diese Stadtgründung erzwang, von den Konflikten der Siedler und Convicts, vom Druck, unter dem das Land erschlossen und der Eisenbahnweg nach Hobart gebaut wurde, ist hier nichts zu verspüren. Doch der Wille, sich zu etablieren, bürgerliche Solidarität auszustrahlen, Altes und Neues zu integrieren, ist unverkennbar.

Nichts demonstriert das vielleicht mehr als der Penny-Royal-Komplex, eine Art Disneyland aus Getreidemühle, Windmühle und Pulvermühle. Eigentlich sind die Stollen und Kanäle, Gebäude und Gänge, Wasserfälle und Schiffe, durch die heute Touristenströme geschleust werden, 1823 in Barton, etwa 60 Kilometer von Launceston entfernt, gebaut worden. 1973 hat man dann den ganzen fast 2 000 Tonnen schweren Komplex in Barton abgetragen und Stein für Stein originalgetreu in Launceston wiedererrichtet.

Von der Pulvermühle zur Wassermühle fährt eine 1912 gebaute, sorgfältig restaurierte Tram, die ursprünglich in der City verkehrte. Man hat sie hierher verlegt. Souvenir-Shops, Selfservice-Restaurants, Kommentare vom Tonband. Der Eindruck von Kulissenwelt, von Ideallandschaft verstärkt sich eher noch, wenn man Penny World verläßt und zurück in die City von Launceston fährt. Ein See auf dem Weg zum Tasman Highway: Lake Leake. Am Südufer pionierhafte Holzhäuser, Plätze für Barbecues, ein schmaler Weg. Der See selbst ist eine ruppige Idylle mit offenen Ufern, die im Morast verlaufen. Baumwipfel, die gespenstisch aus der blauen, stillen Wasseroberfläche ragen. Zeichen dafür, daß Lake Leake ein künstlich angelegtes Wasserreservoir ist? Oder ist er ein Stück unberührte Natur, eingespannt in den Lauf des Elizabeth River, der sein Wasser die Snow Hills herunter nach Campbell Town und weiter bis Launceston trägt? Nichts wäre sinnvoller, als hier am Fuß der Berge einen See anzulegen, der Hochwasser speichert und in Zeiten der Dürre abgibt.

Ein Stück Natur, wild, exotisch, düster, bedrohlich, unwegsam, malerisch. Ist die Frage noch wesentlich, ob weitblickende Menschen diesen See angelegt oder vergrößert haben oder ob ihn sich »die Natur« selbst geschaffen hat? Die Tasmanier scheinen hier den Schlüssel gefunden zu haben, mit der Wildheit der Wälder, der Steppenszenerien und der Strände zu leben.

Wir machen halt in einem der Orte, die über dem Tasman Highway die Küste erschließen. Orte, die kaum mehr als eine Handvoll Häuser, eine im vorigen Jahrhundert gebaute Lodge und ein paar Querstraßen zum Highway aufweisen. Wir gehen in eine Kneipe, die an die wildeste Buschkneipe erinnert. Dunkel, rauchig, ein paar bärtige Männer, die trinken. Fischer vielleicht. Maria Island ist nah. Der Charme des Urigen aber ist hier eine unüberwindbare Mauer der Gleichgültigkeit, des Schweigens. Das Haus ist »historisch«. Der Raum, in dem gewartet und getrunken, einsilbig gesprochen und mißtrauisch geblickt wird, ist über 160 Jahre alt. Die Menschen haben sich nicht nur in ihm eingerichtet,

270

sie haben ihn sich hergerichtet. Die Fassade, den Flur, allenfalls noch den Gang zum geschlossenen Restaurant, zu Terrasse und Hotelzimmer kann man mit nostalgisch rückwärts gewandtem Blick betrachten, nicht aber diesen von Menschen beherrschten, bestimmten und vollständig erfüllten Raum. Es ist früher Nachmittag. Kaffee ist nicht zu haben. Kaum eine Antwort auf unsere Frage.

Ein Supermarkt scheint das einzige Geschäft am Ort zu sein. Nichts, was es nicht gibt, von Büchern bis zu Campingartikeln, von Kleidung bis zu Nahrungsmitteln. Ein Kaufhaus auf 150 Quadratmetern, das gleichzeitig Reisebüro, Wettannahmestelle, Apotheke, Parfümerie ist. Was man hier nicht findet, ist im Umkreis von hundert Kilometern nirgends zu haben.

Und ein paar Häuser weiter eine Art Café. Oder ist es das einzige Restaurant? Das Mädchen hinter der Theke hört nicht auf, sich mit den zwei Gästen zu unterhalten, die auf Hockern vor ihr sitzen, als wir eintreten. Kein Wort des Gesprächs ist zu verstehen. Aber es ist eigentlich kein Gespräch. Es ist der langsam, unendlich gemächliche Austausch von Satzbrocken. Wort um Wort. Pausen von zwei, drei und mehr Sekunden zwischen jedem der Wörter.

Wir sind noch nicht wahrgenommen worden. Werden wir je wahrgenommen? Wann bekommen wir die Chance, zu bestellen? Minuten vergehen. Allmählich verlangsamt sich der Rhythmus der Sprechenden bis zum Stillstand. Ihr Thema scheint erschöpft. Das Mädchen wendet sich uns zu.

Sind wir die ersten Fremden seit Stunden, Tagen, Monaten hier? Ein Blick trifft uns, der offen ist. Er enthält keine Frage. Er läßt uns die Freiheit, unsere Wünsche

271

zu äußern – oder nicht. Wir könnten auch gehen, und nichts würde sich am Ausdruck dieser Augen ändern. Es ist ein Blick, der Zeit hat und der Zeit läßt. Auch wenn Tausende hinter uns ständen, nichts könnte die gelassene Ruhe dieser Augen beeinflussen.

Wir sagen, was wir wollen. Unsere Wünsche lösen keine Reaktion des Verneinens, der Überraschung oder der Bestätigung aus. Hat sie das Mädchen überhaupt verstanden? Wir haben die Wahl, an der Theke zu bleiben oder in den angrenzenden Café-Restaurant-Raum zu gehen. Wir setzen uns ins Café.

Hier ist die Zeit stehengeblieben. Vielleicht in den vierziger, vielleicht in den fünfziger oder sechziger Jahren. Undefinierbar die Einrichtung zwischen Plastik und Holz, zwischen bunt, kahl und pittoresk. Eine Art Filmdekor um vier bis fünf Tische herum, mit einem Vorhang vor den Fenstern zur Straßenseite; Drucke und Originale von Landschaften an den Wänden und ein Durchgang zur Küche. Warten.

Zwei Männer kommen ins Café. Riesen. Sie schieben sich Tische und Stühle an die Körper. Sie schauen geradeaus. Ich glaube nicht, daß sie von uns überhaupt Notiz genommen haben. Wir erhalten, was wir bestellt haben.

Die beiden anderen Gäste bleiben wortlos. Ihr Blick ist ruhig, schwer. Ihr Schweigen ist kein Schweigen der Verlegenheit, es ist ein Schweigen, das in sich ruht. Warum reden, wenn nichts zu sagen ist, wenn alles klar ist? Die beiden Männer machen sich schließlich über zwei riesige Steaks mit Eiern und Pommes frites her. Sie führen Bissen um Bissen zum Mund, kauen bedächtig. Ihr Blick und der Ausdruck ihres Gesichts haben sich nicht verändert. Ihr Schweigen dauert an. Sie essen mit der Ruhe, mit der man zu atmen, zu schlafen hofft. Eins mit sich selbst. Als ihre Teller leer sind, stehen sie auf und verlassen das Café. Sie wirken noch größer, noch schwerer, noch irdischer als zuvor. Als sie gegangen sind, ist das Café leer – als ob sie einen Teil des Raumes, einen Teil von uns mit sich genommen hätten.

Botschaft der Toten

Richmond

*I*n den dreißiger Jahren des vorigen Jahrhunderts war es nach Hobart und Launceston die drittgrößte Stadt Tasmaniens. Knapp über 20 Kilometer von Hobart entfernt, ist Richmond heute kaum mehr als ein Vorort – eine Stadt, an der das Leben vorübergeht, eine Stadt im Abseits, ein Totenacker der Historie. Als man 1803 in der Nähe Kohle fand, nannte man Fluß und District »Coal River«. Auch freigelassene Sträflinge konnten hier siedeln. Man stellte ihnen Land gratis zur Verfügung. Das war 1815. Im Jahre 1824 nannte Lieutenant-Governor William Sorrell den Ort »Richmond« – im Auftrag von Gouverneur Macquarie, der die Gegend 1811 in Augenschein genommen und als Siedlungsland für gut befunden hatte.

Richmond und sein Coal River lagen an der Nahtstelle zwischen Hobart, Port Arthur und der Ostküste Tasmaniens. Es war einer der strategisch wichtigsten Punkte der Strafkolonie, bis 1872 der Sorrell Causeway eröffnet wurde und der Port-Arthur-Verkehr eine bequemere Verbindung hatte. Danach versank Richmond in

273

einen Dornröschenschlaf, der heute noch anzuhalten scheint.

Der 500-Einwohner-Ort wirkt verlassen, sauber, fast aseptisch – ein wie unter einer Glasglocke kultiviertes Museum, fast schon wie eines jener Dörfer, die man errichtet hat, um vergangene Bau- und Lebensformen zu dokumentieren. Der größte Teil der historischen Gebäude wird zwar zweckentfremdet genutzt, aber die historische Qualität bleibt unangetastet. Tee-Shops und Supermärkte, Museen und Galerien, Antiquitätenläden und Hotels öffnen den wenigen Touristen Tür und Tor auf die gut bewahrten Reste der großen Richmond-Vergangenheit.

Beim Gang durch die Straßen begegnen uns kaum Menschen. Auch Geschäfte und Galerien scheinen leer. Der Autoverkehr ist wie durch Zauberkraft zum Erliegen gekommen.

Die Relikte der Vergangenheit führen ein Eigendasein: das Courthouse (1825 gebaut), der Village Store (1826), eines der ältesten Kaufhäuser Tasmaniens, und der General Store (1826–1829), in dem die Post untergebracht war, die »Granary«, das Lagerhaus für Getreide, von dem aus die Getreidelieferungen per Schiff nach Hobart gingen, das Bridge Inn Hotel (1834), das Richmond Hotel (1830), das der Bruder des katholischen Pfarrers James Cothan betrieb, die alte Schule (1834), die St. Luke's Church of England, zu der Gouverneur Arthur 1834 den Grundstein legte, die von Sträflingen in drei Jahren Arbeit errichtet wurde und neunzig Jahre auf eine Glocke zu warten hatte.

Auch Richmond hatte – fünf Jahre vor Port Arthur – ein berühmt-berüchtigtes Gefängnis. Es bestand 1825 aus lediglich fünf Zellen, wurde von Jahr zu Jahr erweitert und 1840 mit einer Mauer umgeben. Der erste Häftling war ein auf die schiefe Bahn geratener Schulmeister namens W. J. Speed. 1829 saßen Aborigines vom Stamm der Stoney Creek unter ihrem Häuptling Umarrah hier ein. Der berühmte Bushranger Martin Cash soll hier auf seinem Weg zu irgendeiner Convicts-Station untergebracht gewesen sein.

Jedenfalls aber haben die Kettensträflinge, die beim Aufbau von Richmond eingesetzt waren, hier ihre Nächte und freien Tage verbracht. Seit 1823 bauten sie auch an der heute legendären Richmond-Bridge, die als die älteste Steinbrücke Australiens gilt. Es handelt sich um eine exakte Kopie einer Brücke aus dem Garten von Stourhead, einem Landhaus im britischen Wiltshire.

Die Brücken-Arbeit muß Fronarbeit gewesen sein. Man erzählt sich, daß die Sträflinge einen ihrer Aufseher, der sie mit Peitschenhieben traktierte, erschlugen und auf die Brückenpfeiler warfen. Sein Geist soll heute noch im Coal River und an der Brücke umgehen.

Diese vom königlichen Kommissar John Thomas Bigge 1820 geplante Brücke über den Coal River ermöglichte es Richmond, fünfzig Jahre lang eine Schlüsselrolle im tasmanischen Geschehen zu spielen – als Umschlagplatz für Getreide und Fleisch, Wolle und Kohle. Dauerhaftes Glück hat das couragierte Unternehmen Richmond jedoch nicht gebracht: Bereits 1828 drohten zwei der vier Brückenpfeiler im Grund des Coal River zu versinken und die Brücke mit sich zu reißen. Kaum waren sie repariert und der Strömung als Wellenbrecher angepaßt, hatte die Brücke als einer der wichtigsten Transportwege auch schon ausgedient.

Richmond im Rücken, führt sie auch heute noch über den Coal River, in die hinreißende Weite einer zauberhaften Landschaft: als kleines Monument einer Größe, die hoffnungslos vergangen ist im Land der Harbour Bridge Sydneys oder der Tasman Bridge Hobarts.

*L*asset die Kindlein zu mir kommen, denn ihrer ist das Himmelreich«, steht auf einem Grabstein nahe der St. John's Roman-Catholic Church. Beklagt wird der Tod des vier Monate alten Henry Emmet Fitzgerald, Sohn des nach Van Diemen's Land verbannten Thomas Francis O'Meagher und seiner Frau Catherine.
O'Meagher, einer jener irischen Rebellen, die England in seine Strafkolonie abschob, traf 1849 in Tasmanien ein und erhielt ein »Ticket of leave«, das es ihm erlaubte, sich in Campbell-Town bedingt frei zu bewegen. Da lernte er, als er die gebrochene Achse eines Reisewagens reparierte, Catherine Bennet kennen, heiratete sie 1851 im nahen Ross und zog mit ihr nach Lake Sorrell. Nach einigen Monaten Ehe-Idylle aber brach sich O'Meaghers irisches Temperament wieder Bahn: Er verließ seine Frau, zerriß seinen Freigängerpaß, organisierte vom rauhen nördlichen Teil der Insel aus seine Flucht nach Amerika, nahm dort am Bürgerkrieg teil und wurde später Gouverneur von Montana. 1867, im Alter von dreiundvierzig Jahren, ertrank er im Missouri.
Kurz nach der Flucht ihres Mannes brachte Catherine den kleinen Fitzgerald zur Welt. Vier Monate nach der Geburt starb das Kind. Catherine ging zurück nach Irland, wurde als Frau eines Nationalhelden gefeiert, sah aber ihren Mann niemals wieder – sie war zu krank, um die lange Reise antreten zu können.
Als der Coal River seinen Verlauf leicht änderte, wurde das nahe dem Fluß gelegene Grab des kleinen Fitzgerald den Hügel hoch an die Kirchenmauer verlegt. Eine

der irischen Geschichten jener Zeit, in der sich Mut und Melodrama, Widerstandsgeist und Freiheitsbewußtsein schicksalhaft manifestieren.

Zufall, Schicksal oder Bestimmung, daß im ausrangierten Richmond die erste römisch-katholische Kirche Australiens entstand? Am 7. August 1835 kam der katholische Bischof Polding nach Hobart, besuchte von da aus das blühende Richmond und beauftragte Reverend James Cothan damit, hier eine Gemeinde-Kirche zu bauen. Obwohl die römisch-katholische Minorität ihrer Zahl nach kaum eine Rolle spielte, gelang es Cothan, die Unterstützung der Regierung zu mobilisieren – »im gleichen Umfang wie beim Bau der protestantischen Kirche«. 1836 wurde auf gestiftetem Land etwas außerhalb Richmonds, auf der anderen, der »schlechteren« Seite des Coal River, der Grundstein gelegt. Der Bischof höchstpersönlich war anwesend. Am 31. Dezember 1837 wurde sie eingeweiht: mit einer musikalischen Zeremonie, die in Hobarts Zeitungen Schlagzeilen machte.

Doch die Feierlichkeiten konnten nicht darüber hinwegtäuschen, daß St. John's kaum mehr als eine Kirchenhalle war – Kanzel, Sakristei und Turmspitze konnte sich die Gemeinde vorerst nicht leisten. Auch wenn man 1857 voller Stolz auf die inzwischen prächtig ausgeschmückte St. John's Church blickte – gegen die St. Luke's Church auf der »guten Seite« Richmonds hatten die Johannes-Jünger keine Chance. St. John's ist kaum mehr als eine improvisierte, ja eilig errichtete Kapelle, fast schon wie eine Lösung zweiter Klasse, gerade gut genug, die rebellischen irischen Geister zu besänftigen.

Und doch. Die sanfte Selbstverständlichkeit, mit der St. John's auf dem Hügel über dem Coal River steht, hat Charme und fasziniert. Die Außenseiterrolle wird zur Manifestation. Die Hänge des Coal River, die St. John überragt, sind heute magischer Grund, Gottesacker. Mit verwitterten Grabsteinen, die zerbrochen, umgestürzt und im Hang versunken sind, mit kaum begangenen Wegen zwischen Wasser und Kirche, mit Gräbern, die Zeugnis ablegen von Leid und Liebe, Steinmetzkunst und Standfestigkeit, Gottesfurcht und irdischem Schicksal. Man steigt durch diesen Hügel der Toten, verliert sich zwischen den Zeugen einer wilden Vergangenheit und ahnt, welche Kraft, welcher Glaube und welche Unbeugsamkeit in dieser Erde stecken. Ein Uluru aus der Alten Welt in die paradiesische Szenerie der Neuen Welt gesetzt.

Vielleicht atmet der Geist dieser Toten weiter im Aufstand der No-nukes-Generation. Im Aufstand, der den Ausverkauf der Natur stoppen will. In der Hoffnung, daß es irgendein Ritual geben muß, das Australien als Kriegsschauplatz künftiger asiatisch-amerikanischer Konflikte ausschließt. Im Bewußtsein, daß wahres Leben nur mit dem Bewußtsein des Todes zu leben ist.

Ist das die tasmanische Antwort auf die Hoffnungen und Herausforderungen des Fünften Kontinents: eine Welt, die den Tod mit fast mittelalterlicher Gegenwärtigkeit begreift und akzeptiert?

*R*egen. Von der Straße führt ein schmaler Pfad über eine Brücke, über einen Seitenarm des Coal River. Ein See, auf den eine Entenfamilie zuwatschelt. Eine fast klassizistisch anmutende, schlichte, ruhige Fassade:

278

Prospect House, eines der berühmtesten Hotels und Restaurants Australiens, ein paar Kilometer vor Richmond, Richtung Hobart. Ein James Bushcombe, Bauherr einiger Richmond-Gebäude, hat es sich als seine private Residenz errichten lassen. Im Haus, in den zum Hotel umgebauten Scheunen und Ställen steckt die Arbeit der Sträflinge. Der Geist der alten Mrs. Bushcombe soll hier umgehen.

Wegen seiner einsamen Lage gilt Prospect House fast zwangsläufig als Schauplatz makabrer Geschehnisse: Bushmen überfielen es mehrfach, Schätze wurden hier vergraben, und einer der exzentrischen Besitzer feuerte mit der Kanone auf jeden, der die Brücke überquerte.

Die Lage, der See, die hundert Jahre alten Eichen, die prachtvoll restaurierte Fassade – man scheut fast vor dem Gebäude zurück, hat das Gefühl, in einen magischen Zirkel einzudringen.

Ein Mädchen, schwarz gekleidet, öffnet, nachdem wir geläutet haben. Ihr Gesicht ist bleich. Ihre Augen sind klar. Sie betrachtet uns ohne Überraschung, gleichmütig. Weder von unserem regennassen Anblick befremdet noch von unserer Frage, ob wir hier essen könnten. Wir sollten einen Moment warten, sie müsse fragen. Die Tür des Prospect House geht zu. Wir stehen im Regen.

Es dauert eine ganze Weile, bis das Mädchen zurück ist.

»Sie können hereinkommen.«

Wir entschuldigen uns für unsere Turnschuhe, die Nässe, die an uns herunterrinnt. Das Mädchen reagiert nicht. Es führt uns ins Restaurant.

Mozart-Musik aus Lautsprechern. Im Kamin ein Feuer. Spitzendecken, Stilmöbel, heimelig geordnete Vorhänge. Lüster, die weit von der Decke herunterhängen und kaum Licht spenden. Kerzenlicht. An den Tischen speisen ältere Menschen. Ihre Gesichter sind bleich. Um ihre Lippen spielt ein seltsames Lächeln. Sie beachten uns nicht. Sie führen Bissen um Bissen zum Mund, trinken aus kristallenen Gläsern und lächeln ihr abgründiges Lächeln.

Das Mädchen erklärt uns, was wir zu essen bekommen könnten. Eigentlich, sagt sie, sei Prospect House heute für Fremde geschlossen. Wir essen. Wir trinken. Das Feuer im Kamin prasselt. Die Kerze auf unserem Tisch wird nicht kleiner. Die Zeit scheint stehengeblieben zu sein. Alles scheint unwirklich.

Auf dem Weg zurück durch die kühle Nacht in das großstädtische Hobart versinken Richmond und Prospect House, Toteninsel und Port Arthur, Launceston und Lake Leake wie Phantasmagorien.

Das heutige Australien betrachtet Tasmanien als Himmel auf Erden, zumindest als Vorhof zu einer Art Paradies. Es gilt als Synonym für eine Welt, die noch in Ordnung ist, die nicht vergiftet, verseucht oder zerstört ist. Auf den Speisekarten der Restaurants, in den Supermärkten und Obstläden, auf den Fischmärkten – überall stehen tasmanische Produkte an vorderster Stelle, quasi als Garanten des Gesunden.

Wahrscheinlich begann dieser Siegeszug tasmanischer Erzeugnisse mit dem Anbau von Äpfeln – Tasmanien galt lange als »Apfelinsel«, als der Welt größter Apfel-Exporteur. Obst und Gemüse, natürlich Schafe und Erz, vor allem aber Fisch machten Tasmanien zu einem bedeutenden Wirtschaftsfaktor im australischen Staatenbund.

Mit einem Bevölkerungsanteil von etwa drei Prozent

und einem Territoriumsanteil von noch nicht einmal einem Prozent ist Tasmanien der kleinste Staat Australiens. Doch das Tasmanien-Bewußtsein auch der übrigen Australier reicht weit über diese Rolle hinaus. Während das australische Festland eher dazu neigt, die Strafgefangenenvergangenheit der eigenen Region und auch die Tasmaniens diskret beiseite zu schieben, haben die Tassies nichts vergessen. Die Vergangenheit holt einen dort auf Schritt und Tritt ein. Sie lebt überall auf der Insel. Und die Insel lebt mit ihr.

Noch haben Historiker Probleme, alle Namen erfolgreicher Sträflingskarrieren zu publizieren. Zu nah und schmerzhaft ist, was vor einhundertfünfzig Jahren geschah, und die Nachkommen der Convicts haben heute oft Schlüsselpositionen in Wirtschaft und Politik des Landes inne.

Südaustralien

Im »Heiligen Land« des Fünften Kontinents

Adelaide

Idylle zwischen Golf und Bergen

Die Musik kommt nicht aus dem Radio, sondern von der Kassette. Tschaikowsky in Adelaide. Eine Tatsache, die mehr ist als ungewöhnlich. Der Mann, der sie hört, ist Tschaikowsky-Fan. Aber er kennt auch Mozart, Schubert und Beethoven. Er trägt eine Phantasie-Uniform mit Schulterklappen und Kordel. Er könnte eine Parade abnehmen oder aber selbst paradieren. Sein Taxi ist sein »castle«, eine Befehls- und Unterhaltungszentrale. Lautsprecher, Spiegel, mehrsprachige Sticker, Souvenirs, Stadtpläne – so richtet man sich eine Wohnung ein.

Der Uniformierte kommt aus Schottland. Er versuchte, in London Geld zu machen, dabei hat er die Engländer hassen gelernt. Erst in Australien gelang es ihm, das Geld für das Taxi zu verdienen. Das Studium hat er an den Nagel gehängt, wahrscheinlich erst gar nicht ernsthaft angefangen. Er scheint entschlossen, bis ans Lebensende Taxi zu fahren. Hier in Adelaide hat er sich eingerichtet: in seiner rollenden Burg, mit seiner Uniform, mit seinem Image: korrekt, drahtig, cool und lässig, selbstbewußt. Er lebt allein. Der Ehering am Finger soll ihn vor den Annäherungsversuchen homophiler Fahrgäste schützen.

Wir sind unterwegs zum Windy Point, dem Standort, von dem aus man den besten Blick über Adelaide hat. Der Aussichtspunkt hat der »Light's Vision« – dem Monument, das Adelaide auf dem Montefiore Hill seinem Gründer William Light errichtet hat – längst die Show gestohlen. Und tatsächlich ist der Blick vom Windy Point einer der schönsten überhaupt, vergleichbar nur dem über Los Angeles. Strahlende Lichtdiamanten auf dem schwarzen Tuch einer weit auslaufenden Millionenstadt – zwischen dem St. Vincent Golf und dem Mount Lofty. Die streng geometrisch angelegte Süd-City und der ihr schräg vorgelagerte, ebenfalls auf geraden Winkeln gebaute Nordteil – sie wirken wie leuchtende Kraftzentralen, gespeist von der Energie, die ein verwirrendes Spinnennetz aus Straßen zuliefert, das die City-Geraden fortsetzt und immer wieder durchbricht.

Adelaide liegt eigentlich nicht am Golf. William Light hat die Stadt – seine Stadt – zehn Kilometer entfernt vom Meer geplant, ziemlich genau in die Mitte zwischen dem Golf und den Bergen. Keiner weiß heute mehr, was Light zu dieser Entscheidung veranlaßt hat. Jedenfalls sollte er sich bei der Gründungszeremonie 1836 dafür rechtfertigen. Aber er erklärte nur: »Ich erwarte nicht, daß die Gründe, die mich dazu bewogen, Adelaide da zu bauen, wo es jetzt steht, heute allgemein verstanden oder nüchtern beurteilt werden können.«

Einmal im Jahr stößt man heute im Rathaus von Adelaide mit australischem Wein aus silbernen Bechern auf den hellsichtigen Light an – aber Lights Vision bleibt vor 974120 Bewohnern der Stadt wie zwischen Wahn und Wirklichkeit verborgen.

Adelaide lebt, wie alle Küstenstädte Australiens, vom Hafen, vom Kontakt, den die Meere ermöglichen. Kein Zufall, daß Adelaide zusammen mit Darwin die erste australische Stadt war, die am Überseekabel hing. Kein Zufall aber auch, daß in Adelaide der 3000 Kilometer lange Stuart Highway beginnt – die Straße, die den Süden mit dem Norden verbindet und die Reichtümer der Berge erschließt: Erz, Opal, Kupfer, Blei; aber auch Wolle, Getreide und Wein zählen dazu.

Light wollte eine Stadt verwirklichen, die beides bot: Meer und Welthandel neben Berg und Outback. Aber auch einer zweifachen Vergangenheit Rechnung trug: derjenigen seiner Gründerväter, die keine Convicts waren, sondern freie Bürger und vor allem aus religiösen Gründen das Abenteuer des Pionierlebens auf sich genommen hatten; und einer Vergangenheit, die das Land bis heute in Magie gefangenhält, der Vergangenheit der Aborigines, der Kaurna, die Adelaide als ihre Heimat betrachteten. Light – sein Vater gründete Penang – wußte wohl sehr genau, was er tat, als er Süd- und Nord-Adelaide um den heiligen Fluß, den Torens River, gruppierte und der Stadt die Chance nahm, den Hafen in ihren Stadtkern zu integrieren.

Mit dem Namen Adelaide sollte übrigens nicht ein Gouverneur, Admiral oder Minister, sondern die Gemahlin des englischen Königs William IV. geehrt werden – Prinzessin Amelia Adelaide Theresa Carolina von Sachsen-Coburg-Meiningen.

John Hindmarsh, der erste südaustralische Gouverneur der neuen Kolonie, wurde an einem jahrhundertealten

Baum eingeschworen: am Old Gum Tree in der Mac Farlane Street – heute ein merkwürdiges Relikt in einer Szenerie aus Beton und Verkehr. Ich weiß nicht, wie mutig, wie selbstverständlich oder wie heuchlerisch den zweihundert um den Old Gum Tree versammelten Adelaide-Bürgern die Worte ihres Gouverneurs vorkamen, als Hindmarsh in seiner Proklamation erklärte, was im heutigen Australien wieder brisant sein kann: »Ich bin fest entschlossen, jeden versuchten oder tatsächlichen Akt von Unrecht und Gewalt gegenüber den Ureinwohnern strengstens zu bestrafen.« Das war am 28. Dezember 1836 – vor mehr als 150 Jahren. Inzwischen hat man auch in Adelaide und Südaustralien die Eingeborenen aus den Landstrichen vertrieben, die zum Einzugsgebiet Adelaides gehören. Die Aborigines wurden umgesiedelt in wirtschaftlich scheinbar uninteressante Gebiete, die sich nun aufgrund der Erz- und Uranvorkommen plötzlich als Ressourcen gegenwärtiger und zukünftiger Industrien erweisen.

Angelpunkt der Stadt ist der Victoria Square. Wie durch visionäre Fügung laufen hier alle Straßen des Landes zusammen. Hier scheint der Punkt zu sein, von dem aus sich alles erschließt. Von hier geht die Tram nach Glenelg zur Küste, an der sich die allerersten Siedler einrichteten, bevor Light mit seinem Adelaide-Konzept begann. Vielleicht auch brach von hier aus 1861 Mac Donald Stuart zu seiner ersten Süd-Nord-Durchquerung des Kontinents auf.
Victoria Square. Das heißt frühe australische Architektur, das heißt Treasury Building und St. Francis Xavier's Cathedral, Magistrate's Court House und Supreme Court House. Und ein Brunnen, der den drei süd-

australischen Flüssen gewidmet ist – dem Torrens, dem Onkaparinga und dem Murray.

Im Unterstand der Tramway ein Aboriginal. Eine Rotweinflasche in der Linken. Mit der Rechten sucht er Halt. Er findet ihn nicht, stürzt, fängt sich und stemmt sich mit dem Körper an die Scheibe.

Auf dem kurzgeschorenen, sorgfältig gepflegten Rasen einige Meter weiter ein Aborigines-Paar. Sie ist hochschwanger. Er schaut die Passanten aus blutunterlaufenen Augen an. Wein- und Schnapsflaschen liegen im Gras. Er nimmt einen langen, tiefen, fast sehnsüchtigen Zug aus einer der Flaschen. Sie achtet nicht darauf. Sie sprechen nicht miteinander. Sie hocken auf dem Rasen, im Herzen von Adelaide, und warten. Auf die Freunde, die ich später aus den Kneipen um die King William Street zum Victoria Square schwanken sehe. Auf die Geburt ihres Kindes, das eines Tages vielleicht Kindern das Leben schenken wird, die sich mit der Welt der Weißen arrangiert oder sie überlebt haben werden.

Nach einer alten Aborigines-Überlieferung hat der die Macht, der den von den Urvätern mit dem Zeichen des Wissens geweihten Stein besitzt. Die Weißen, die Adelaide bauten, scheinen sich diesen Stein, sein Geheimnis und seine Macht erobert zu haben. Warten, bis der Stein des Wissens wieder den Besitzer gewechselt hat?

Hilft es den Aborigines von Adelaide zu ertragen, was wir Gegenwart nennen? Sie hocken da, wehrlos wie Pflanzen, zwischen Autokolonnen, Marmor, Glas und Glamour. Sie tragen ihr Wissen nicht in den Gehirnen, sie haben es in ihren Genen. Ihr Verstand ist kein taugliches Instrument, ihre Situation zu wenden. Er funktioniert nicht als Waffe, die man schärfen, mit der man

sich wehren und mit der man siegen kann. Ihre einzige
Waffe ist das Überleben. Und diese Waffe leitet ein Instinkt, der wissender ist als alles angehäufte Wissen um
sie herum. In ihrer Kunst haben sie schon immer mit
Röntgenblick hinter die Oberfläche der Dinge ge-
schaut. Schwer vorstellbar, daß sie nicht hinter die
Oberfläche dessen blicken, was sich um sie herum abspielt. Möglich auch, daß sie der Anblick dessen, was
uns und unsere Städte zusammenhält und funktionieren läßt, mit solchem Grauen erfüllt, daß sie ihn nur im
Zustand des Rausches ertragen können.
Sie wichen den Straßen und den Silber-, Kupfer-, Erz-,
Kohle- und Uranspekulanten. Niemand hat von großen
Kämpfen der Eingeborenen gegen die weißen Eroberer
gehört. Sie wichen zurück vor dem Ansturm. Sie ließen
sich bezahlen, aber sie ließen sich nicht wirklich aus-
beuten. Eine Sklavenarmee ist aus ihnen nicht zu re-
krutieren. Sie ließen den Weißen das Land, sicher, daß
sich ihre heiligen Ahnen des Mißbrauchs erwehren
würden.

*I*hre Stadt machten die Bürger der schönen Adelaide
zum Geschenk, ihre prächtigste Straße benannten sie
nach ihrem Gemahl – King William Street. Sie ist die
große Nord-Südachse der City. Sie öffnet den Blick auf
ein Land, das es vor 150 Jahren zu entdecken und zu
erobern galt. Die braven, von Moral durchdrungenen
Bürger von Adelaide flankierten diesen Boulevard mit
monumentaler Pracht, wie sie sich im 1876 gebauten
Edmund Wright House manifestiert, einer prunkvoll
goldenen Renaissance-Doublette als Bankgebäude.
Neben den Banken und Airlines-Büros, den Kaufhäusern und der Post ein Rathaus im Renaissancestil und

ein Sender, Reisebüros und Redaktionsgebäude. Eine Straße des Geschäfts.

Die Massen, die sich durch die King William Street drängen, um trunkene Aborigines herum, sie haben ein Ziel: Bushaltestellen, vor denen sorgfältig aufgefädelte Menschenreihen warten. Taxis stehen bereit, um ihre Fahrgäste zum Bahnhof oder in die rechtwinklig angesetzten Seitenstraßen zu bringen.

Die Rush-hour-Stimmung bricht abrupt zusammen. Während die letzten Angestellten und Kunden aus den Kaufhäusern und Büros in die späte Hitze des Frühlings drängen, beseitigen perfekt ausgestattete Putzkolonnen die Überreste menschlicher Betätigung. Keine zehn Minuten nach Geschäftsschluß ist die King William Street wie ausgestorben. Es ist, als ob die Menschen aus der City geflohen wären.

Die Rundle Mall, die von der King William Street abgehende Fußgängerzone der Stadt, verwandelt sich in eine jener Fußgängeröden, wie wir sie aus unseren Städten kennen. Vor den geschlossenen Kaufhäusern, Banken und Schnellimbiß-Restaurants packen Straßenmusikanten ihre Instrumente zusammen, zählen ihre Ausbeute und genehmigen sich einen Schluck in einem der noch geöffneten Cafés, dessen Stühle jetzt leer und verloren auf der verlassenen Mall stehen.

Das sogenannte Fußgängerparadies gehört zu Unrecht zu den Sehenswürdigkeiten einer Stadt, die es im übrigen verstanden hat, unverkrampft und ohne alle Komplexe die Kultur der Alten Welt in die Neue-Welt-Atmosphäre zu übernehmen. Einträchtig stehen hier großzügige Hochhäuser, gotisierende oder romanisierende Kirchen, Warenhausgiganten und Renaissance-Relikte viktorianischer Spätlese, Gründerstil und Moderne, Marmor, Granit, Sandstein, Chrom und Beton nebeneinander. Das geometrisch strenge Design der City gibt dem bizarren Konglomerat Struktur und sogar so etwas wie Größe.

*E*ine der schönsten Straßen ist die North Terrace. Sie kreuzt die King William Street und erinnert in manchem an die Champs-Élysées. Die Verkehrslawinen, die sich in den Stoßzeiten durch sie wälzen, tun ihrem Charme und ihrem Glamour kaum Abbruch. Die Gebäude, die das alte Adelaide repräsentieren, verschmelzen mit der aufwendigen Moderne zu einer Harmonie, von der andere Weltstädte nur träumen. Bahnhof und Constitutional Museum, Parliament House und Government House, das ausladende War Memorial, die State Library, Museum und Art Gallery, die Universität von Adelaide und auf der anderen Straßenseite das legendäre Ayers House, die 1846 gebaute basaltene Residenz des damaligen Premiers und Paradebeispiel für Adelaide-Architektur.

Fasziniert flaniert man über diesen Boulevard und steht immer wieder fassungslos vor Gebäuden, die sich der historischen Elemente täuschend echt bedienen, in Wahrheit aber aus dem 20. Jahrhundert stammen. Und doch haben hier historische Bausubstanz, historisierender Baustil und Moderne nicht die geringsten Berührungsprobleme. Der Kolonialstil und die Kunst am Platz, die der Stuttgarter Otto Herbert Hajek dem monumental gestalteten Festival Centre geliefert hat, sie scheinen den gleichen Geist von Unabhängigkeit und Mut zu beweisen. Mögen künftige Historikergenerationen nicht nur der Neuen Welt sich die Köpfe darüber zerbrechen, was die Siedler des Fünften Kontinents dazu bewogen haben könnte, sich in den Weiten einer bedrohlichen Welt vor allem im Stil vergangener Jahrzehnte und Jahrhunderte einzurichten.

Adelaide, 1836 geplant und zwei, drei Jahre später bereits bewohnt, ist eine selbstbewußte Stadt. Und auch eine Stadt der Kirchen, wie die 1840 in Sandstein gebaute, von einem dorischen Portikus gefaßte Holy Trinity Church, die 1865 begonnene Pilgrim Church in der Flinder's Street, die in sieben Jahren Arbeit 1876 vollendete St. Peter's Cathedral North Adelaides und die bizarre St. Francis Xavier's Cathedral am Victoria Square beweisen. Adelaide ist stolz auf seine Architektur. Und es hat auch keinen Grund, seine Vergangenheit zu verdrängen.

Im Museum geben sich die freien Bürger einer freien Stadt Rechenschaft darüber, was einmal war. Überdies verfügt es über die größte Sammlung an Eingeborenenkunst auf dem ganzen Kontinent.

In unmittelbarer Nähe von Bahnhof, Parlament und Regierungsgebäude, im Anblick von Light's Vision, Torrens River und Parks hat Adelaide sein Festival Centre eingerichtet: zwei riesige Gebäudekomplexe, die mit der Oper von Sydney konkurrieren möchten, aber beim Absprung zu neuen Formen auf halbem Weg zwischen Himmel und Rasen steckengeblieben sind. Die geblähten weißen Segel der Architektur wirken wie ein verunglücktes Imitat. Fünfzig Millionen Australische Dollar soll das 1973 eingeweihte Monument neuerwachten Kulturbewußtseins verschlungen haben. Über fünftausend Besucher finden Platz in Auditorium, Drama Theatre, Experimental Theatre und Open-air Amphitheatre.

291

Im Unterschied zu vielen Klötzen städtischen Größen-
wahns aber scheint das Festival Centre nicht nur für
Adelaide, sondern bereits für ganz Australien eine
kulturelle Schlüsselrolle zu spielen: mit einem Produk-
tionsausstoß, der sich sehen lassen kann. 950 Veranstaltungen gehen da jährlich über die zum Teil in drei Stunden umbaubaren und multimedial nutzbaren Bühnen.
Ungefähr 60000 Besucher – zahlende Besucher, wie
Adelaide stolz vermerkt – zählt man zur Zeit jährlich,
nicht eingerechnet die 80000 Schüler und Studenten,
für die es in ihrem Theater-Giganten zur Matinée-Zeit
Aufführungen gibt. Alle zwei Jahre veranstaltet Adelaide hier sein Festival of Arts, wo Oper, Ballett, Male-
rei, Pop und Dichtung problemlos, aber nicht span-
nungslos nebeneinander geboten werden.

Recht bedenkenlos indes geht dieses junge Land und
auch das kulturbewußte Adelaide oft immer noch mit
dem um, was heute schon als wertvoll und schützens-
wert erkannt wird. Kein Problem, eine alte Kirche zum
Hotel umzufunktionieren. Kein Problem auch, daß ins
legendäre Ayers House zwei Restaurants einquartiert
werden. Sir Harry Ayers, fünfmaliger Premier von
Südaustralien, wird sich schon nicht im Grab umdrehen!
Daß neben der kommerziellen Nutzung der Sehenswür-
digkeit auch der museale Aspekt mit Wohnraum, Küche
und Schlafzimmer erhalten wird, das ist eben das
Arrangement. Denn staatliche Lenkung, schnelle Bereitschaft zur Subvention, bürokratisch geplantes Engagement haben in Australien noch keine große Schule
gemacht. Und manchmal neigt man dazu, diese Freiheit, dieses Hoffen und Bangen auf Privatinitiativen

mehr zu honorieren als den bei uns oft überstrapazier-
ten Subventionsgleichmut aller Beteiligten, vom Geber
über den Empfänger bis zum Konsumenten.

Undenkbar bei uns wäre auch, daß eines der signifikan-
testen Zeugnisse der Stadtgeschichte kommerziell genutzt wird. »HMS Buffalo«, das in Kalkutta gebaute
Frachtschiff, mit dem Gouverneur Hindmarsh 1936
nach Glenelg segelte, um den Bundesstaat Südaustralien zu proklamieren, ist heute ein Restaurant mit
einem Museum als Anhängsel. Dabei spielt es sicher
keine Rolle, daß es sich bei der in der Glenelg-Bucht
liegenden »Buffalo« nur um eine detailgenaue Kopie
und nicht um das Original handelt, denn gäbe es das
Original – es würde nicht weniger selbstverständlich
genutzt.

Was ist Kultur – und Traditionsbewußtsein? Daß man
im Spielcasino gleich neben dem Bahnhof zwar keinen
Binder braucht, aber keinen Zutritt in Turnschuhen er-
hält, weil es stolz darauf ist, Australiens einziges, im
klassisch-europäischen Stil eingerichtetes Casino zu
sein? Daß sich die Opal-Industrie – neunzig Prozent
aller australischen Opale gehen über Adelaide in die
weite Welt – eher vornehm zurückhält und nicht gleich
ganze Straßenzüge der Stadt zum Opal-Schaufenster
umfunktioniert hat? Daß man der majestätischen King
William Road ihr Kopfsteinpflaster ließ, vielleicht, weil
man gerade noch rechtzeitig entdeckt hat, damit die
einzige mit behauenen Steinen gepflasterte Straße des
Landes zu besitzen, was wiederum die Schuh-, Delika-
tessen-, Coiffeur- und Modegeschäfte attraktiver
macht? Daß die Rundle Mall mit ihren Arkaden zur
Fußgängerzone erklärt wurde und daß der Red Light

District zwischen Hindley Street und North Terrace zu den friedlichsten, harmlosesten und verhaltendsten Vergnügungsvierteln der Welt gehört?

Irgendwie hat man das Gefühl, daß Adelaide alles, was es tut, dem Rest der Nation vorleben möchte. Im Gegensatz zur Sydney-Oper funktioniert das Festival Centre. Im Gegensatz zum Aborigines-Ghetto von Sydney-Redfern hat Adelaide seine Aborigines auf dem Rasen der Plätze und Parks und in den Bars rund um die King Williams Street untergebracht. Ist es typisch, daß man neben ihnen, wenn auch nicht mit ihnen lebt, daß man ihre finsteren Gesichter, ihre stieren Blicke und ihre aufgeschwemmten Körper erträgt, daß man sie nicht provoziert, einem aus dem Weg zu gehen, sondern selbst einen Bogen um sie macht, als begegne man einem Hindernis, das unüberwindlich ist?

Nicht ohne Spott nannte man Südaustralien wegen seiner aufrechten Bürgerschaft und puritanischen Strenge das »Heilige Land« des Fünften Kontinents. Aber die Moral machte sich hier offensichtlich bezahlt.

Magnetisierende Medien

Spielmaterial für den Weltmarkt

Die Selbstverständlichkeit, mit der man in Adelaide miteinander lebt, mit der man beim Adelaide-Festival musikalische Klassik und Moderne, Prestige-Kultur und Pop-Kultur nebeneinander stellt, scheint sich auch auf den Umgang mit divergierenden Inhalten ausdehnen zu lassen. In den siebziger Jahren erstaunten Australiens Filmemacher die Welt mit düsteren Werken magisch-urtümlichen Ursprungs. Sie schienen ihre Umwelt nur noch mit den Augen der Ureinwohner sehen zu können. Sie verhießen Plagen und Ängste, Flutwellen und Voodoo-Visionen, den Wahn vom Glück und den Einbruch des Irrationalen.

In den Filmen von Peter Weir (»Die letzte Flut«) und seinen Kollegen nimmt sich das moderne Australien wie eine auf Sand gebaute Durchgangsstation aus, wie ein schnell vergänglicher, fragiler weißer Traum. Auf den Festivals von Cannes und Venedig erzielte Australiens Film mit diesen ethnisch-magischen Spektakeln einige Anerkennung, aber der große Publikumserfolg blieb aus. Zwar besaß das australische Kino von Anfang an ein erstaunlich hohes handwerkliches Niveau amerikanischen Zuschnitts, aber die australischen Alpträume erregten allenfalls in den Nachtprogrammen der internationalen TV-Sender die Gemüter.

Parallel dazu entstand ein australisches Kino, das den Fünften Kontinent als mehr oder weniger austauschbare attraktive Kulisse nutzte. Erfolgreichstes Beispiel dafür sind die ersten drei »Mad Max«-Filme, in denen sich Australien als futurologischer Endzeit-Kontinent mit kriminellen Motorrad-Gangs, finsteren Outback-Tyrannen und kaputten Geisterstadt-Szenerien darstellt. Die »Mad Max«-Vision Australiens spiegelt die Weite, die Bedrohlichkeit und die traumatische Erfahrung eines wilden, unzähmbaren Kontinents wider, aber in den Wüsten und Verwüstungen dieser letztlich austauschbaren und unidentifizierbaren Thriller entstanden auch Bilder von unglaublicher Schönheit und Kraft.

Heute hat ein Phänomen namens »Crocodile Dundee« die australische Bilderwelt überrollt, das alle Muster auf einen Nenner bringt: Crocodile Dundee alias Paul Hogan verfügt über die magischen Fähigkeiten der Aborigines; zum Beispiel in der Art, wie er mit Tieren umgeht, wie er in und mit der Natur lebt und wie er mit schweigsamer Gelassenheit alle Herausforderungen akzeptiert. Doch Crocodile Dundee reagiert letztlich als »weißer« Outback: Er stellt sich der Zivilisation, er folgt den Fährten einer neuentdeckten Liebe und richtet sich abstrus eigenwillig, aber doch frohen Mutes im City-Leben einer Millionen-Metropole ein. Daß sich die »Crocodile Dundee«-Produzenten für ihre City-Bilder New York aussuchten, dürfte kommerzielle Hintergründe haben – denn die Outback-Welt des Crocodile Dundee hätte sich ebenso effektvoll mit der City-Welt Sydneys, Adelaides oder Melbournes konfrontieren lassen.

Das Rezept »Crocodile Dundee« hat die Haltung der australischen Medien-Menschen verändert. Man will heute nicht länger – wie in den »Mad Max«-Streifen – australische Identität um jeden Preis neutralisieren oder eliminieren. Man will das Land und seine explodierende Zivilisation aber auch nicht nur aus der Aborigines-Perspektive betrachtet wissen. Man meint, den Weg zwischen den Polen gefunden zu haben, einen australischen Weg, einen unverwechselbar eigenwilligen Weg zwischen Witz und Aborigines-Weltschau, Traumfabrik und 20.-Jahrhundert-Realität. Das Phänomen »Crocodile Dundee« griff auch deshalb nachhaltig in alle australischen Produktionsprozesse ein, weil dieser Film ohne jede staatliche Unterstützung entstand – entstehen mußte, denn die sogenannten Exper-

ten prognostizierten einen Flop! Heute ist evident, daß
»Crocodile Dundee« das Australien-Bild der Welt verändert hat.

*P*ionierarbeit auf diesem Gebiet leisteten Jahre vor
»Crocodile Dundee« zahlreiche international erfolgreiche australische Pop-Gruppen. Auch die Pop-Leute
versuchten zunächst, sich dem amerikanischen oder
britischen Pop-Ideal möglichst glatt und mit möglichst
wenig australischer Eigenart in Sound, Wort und Video-Clip anzunähern. Seit dem Durchbruch von »Men
at work« – nach den Bee Gees die weltweit populärste
Pop-Gruppe Australiens – und ihrem Video-Clip über
das »Down-under Feeling« ist der Trend auch da un-
mißverständlich.
Die manisch-depressiven Punk-Obsessionen von Au-
stralien-Gruppen wie »The Church« haben sich bei
»Men at work« durch den zitathaft witzigen Umgang
mit Bushmen-Mentalität, Outback-Feeling und Zivili-
sations-Groteske erledigt. Australien scheint entdeckt
zu haben, daß es für den Rest der Welt ein neuer »Kick«
ist, wenn sich der Fünfte Kontinent elegant auf den
Arm nimmt und seine Bilder als unterhaltsames Spiel-
material nutzt.

*E*s gibt Anzeichen dafür, daß der Australien-Trend
jetzt auch die Medien-Manager anderer Kontinente ergriffen hat. Zukünftige Australien-Serien werden vermutlich nicht mehr in den Hills hinter Hollywood (wie
bei »Dornenvögel« geschehen) entstehen, sondern an
den Originalschauplätzen gedreht werden müssen. Und
daß in Sydneys, Tasmaniens und Adelaides Geschichte
und Gegenwart filmische Schätze schlummern, hat sich

bei der jüngeren Produzenten-Generation nicht nur Australiens längst herumgesprochen. Auch als Medien-Land ist Australien ein Aufbruchsland!

Nebeneinander – Füreinander

Über das Zusammenleben von Nationalitäten

Engländer, Deutsche, Polen, Iren, Italiener und Griechen strömten in das neuentdeckte Paradies und sorgten dafür, daß ihr Leben paradiesisch wurde. Alles ist gut, was keine Wüste ist – und wer die endlosen Wüsten, Salzseen und Steinfelder zwischen Süd und Nord im Vier-Stunden-Flug mit offenen Augen und wachen Sinnen überquert hat weiß, wovon die Rede ist.

Adelaide, jene mächtige und reiche, junge und vorwärtsdrängende, aber auch kosmopolitische Stadt, gilt zugleich als Musterbeispiel des Für- und Miteinander unterschiedlichster Nationalitäten. Volksgruppen und Rassen wurden und werden hier nicht eingeschmolzen. Zu den Einwanderern aus Europa sind längst Einwanderer aus Hongkong, Indochina und Japan, aus dem Mittleren Osten und Südamerika gekommen. Sie alle existieren nebeneinander: in gegenseitigem Respekt. Englisch ist der kleinste gemeinsame Nenner. Das Nebeneinander wird zum Füreinander.

Kein Problem, von einem griechischen Taxifahrer einen kantonesischen oder japanischen Sprachführer zu bekommen, bevor man sich in ein kantonesisches oder japanisches Spezialitätenlokal fahren läßt. Die Frage nach guten griechischen Restaurants – eines gehört sei-

ner Schwester – wird höflich und ausführlich in not-
dürftigstem Englisch beantwortet, aber das japanische
Restaurant, für das wir uns entscheiden, wird nicht
etwa relativiert. Es sei das beste in der Stadt, sehr
zu empfehlen, man höre nur Gutes. Das japanische Eß-
ritual muß sich hier nicht anbiedern, muß sich nicht
untreu werden, um zu überleben.

Ähnlich konsequent handeln die China-Restaurants.
Nichts von der auf europäische Optik und europäische
Vorstellungen zurechtgetrimmten Chinakost unserer
Restaurants. Hier kann man chinesisches Essen pur ge-
nießen. Authentizität will sich nicht andienen, sondern
unverwechselbar die eigene Tradition repräsentieren.
Die Bedienung kommt aus Shanghai, wo es, wie es
heißt, derzeit die hübschesten Mädchen Asiens gibt. Sie
studiert in Adelaide, kann aber auch ein paar Brocken
Englisch und wird nach China zurückkehren, denn das
Leben in Adelaide macht ihr angst, so aufregend sie es
auch findet. Es wird sie in Shanghai einholen.

Japaner und Chinesen, Inder und Araber, Franzosen
und Libanesen, Griechen und Mongolen haben in Adelaide ihre authentischen Küchen installiert, die von den
Steakhouses der Australier mehr flankiert als ergänzt
werden.

Die Deutschen gehörten zu den Einwanderern der ersten Stunde. 1838 verließen schlesische Alt-Lutheraner
die Heimat, weil der König die Vereinigung der luthera-
nischen und reformierten Kirchen erzwang. Ein Pastor
Kavell wandte sich an die von Gibbon Wakefield ge-
gründete »Südaustralien-Gesellschaft«, und die schoß
den Schlesiern gegen zehn Prozent Zinsen die 4000
Pfund Überfahrtkosten pro Person vor. Deutsches und

Deutsch gehören zu den Faktoren, die Adelaide auf den ersten und noch mehr auf den zweiten Blick prägen.

Es mag ein Zufall sein, daß der offizielle Adelaide-Führer der Woche (A guide to the best in Australia) »German menu terms« zum besten gibt. Da steht dann zuoberst Brathuhn (roast chicken), Bratwurst (grilled sausages), Bratkartoffeln (fried potatoes), Eier (eggs), Gurke (cucumber) und Kohl (cabbage). Zufall sicher auch, daß deutschstämmige »Buam« an diesem Frühsommerfest zum »German Trachtenfest« mit Schuhplattlern bitten, in Tagespresse und TV Schlagzeilen machen und triumphal gefeiert werden. Adelaide, auch ein deutsches Phänomen?

Die britische Kolonialherrschaft und der amerikanische Einfluß, der auf sie folgte – sie haben die Bewohner Südaustraliens zwar geprägt, aber nicht bestimmend geprägt. Nur etwa zehn Prozent der australischen Gesamtbevölkerung leben in dem nach Queensland und Westaustralien drittgrößten Bundesland. Auf einen Quadratkilometer kommt in etwa ein Südaustralier. Der größte Teil Südaustraliens ist Wüste, Stein und Salzsee – aber der Rest ist Land, das nutzbar zu machen ist. Auf der Erde und unter der Erde.

Wenn William Light seine Stadt nicht zwischen die Mount Lofty Ranges und den Golf von St. Vincent gebaut hätte, hätte dieser Zauber vielleicht nicht dauerhaft funktioniert. Dann wären die Lofty Ranges heute Betonwüste wie andere städtische Höhenzüge in anderen Städten. Dann wäre das Meer heute Stadtrand, Straße, Kloake. Über 50 Kilometer lang ist der weiße, weite Sandstrand Adelaides. So weit das Auge reicht. Die Straße, die das Meer über große Strecken des Strandes begleitet, ist nah und doch weit. Attraktionen wie

das Marineland mit seiner dreimal täglichen Show stö-
ren, aber zerstören nicht die Weite des Blickes und das
Gefühl, zehn Kilometer entfernt von einer Millionen-
City allein sein zu können mit dem Meer.

Die Hauptstadt Südaustraliens ist eine Szenerie, die
Raum schafft, die Perspektiven eröffnet, die den Blick
nicht verengt, sondern befreit. Kein Zufall, daß Adelaide die wichtigste Filmstadt des Landes ist. Adelaide
ist eine Stadt im Breitwandformat. Die Hochhäuser
und Wolkenkratzer der City setzen visuelle Akzente.
Die Grundstruktur ist cinematographisch.

Schon am Victoria Square, in der King William Street
und an der North Terrace hat man das Gefühl des Un-
wirklichen. Man glaubt, durch die Straßen und über die
Plätze eines riesigen Studiogeländes zu gehen, ein Eindruck, der sich auch dann nicht aufhebt, wenn man
Baumaterial, Bauzeit und Fertigstellungsdatum der
historischen und modernen Gebäude bedenkt. Möglich,
daß dieser Effekt das Ergebnis eines gewaltigen Bür-
gerwillens ist, das Schöne solider und das Solide schön
zu bauen und Macht lässig, leicht und doch kraftvoll zu
entfalten.

Barossa Valley

Spiegelbild der verlorenen Heimat

Verläßt man Adelaide, verstärkt sich dieses Gefühl.
Man fährt durch Landschaften, die Landschaftsbildern
aus dem Museum nachgebaut scheinen. Wald- und Wie-
senszenerien wie aus dem Bilderbuch. Gehöfte und Bä-

che, einsam ragende Baumstämme, um die sich idyllisch Schafe gruppieren, Zäune und Waldstücke, Hügel und Dörfer mit romantisierenden Kirchturmspitzen. Kein Hollywood-Designer könnte das Bild einer Traumlandschaft perfekter entwerfen. Man glaubt, glückliches Opfer einer nicht enden wollenden Projektion zu sein.

Auf dem Weg zum Barossa Valley. Wenn Australien das Land des Dining und Wining ist, dann vielleicht nicht zuletzt, weil es dieses Tal gibt. Es ist die Wiege des australischen Weins, der heute zu den besten Sorten der Welt gehört. 22 Liter Wein trinken die Australier durchschnittlich pro Kopf und Jahr.

Wenn in der Townhall auf William Light mit australischem Wein angestoßen wird, dann auch wegen Barossa Valley. Was für deutsche Ohren eher nach Barbarossa klingt, stammt eigentlich aus dem andalusischen Valle de Bar Rossa – dem Tal der Rosenhügel. Light gab dem klimatisch für Weinbau idealen Landstrich diesen Namen – so jedenfalls berichten es die Einwohner.

Nirgendwo scheint der deutsche Einfluß in Australien bestimmender. 1837 siedelten hier die ersten Deutschen. Fünf Jahre später standen die ersten auf Weinbau spezialisierten Güter. Heute kommen über sechzig Prozent des australischen Weins aus dem 30 mal 80 Kilometer großen Barossatal.

Doch auch wenn man das vorher weiß, traut man zunächst seinen Augen nicht. Nach den Bilderbuchlandschaften stößt man im Tal des Weines auf Bilderbuchkulissen. Hier kann man aufleben in Rhein-Fröhlichkeit, Rüdesheim-Romantik und mittelalterlicher Burgen- und Schlösserherrlichkeit; hier hockt man in kühlen Weinkellern, wandelt durch Lauben-

gänge und folgt mit den Blicken Ranken, die zu Burg-
zinnen emporstreben.

Die Speisenkarte ist deutsch. Tischdecken, Bestuhlung,
Weingläser, Ausschank, Wand- und Deckengestaltung
– alles ist genauso, wie sich Hollywood-Produzenten
deutsche Weinseligkeit ins Atelier bauen lassen würden. Die Gemütlichkeit feiert zu deutschsprachigem
Tonbandmaterial fröhliche Urständ, und die von den
Gästen angefahrenen Probierstuben wecken gemischte
heimatliche Gefühle.

Daß Barossa Valley eine Großindustrie ist, spürt man
kaum, denn die Weinberge scheinen so gigantisch nicht.
Kaum einmal, daß man Menschen bei der Arbeit sieht –
außer den Bedienungen in deutscher Tracht, die dafür
sorgen, daß die Gläser voll bleiben und nicht nur probiert, sondern auch kartonweise gekauft wird. »Post-
kutschen Cellar Restaurant«, »Weintal-Hotel«, »Die
Weinstube Restaurant«, »Henschke-Wines«, »Blick ins
Tal, Kellermeister«, »Das alte Weinhaus«, »Denfelds
Kaiser-Stuhl«, »Bernkastel«, »Hoffmann's North Pa-
ra«, »Gnadenfrei«, »Krondorf«, »Karlsburg«, »Hardy's
Siegerdorf« – man fährt durch deutsche Fantasy-Kulis-
sen und liest erstaunt, was sich hinter den märchenhaft
deutschtümelnden Fassaden verbirgt. 50 Millionen Liter Wein sollen in einer der großen Weinfabriken lagern.
Aber auch die kleinen »Wineries« schaffen noch drei bis
fünf Millionen Liter Jahresausstoß.

Der Stuttgarter Reinhold kam 1857 nach Barossa Valley und gründete seine Red-Gum-Keller auf einem Gelände, das in der Aborigines-Sprache Karravivra – red
gum – hieß. Die im Schloßstil triumphierende »Karlsburg« kreierte 1872 ein Karl Cimicky. »Rovalley« ist
das Produkt der Liebichfamilie. Die Lindners schufen

sich »St. Hallet's«. Ein deutscher Weinbauer namens Wolfgang Bass machte 1873 die Wolf Bass Wines International auf. Johann Christian Henschke baute 1868 sein »Henschke«-Imperium auf. Ein Johann Gramp gründete 1847 den gigantischen »Orlando Winery Complex«.

Doch nicht alles, was hier auf deutsch macht, ist deutschen Ursprungs – oder will es sein. Manche setzen auch auf französische Tradition. Da steht im europäischen Schloßstil, auf die Fundamente einer hundert Jahre alten Mühle gebaut, das »Château Yaldara«. Auf flämisch macht das Château Leonay. Ein William Salter rief 1858 ins Leben, was heute als »Saltran Wine Estate« Renommee hat, und ein Samuel Smith schuf sich 1849 für seine Weinvorstellungen ein Gebäude aus blauem Marmor mit Glockenturm: »Yalumba«.

Im Hotel bereits hatten wir nach einem guten Restaurant in Barossa Valley gefragt und die Auskunft erhalten, das beste der Gegend sei ein Restaurant namens »Dye Gallery«. Als wir dann Tanundas Murray Street nach dieser Adresse absuchten, dauerte es eine Weile, bis wir begriffen, daß das »Dye« – gesprochen »Dai« – ein schlichtes deutsches »Die« sein sollte und das Ganze »Die Galerie« hieß. Serviert wurde da in einem malerischen Allzweck-Restaurant zwischen Alt-Heidelberg und Dornröschen-Idylle, französischem Bistro und Gondoliere-Trattoria.

Trotz Trachtenfest und Schützenfest, Schuhplattlern und Brathuhn, Weißwurst und Apfelstrudel – das deutsche Element ist hier nicht so ohne weiteres rückführbar auf tradiertes deutsches Kulturerbe. Es ist kaum mehr als folkloristische Exotik, mühelos kreuzbar mit Hawaii- oder China-Exotik.

*D*ie Krönung des Barossa-Valley-Geistes ist ein Wein-Imperium, das der Schlesier Joseph Seppelt 1851 gründete. Eigentlich wollte Seppelt Tabak anbauen, doch dann erkannte er die Zeichen der Barossa-Zeit und setzte auf Wein. Der Platz heißt heute »Seppeltsfield« und ist eine Mischung aus Glamour und Gigantismus. »Seppeltsfield« ist nicht nur eine der gewaltigsten Weinkellereien des Landes, es ist ein ganzes Dorf, ein Distrikt mit riesigen Tanks und Lagerhallen, mit Souvenir-Shops und Probierkellern, mit Café und Barbecue-Areal. Und einer Weltkarte, die illustriert, daß Seppeltsfield-Weine in aller Herren Länder exportiert werden.

Eine endlos scheinende Palmenallee führt auf den einige Kilometer abseits von Tanunda gelegenen Landsitz zu. Palmen scheinen neben Reben und Tabakpflanzen die Lieblingsgewächse des Herrn Seppelt gewesen zu sein. Eine Palmenallee säumt auch den Weg zum klassizistisch imperialen Familienmausoleum der Seppelts, das es leicht mit den Grabstätten von Kaisern und Königen aufnehmen kann. Dennoch wird mit Stolz ein bescheidenes, 1851 errichtetes Siedlerhäuschen gezeigt, das Gebäude, in dem alles anfing.

Die Weinfässer zwischen den Fabriken, den historisierenden Lagerhallen und Verwaltungsgebäuden scheinen nur Dekorationszwecken zu dienen – kaum vorstellbar, daß die Weinwelt namens »Seppeltsfield« für ihre Weinzwecke auf Holzfässer zurückgreift.

Selbst wenn durch den straff organisierten Seppelts-Familienbesitz Besucherkolonnen geschleust werden – das Gelände ist so riesig, daß sich allenfalls in Souvenir-Shops oder Probierstuben vorübergehende Staus entwickeln. Man kann sich mühelos verlaufen in die-

sem klinisch sauberen, bizarr angelegten Weinbauern-
märchen aus Palmenpracht und Marmormagie, aus
Parkszenerie und Historienharmonie.

Worte wie idyllisch, malerisch und bilderbuchhaft um-
schreiben nur notdürftig, was sich dem Auge bietet – in
Seppeltsfield, bei den kleineren Kellereien, in den ku-
lissenhaft an die Straßenränder gebauten Orten, ob sie
nun Tanunda, Lyndoch, Gawler oder Williamstown
heißen. Nicht nur Orte und Gebäude, Burgen und
Schlösser, Alleen und Weidegründe muten an wie das
Spielzeug eines Riesenkindes. Selbst die Natur scheint
mitspielen zu wollen. An künstlich angelegten Wasser-
reservoirs entstehen Szenerien, wie man sie aus dem
Schwarzwald oder aus Oberbayern kennt. Kilometerweit fährt man über Straßen, durch Schluchten und Tä-
ler, Wälder und Wiesen, die von Europa auf den Fünften
Kontinent transportiert worden sein könnten.

Es ist heute nicht mehr zu trennen, was wirklich aus
der Alten Welt in die Neue Welt verpflanzt wurde – und
was die Neue Welt mit denen anstellte, die versuchten,
sie sich untertan zu machen. Doch die europäischen
Kulissen der Gebäude, Gebirge und Seen, die mehr Lu-
xusprodukt als harte kommerzielle Realität zu sein
scheinen, sie funktionieren offensichtlich nicht minder
effizient, als wenn sich der Geschäftsgeist deutlicher
nach außen projiziert hätte. Vielleicht ist es der ge-
glückte Versuch, mit der Vergangenheit ebenso bedin-
gungslos zu leben wie in der Gegenwart. Der Versuch,
dem ungeheuren Land einen Stempel aufzudrücken,
der das Land nicht nur prägt, sondern auch zur Entfaltung bringt. Offenbar sind das Menschen, die sich eine
Tier- und Pflanzen-, Straßen- und Häuserwelt nach ih-

rem eigenen äußeren und inneren Angesicht geschaffen und doch mit den Eigenheiten des »Baumaterials« irgendwo leben gelernt haben. Nirgendwo ist das Nebeneinander dieser neuerschaffenen Welt und der ursprünglichen Welt des Kontinents deutlicher als in Südaustralien. Schwarzwald-Idyllen wechseln hier mit Steppenlandschaften, Fichtenwälder mit exotischem Regenwald, riesige Strände mit See-Romantik.

Wenn es am Rhein nicht mehr schön genug ist, das Barossa Valley, das putzige Deutschlandstädtchen Hahndorf, 30 Kilometer südöstlich von Adelaide, die Weinberge, Wiesen und Obstgärten – hier funktionieren sie noch als heile, als bessere Welt. Die Zeit scheint stehengeblieben. Und das Geschäft floriert.

Kangaroo Island

Die Insel der Känguruhs

*E*in Mythos des Aborigines-Stammes der Jerildekald erzählt, daß Urvater Ngurunderi eines Tages von der Erschaffung des Murray River nach Hause zurückkehrte und seine beiden Frauen bei der Zubereitung eines verbotenen Fisches ertappte. Die beiden Göttergattinnen flohen, erschufen auf der Flucht die Dünen von Coorong und das Cape Jervis, aber Ngurunderi hinderte sie daran, das rettende Kangaroo Island zu erreichen. Er verwandelte sie in Felsen. Seiner eigenen Schuld bewußt, unterzog er sich dann auf Kangaroo Island einem göttlichen Reinigungsritual und fuhr auf in den Himmel. Seitdem, so sagt man, müssen sich alle Menschen auf der Insel dem Reinigungsritual unterziehen, bevor sie ins Reich der Toten emporsteigen können.

Mag sein, daß dieses Märchen der Grund dafür ist, daß es seit Tausenden von Jahren auf Kangaroo Island keine Aborigines mehr gibt. Mag sein, daß diese Insel in ihrer Gesamtheit als magisch-ritueller Ort betrachtet und respektiert wurde. Man schätzt, daß die Aborigines-Steinwerkzeuge, die man auf der 4000 Quadratkilometer großen Insel, der drittgrößten Australiens, gefunden hat, etwa 30 000 Jahre alt sind. Da man nur an bestimmten Stellen eine Vielzahl solcher Steinzeugnisse entdeckt hat, könnte es auf der Insel eine Fabrikationsstätte für sie gegeben haben – oder aber die dem Festland nahe Insel war tatsächlich der Schauplatz bislang unbekannter Rituale. Möglich, daß auch diese Rituale in den Jahrtausenden danach in Vergessenheit gerieten oder so variiert wurden, daß der Platz, wo der göttliche Funke auf den Menschen übersprang, nicht mehr betreten werden durfte.

Als Matthew Flinders 1799 auf der Insel landete, entdeckte er keine Spuren von Menschen mehr. Er sah Tausende von Känguruhs, die den englischen Eroberern vertrauensvoll entgegenkamen. Und er sah Seehunde, die vor den Eindringlingen die Flucht ergriffen, während die Känguruhs – so Flinders – »uns offensichtlich für Seehunde hielten«. Die Tatsache, daß die Känguruhs keine Scheu vor Menschen hatten, ließ Flinders auf die Abwesenheit von Menschen schließen. Die Engländer nutzten die Vertrauensseligkeit der Tiere. Sie schlugen ihnen mit Stöcken und Steinen die Schädel ein. 31 Känguruhs wurden getötet, bevor sie ihren neuen »natürlichen Feind« überhaupt registrierten.

Flinders, der auf diese Weise seine Fleischvorräte auf-
frischte, gab der Insel den Namen Kangaroo Island.
Große Stücke versprach er sich von seiner Eroberung
offensichtlich nicht, sonst hätte er mit seinem Konkurrenten, dem ihm nachfolgenden Franzosen-Komman-
danten Nicolas Baudin, nicht Karten und Noten ausgetauscht.

Nach dem frühen Rush der Engländer und Franzosen
spielte Kangaroo Island eine eher makabre Rolle bei der
Geburt Australiens. Einige Monate nach Flinders und
Baudin, der die Insel wenigstens einmal umsegelt hatte,
beschlossen ein paar amerikanische Walfänger, sich in
der Pelikan-Lagune – heute American River – ein neues
Boot zu bauen. Bleiben und siedeln mochten sie nicht.
Ihr Schiff nannten sie »Independance«.

Bleiben mußten offensichtlich die ins Kriminelle abge-
drifteten Seal- und Walfänger, die sich einige Jahre
nach Flinders und Baudin auf die Insel absetzten. Auch
sie dachten nicht ernsthaft daran, auf der Insel zu siedeln oder sie nutzbar zu machen. Sie lebten von ihren
Vorräten, vom Fleisch der wilden Tiere, und sie stellten
sich Kleider aus Tierfellen her. Wenn die Vorräte zur
Neige gingen, machte die sieben Mann starke Gang Ab-
stecher zum Festland. Da raubten sie auch Aborigines-
Frauen und versklavten sie. Drei Jahre später, 1809,
hatten drei der Männer genug vom wilden Leben auf
Kangaroo Island. Sie verließen die Insel mit einem vor-
beikommenden englischen Schiff namens »Eliza«. Vier
harrten auf der 145 Kilometer langen Himmelsfahrts-
Insel aus – vielleicht aus Lust an einem Leben, das anderswo so nicht gelebt werden konnte, vielleicht auch,
weil sie die englische Gerichtsbarkeit zu meiden hatten.

Einer der Höhepunkte frühen Insellebens war die Ankunft eines tatkräftigen Kerls namens Henry Wallen.
Als Anführer einer Bande flüchtiger Convicts errichtete er auf Kangaroo Island eine Art Privat-Imperium.
Männer, die ihm nicht gehorchten, beförderte er nach
Aborigines-Tradition gen Himmel. Der Rest der Truppe
mußte ihn als »Gouverneur« feiern und durfte ihn zärt-
lich-liebevoll »Gouverneur Wally« nennen. Der »Staat«
des selbsternannten Inselgouverneurs bestand nach
zehn Jahren Regiment 1831 nur noch aus sechzehn
Männern – die schwarzen Sklavinnen und Geliebten
nicht eingerechnet. Drei Jahre später baute Gewalt-
Wally seine hartgesottene Truppe noch weiter ab. Da
herrschte er nur noch über sieben Männer, die für ihre
diversen Bedürfnisse auf fünf Aborigines-Frauen zu-
rückgreifen konnten. Und dann brach endgültig die
Kolonialmacht England über Wallys Insel-Idylle herein.

Im Rahmen des Wakefields-Plans wurde die Kolonial-
sierung des Südens von Australien und Kangaroo Islands in Angriff genommen. Am 27. Juli 1836 legte die
»Duke of York« am Reeve's Point an, nahe dem heutigen
Kingscote. Weitere Schiffe folgten. Siedler, Handwerker und Spekulanten gingen an Land – die sogenannten
»Capitalists« –, die von der Krone freie Überfahrt und
freies Land garantiert bekommen hatten.

Man wollte den Franzosen um jeden Preis zuvorkom-
men. Und man tat es auch. Die neugegründete South
Australia Company sollte den australischen Süden für
das Mutterland nutzbar machen, schnell einen eigenen
Gouverneur etablieren und möglichst bald Steuern und
Produkte Richtung Heimat expedieren.

Die Neusiedler begannen in Kingscote, das damals

noch Queenscliffe hieß, mitgebrachte Fertighausteile zusammenzusetzen. Sie pflanzten einen Maulbeerbaum, der übrigens heute noch Früchte trägt. Sie erbauten ein Post Office. Und sie hatten eine eigene Währung im Gepäck. Man richtete sich ein, machte Land urbar und begann mit der Rinder- und Schafzucht. Sehr schnell aber fanden die vierhundert Kolonisatoren heraus, daß die Känguruh-Insel weit davon entfernt war, dem versprochenen Paradies des Südens zu gleichen. Frust machte sich breit.

Sicher, die Vorteile waren nicht zu unterschätzen – vor allem die in der Gestalt der Känguruhs nicht, die in Stückzahlen von einigen hunderttausend als lebende Fleischfabrik vor der Tür standen. Zudem hatte man keine lästigen Auseinandersetzungen mit Aborigines zu befürchten. Auch das Regiment von »Gouverneur Wally« war schnell gebrochen. Und die Insellage galt in Zeiten, in denen Schiffe die wichtigsten Transportmittel waren, nicht als Nachteil. Gravierender aber war, daß die Insel kaum über trinkbares Wasser verfügte und daß sich der rote, steinige Sand und der dürre Boden der Landwirtschaft verweigerten.

Als Colonel William Light auf Kangaroo Island eintraf, um in der neuen Siedlung als Vorhut für Gouverneur Hindmarsh die Einweihungszeremonie vorzubereiten, blickte er in lange Gesichter. Das generalstabsmäßig vorbereitete Siedlungsunternehmen drohte in einem Fiasko zu enden. Light begriff schnell, daß Kingscote – genannt nach einem Direktor der South Australia Company – vielleicht noch nicht der ideale Platz war. Aber so intensiv er die Insel auch durchforschte, er entdeckte keine Bucht, kein Kap, keinen Landstrich, der sich in seinen Augen zum Siedeln geeignet hätte. Und als Gouverneur Hindmarsh an Land ging, um die Neugründung per Proklamation zu zementieren, verkündete ihm der klar- und weitsichtige Light, daß es auf Kangaroo Island keine Siedlung geben werde.

Hindmarsh ließ sich überzeugen, machte kehrt, bestieg seine »Buffalo« und ließ sich von Light nach Glenelg dirigieren. Und da wurde kurz darauf aus der Taufe gehoben, was später Adelaide werden sollte. Was blieb den »Kapitalisten« und ihren Familien anderes übrig, als der Light-Vision nach Adelaide zu folgen?

Nur einige Unerschütterliche hielten der Insel die Treue. Ihr Existenzkampf sollte noch Jahrzehnte dauern. Sie überlebten mehr, als daß sie lebten: von der Fischerei, von spärlichen landwirtschaftlichen Produkten, von der Schafzucht.

Einen Meter hatte sich Kangaroo Island alle hundert Jahre vom Festland entfernt. Das war vor Jahrtausenden. Nun dauerte es wieder hundert Jahre, bis sich herausstellte, daß die Mängel der Insel ihr Vorteil waren. Kangaroo Island blieben durch seine besondere Lage und die besonderen Probleme, die sie für den Menschen hatte, viele Zerstörungsprozesse des Fünften Kontinents erspart. Die von weißen Haien und Delphinschwärmen, Seehunden und Pelikanen umkreiste Insel bewahrte sich eine eigene Fauna und Flora.

1881 importierte ein gewisser August Fiebig eine Bienenart, die sich bis heute auf Kangaroo Island erhalten hat – ebenso wie die Schweine, die Kommandant Baudin einst aussetzte und für gestrandete Seeleute verwildern ließ.

*M*ehr als vierzig Schiffskatastrophen verzeichnet die Kangaroo-Island-Chronik seit 1847, denn nicht nur das

Inselleben, auch die See um die Känguruh-Insel ist rauh.

1600 Kilometer Straße – oder das, was man hier so nennt – erschließen die Insel, aber kaum ein Kilometer, der nicht die Inselverhältnisse reproduziert.

Den 3800 Insulanern sind die an Sand und Sonne gescheiterten Versuche der Vergangenheit lebendige Gegenwart. Der älteste Maulbeerbaum, das älteste Postamt, der älteste Friedhof, der älteste Leuchtturm, der erste Eukalyptusöl-Export – Kangaroo Island läßt nichts unversucht, sich als die eigentliche Wiege des Südens zu rühmen. Und seit die moderne Agrarwissenschaft entdeckt hat, daß dem Inselboden Kupfer und Kobalt fehlen, die man leicht ersetzen kann, gedeiht sogar das Getreide besser und läßt sich Weideland leichter anlegen.

Zum Export von Fisch und Eukalyptusöl, von Getreide und Wolle, von Bienenköniginnen und Gestein, ist in den letzten Jahrzehnten als Haupterwerbszweig der Tourismus gekommen. Känguruhs und Wallabys, seltene Pflanzen und einmalige Vögel, Koalas, Robben, Nasenbären und Leguane, unberührte Buchten und Lagunen, traumhafte Strände und exotische Landschaften, Sport- und Angelmöglichkeiten sind Attraktionen, die nicht nur die Australier schätzen. Und im Bewußtsein der Nicht-Australier ist der Fünfte Kontinent in erster Linie der Känguruh-Kontinent. 30000 Känguruhs sollen heute noch auf der Insel leben.

Auch wir waren entschlossen, möglichst viele von ihnen leibhaftig zu sehen.

Flinders Chase National Park

Vier Deutsche auf Video-Safari

Wir entschlossen uns, in Adelaide ein Auto zu mieten, mit dem Wagen nach Cape Jervis zu fahren und von dort nach Kangaroo Island überzusetzen. Die See war stürmisch. Akute Gefahr für Video-Ausrüstung und empfindliche Mägen. Mit uns an Deck zwei Australierinnen, die zur Känguruh-Insel der Vögel wegen fuhren. Ein abstruser Gedanke, wie wir fanden.

Wo wir – das waren die Ehepaare Fuchsberger und Schmidt – am besten Känguruhs sehen könnten, hatten wir vor der Fähre, auf der Fähre und nach der Überfahrt abgeklärt. »No problem!« war das Antwort-Stereotyp. Und manch einer, der's besonders gut mit uns meinte, gab uns den Tip, doch gleich mit dem Wagen die Inselstraße entlang zum Flinders Chase National Park, am Ende der Insel, zu fahren: »Da könnt ihr sie sehen!« Runde hundert Kilometer, die ganze Länge der Insel lang! Diese Distanz überraschte insofern, als Kangaroo Island auf den meisten Karten halt nur ein winziger Punkt ist.

Wir entdeckten schnell, daß wir auf der richtigen Spur waren: Auf der linken Straßenseite lachten uns alle paar Kilometer Schilder entgegen, die vor kreuzenden Känguruhs warnten. Wir drosselten die Geschwindigkeit; schließlich war es ja unsere Absicht, die Tiere zu knipsen, und nicht, sie zu töten. Nach ein paar weiteren Kilometern entdeckten wir die ersten Känguruhs am Straßenrand – als Kadaver, plattgewalzt, offensichtlich von rasenden Besucherkolonnen.

Wir ließen die Augen links und rechts schweifen, aber

Känguruhs trauten sich offenbar nicht auf die zuse-
hends schlechter werdende Straße. Als sie sandrot,
holprig und kaum noch befahrbar wurde, entdeckten
wir plötzlich einen Auflauf auf der Straßenmitte. Die
Insassen mehrerer Wagen waren ausgestiegen und
starrten auf den Boden. Ein überfahrenes Känguruh?
Ein angefahrenes Känguruh? Ein Känguruh-Baby, das
aus dem Mutterbeutel geplumpst war und sich im roten
Straßensand verirrt hatte? Nichts von alledem. Es war
ein Leguan, der mitten auf der Straße hockte: zu Stein
erstarrt, unfähig, den Vorwärts- oder den Rückwärts-
gang einzulegen. Die Damen rieten, zu halten und das
Vieh plus Rettungsaktion aufzunehmen.
»Wer weiß, was wir sonst noch zu sehen kriegen!«
Aber wir fuhren weiter – hoffnungsfroh den Känguruhs
entgegen. Die Straße löste sich jetzt nicht nur vom
Rand, sondern auch von der Mitte her auf – bis wir end-
lich zu einem Tor kamen, das vom Playford Highway
ab und direkt in den Nationalpark hineinführte. Die
Straße hieß Shackle Road. Und so war sie auch. Fünfzig
Kilometer waren erlaubt. Wir fuhren noch langsamer.
Im Känguruh-Park auf Kangaroo Island drohte nun
wirklich die Gefahr, daß wir eines der Tiere mit der
Stoßstange erwischten. Schließlich tasteten wir uns
im Schritt-Tempo vorwärts. Buschwerk, verbrannte
Baumstümpfe, ab und an ein netter Vogel. Aber kein
Känguruh!
Vielleicht saßen sie hinter Büschen, Böschungen oder
zwischen den Bäumen, und wir mußten sie nur heraus-
locken. Wir begannen zu hupen. In schreckhaften Inter-
vallen. Mal kurz, mal lang. Tote wären wachgeworden.
Aber nicht die Känguruhs. Sie ließen sich nicht aus der
Deckung pusten, hatten Wichtigeres zu tun. Dann grif-

fen wir zum Gegenprogramm. Wir setzten auf absolute Stille. Wir hielten, stellten den Motor ab, schauten, lauschten, warteten. Nichts, absolut nichts.

Würden wir wirklich scheitern? Sollten wir die unfaßbare Groteske erleben, auf Kangaroo Island kein Känguruh zu sehen? Würde das völlig Undenkbare nicht nur denkbar, sondern schockierende Realität werden? Tiefe Verbitterung und Enttäuschung, Selbsthaß und Selbstzweifel, Zerstörungswut und Ich-Probleme schlichen in unser aller Herzen. Beckett! Mindestens!

Wir fuhren weiter, unerschrocken, obwohl zum erstenmal das Wort »umdrehen« fiel. Nach zwanzig Kilometer »bush-driving« hatten wir endlich das Headquarter im Blick und einen uniformierten Guard vor der heruntergelassenen Wagenscheibe.

»Haben Sie rein zufällig vielleicht irgendwo ein Känguruh gesehen?« fragte ich mühsam beherrscht.

Das Lächeln des Nationalpark-Hüters blieb undurchdringlich, als wir ihm unsere Suchaktion schilderten und ihm klarzumachen versuchten, woher wir stammten. Dreißig Flugstunden München – Sydney usw.

»Fahren Sie da vor, dann links, da werden Sie welche sehen!« riet der Känguruh-Boß.

Und da, tatsächlich, da waren sie! Zwei von ihnen. Sie kamen freudig auf uns zu, schauten sich kritisch an, was wir an Eßbarem zwischen Stall, Baracken, Straßen und Barbecue-Platz anzubieten hatten. Alles war ungefähr so wie im Zoo von Sydney, wobei ich zugeben muß, daß sich die beiden Geschöpfe unserer Sehnsucht willig und diszipliniert anstellten. Sie fraßen artig, ließen sich problemlos aufnehmen und ertrugen es geduldig, daß einen aufsässigen Emu der Futterneid ergriff.

Wir waren glücklich. Schließlich mußten wir diese Story ja zu Hause nicht *sooo* erzählen! Schließlich konnten wir ja sagen, wir hätten die Känguruhs in freier Wildbahn gesehen, denn eingesperrt waren sie ja nicht. Als sich die beiden satt gefressen und wir uns satt gesehen hatten, verließen wir das Headquarter-Gelände. Und plötzlich, nach zwanzig, dreißig Metern, kamen noch zwei Känguruhs aus dem nahen Busch. Auch sie waren scharf auf Leckerbissen, aber eines – ich schwöre es! – scheute ein bißchen, wenn man es streicheln wollte.

*F*ünf Tage, so die Verwaltung von Kangaroo Island, sollte man als Fremder auf der Insel bleiben, um ihre Reize und Schönheiten einigermaßen nachvollziehen zu können. Von der Little Sahara bis zum Bush-Walk in Flinders Chase National Park, von den Känguruhs im Morgengrauen oder bei Sonnenuntergang bis zum Honeymoon in Penneshaw Paradise, von den Flinders Terraces in American River bis zum Ozone Seafront Hotel in Kingscote, von der Seal Bay bis zur Seaview Ranch, von der Kamelsafari bis zum Wildschweinschießen, vom Segeln und Surfen bis zum Jachtkurs, vom Fischen bis zum Feiern – Kangaroo Island zieht alle Register, um von der Känguruh-Begeisterung zu profitieren.
Und doch: Der Touristen-Boom hat die Insel noch nicht auf Einheitswerte zurechtgeschliffen, ihr nur wenig von ihrer Härte genommen. Abseits der Handvoll Bays, Lagunen und Touristenzentren kann man sich tatsächlich im Auto auf den ausgewaschenen Straßen nur im Schneckentempo bewegen. Die Allgegenwart von Schlangen läßt es ratsam erscheinen, sich nicht zu weit von den zivilisatorisch erschlossenen Landstücken zu entfernen.

An der über hundert Kilometer langen Nordküsten-strecke zwischen Kingscote und Cape Borda gibt es keine Möglichkeit, sich mit einem Sandwich oder einem Kaffee zu stärken. Und nur eine Möglichkeit, einen leeren Tank neu aufzufüllen. Wir sind auf diese Möglichkeit angewiesen: in einem riesigen Schuppen nahe der Straße, einer Art Autowerkstatt mit angeschlossener Tankstelle. Das Benzin kommt da aus Gallonen irgendwo im hinteren Teil eines Anwesens, das eher einer Mülldeponie oder einem Autofriedhof gleicht als einer Werkstatt. Es wird mit dem Mund angesaugt und über einen Trichter in unseren Wagentank gefüllt.

Ein Mann, vor hundert Jahren auf der Insel geboren, ist der Besitzer des Geländes. Er hat fast die ganze Geschichte der Insel erlebt oder aus erster Hand gehört. Wir sind vielleicht seit Tagen und Monaten der einzige Wagen, der sich des Benzins wegen hierher verirrt. Der Alte kommt neugierig und mit selbstverständlicher Freundlichkeit auf uns zu. Er erinnert mich an die Känguruhs, die auf Matthew Flinders zugingen. Als wir den Mann vors Video bitten, wird er mißtrauisch und scheut zurück. Aber er bleibt auch dann von einer liebenswürdigen, gleichmütigen Freundlichkeit, die nur die Folge eines Lebens sein kann, das mehr als neun Jahrzehnte lang allen Veränderungen des Landes ausgeliefert und sie hinzunehmen bereit war.

Während sich sein Sohn und sein Enkel um das Benzin kümmern, will er wissen, woher wir kommen. Die Tausende Kilometer, die dreißig Stunden Flug – sein Lächeln, die Freundlichkeit seiner tiefgefurchten Züge, die Haltung seines fast zahnlosen Mundes und der Blick seiner wachen Augen verändern sich nicht, als er hört, was für ihn wie ein Märchen klingen muß. Er hat, wie er sagt, die Insel der Känguruhs noch nie verlassen. Was wir ihm zu erzählen haben, scheint seine Sehnsucht nach neuen Welten nicht wecken zu können.

Als wir auf der »Philander III« von Penneshaw über die Backstairs-Passage wieder zum Festland hinüberfahren, ist das Meer ruhiger geworden. Ein Boot kreuzt die Fahrrinne unserer Fähre, einer der Teilnehmer des Hobart Race, einer der spektakulärsten Segelregatten Australiens. Die Mannschaft arbeitet hart, passiert das Ferry-Boat, würdigt es kaum eines Blickes. Die Passagiere winken, jubeln dem Boot zu, der Captain greift zum Signalhorn.

Der Weg zurück nach Adelaide über Orte, die eigentlich nur Namen sind – Cape Jervis, Second Valley, Yankalilla, Myponga, Noarlunga. Landschaften und Strände, Schafweiden und Öden, verbrannte Erde und rote Berge, die Weite des Meeres und die Weite eines Landes.

Die Nacht in Adelaide ist angenehm und mild. Das nahe Meer trägt sanften Wind in die Planquadrate. Die Stadt ist hell. Lebendig, aber nicht hektisch. Kangaroo Island ist weit. In weite Ferne gerückt ist das Lächeln des Alten – weiter noch als alle Legenden des Ngurunderi. Was bleibt, ist Light's Vision.

Advance Australia
Vorwärts, Australien!

»Die da oben« in »down-under«

Wenig Zeit zum Regieren

Daß es auf unserer politischen Bühne besonders fein zugeht, kann man derzeit wohl kaum behaupten. Da wird mit Haken und Ösen, Verdächtigungen, Erklärungen und Gegenerklärungen, Ehrenwörtern und eidesstattlichen Versicherungen gearbeitet, daß den braven Bürgern die Haare zu Berge stehen. Was denken sich die da oben eigentlich?
Vergleichende Werbung ist in der Wirtschaft nicht erlaubt. In der Politik offensichtlich ja. Zu Wahlzeiten scheint jedes Mittel recht zu sein, dem politischen Gegner am Zeug zu flicken. Da kommt dem bundesdeutschen Wähler schon mal der bekannte Spruch von der »feinen englischen Art« in den Sinn, die er im Bonner Bundeshaus gern mehr praktiziert sehen würde.
Wanderer, kommst du nach Australien... Nach der Verfassung von 1901 ist »The Commonwealth of Australia« eine parlamentarisch-demokratische Monarchie. Als eher geduldetes denn geliebtes Staatsoberhaupt fungiert die britische Königin Elisabeth II. Aber das Sagen im Lande hat ziemlich deutlich der derzeitige Labour-Premier, Mr. Robert James Lee Hawke, ge-

nannt Bob. Ein Mann mit beachtlichem Charisma, zumindest gemessen an seinen politischen Opponenten. Einen Teil seiner Popularität bezieht der ehemalige Gewerkschaftsboß aus Berichten über seine Trinkfestigkeit – ein Liter Bier in 8,5 Sekunden –, aus seinem sportlichen Äußeren und sicher nicht zuletzt aus der konsequenten Durchsetzung seiner politischen Zielvorstellungen.

Australien hat es im Augenblick nicht ganz leicht. Die Einnahmen aus dem Export von Rohstoffen und landwirtschaftlichen Erzeugnissen stagnieren, eine halbe Million von sieben Millionen Erwerbsfähigen sind arbeitslos, und die Auslandsverschuldung beträgt zur Zeit umgerechnet mehr als 130 Milliarden Mark. Bei einer jährlichen Inflationsrate von acht Prozent hat der Australische Dollar in den letzten sechs Jahren nahezu die Hälfte seines Wertes verloren. Genug Stoff für die oppositionellen Liberalen, der seit 1983 regierenden Labour-Regierung zu Wahlzeiten den verbalen Kampf anzusagen. Und Wahlzeit ist eigentlich immer, denn nach der australischen Verfassung muß das Bundesparlament in Canberra alle drei Jahre neu gewählt werden. Die jeweiligen Regierungschefs können allerdings einen für ihre Partei günstig erscheinenden Wahltermin nach Belieben vorverlegen.

Das führte dazu, daß die geplagten australischen Wähler seit dem Ende des Zweiten Weltkriegs im Durchschnitt alle neunundzwanzig Monate zu den Urnen gerufen wurden. Kaum zu glauben, aber die Wahlbeteiligung liegt meist deutlich über neunzig Prozent. Der Grund dafür ist einfach. Seit 1913 besteht für jeden australischen Bürger über achtzehn Jahren Wahlpflicht. Widrigenfalls drohen empfindliche Geldstra-

322

fen. (Ich höre unsere Wahl- und Volkszählungsverweigerer aufheulen.) Regierung und Opposition sind sich allerdings darin einig, daß die Legislaturperiode endlich auf volle vier Jahre ausgedehnt werden soll, um zwischen dem fast permanenten Wahlkampf etwas Luft für die parlamentarische Arbeit zu bekommen.

*P*arlamentssitzungen werden weit weniger kontinuierlich im Fernsehen übertragen als hierzulande. Aber eine wird mir unvergeßlich bleiben.
Vor einiger Zeit vergriff sich der damalige Oppositionsführer der Liberalen, Andrew Peacock, gewaltig im Ton. Er nannte den amtierenden Labour-Premier Bob Hawke einen »Crook« (Übersetzung aus dem Wörterbuch: Schwindler, Schieber, Hochstapler). Die Wellen schlugen ähnlich hoch wie bei unserem »Waterkantskandal« 1987. Nach dem Grund für seine Verbalinjurie befragt, offenbarte der Oppositionsführer, Bob Hawke verschweige seit langem, daß seine Kinder drogenabhängig seien, was den Regierungschef Australiens erpreßbar mache.
Im Verlauf der äußerst heftigen öffentlichen Auseinandersetzung kam es auch zu einem im Fernsehen übertragenen Schlagabtausch im Parlament. Labour-Premier Bob Hawke hörte sich mit steinernem Gesicht die Rechtfertigungen des Oppositionsführers zu seiner Attacke gegen die Privatsphäre des politischen Gegners an. Als Peacock seine Rede beendet hatte, blieb es, nachdem sich der Aufruhr auf der Regierungsseite gelegt hatte, bedrückend lange still.
Bob Hawke stand auf und begann, ganz im Gegensatz zu seiner sonst eher aggressiven Art, mit stockender, kaum hörbarer Stimme zu sprechen. Keine Zurückwei-

323

sung der aufgestellten Behauptungen, kein Gegenangriff nach Art des Hauses: »haust du meinen Buben, hau ich deinen Buben«, nur tiefe Betroffenheit über den Versuch, aus dem Unglück eines leidgeprüften Vaters politischen Nutzen zu schlagen. Er sprach über seine und seiner Frau vergeblichen Bemühungen, den Kindern den rechten Weg zu weisen. Ein Problem, dem sich viele Familien im Lande zu stellen haben. Er räumte ein, daß ihm seine Pflichten als Staatsmann möglicherweise zu wenig Zeit für seine Pflichten als Vater gelassen hätten. Aber er verwahrte sich gegen die Unterstellung, er könnte sich wegen seiner familiären Probleme zur Unehrenhaftigkeit gegen sein Land erpressen lassen.

An dieser Stelle verlor er die Fassung. Ein Zucken des Mundes zuerst, der vergebliche Versuch weiterzusprechen, ein fast unmerkliches Kopfschütteln, eine Handbewegung der Hilflosigkeit, er begann zu weinen. Das Parlament und das Land hielten den Atem an. Da stand der Regierungschef Australiens, der smarte, clevere, hartgesottene Robert James Lee Hawke, ehemaliger Vorsitzender des ACTU (Australian Council of Trade Unions), der mit zwei Millionen Mitgliedern größten Zentralgewerkschaft, und weinte bitterlich.

Im Lande wurde lange darüber nachgedacht. War es der Augenblick der Offenbarung der Seele eines gequälten Menschen? Oder war es der Auftritt eines genialen Schauspielers, der auf der politischen Bühne die Szene beherrscht und aus der Not die Tugend macht?

Die vorgezogenen Parlamentswahlen am 11. Juli 1987 hat Bob Hawke gegen den neuen Kandidaten der Liberalen, John Howard, gewonnen, trotz Rückgangs des Außenhandels und damit verbundenen, niedrigeren

Lebensstandards, trotz schleppender Entwicklung einer leistungsstarken Industrie aufgrund hoher Produktionskosten und endloser und oft sinnloser Arbeitskämpfe.

*D*ie Gewerkschaften sind ein australisches Kapitel für sich. 322 einzelne Arbeitnehmerorganisationen waren 1985 registriert. Der Kuriosität halber sei die kleinste erwähnt, die der Schirmgestellmacher. Sie zählt sieben Mitglieder in ihren Reihen. Wie in Großbritannien gehören die Arbeitnehmer in Australien nicht der Gewerkschaft eines Industriezweiges, sondern der ihres Berufsstandes an. Betriebe, in denen bis zu zwanzig verschiedene Gewerkschaften vertreten sind, die heftig miteinander rivalisieren, sind keine Seltenheit. Streiks sind entsprechend häufig, brechen leicht über Nacht aus und legen ganze Regionen lahm. Statistiken besagen, 1982 verursachten 2 062 Streiks einen Ausfall von 2,2 Millionen Arbeitstagen. (Zum erstaunlichen Vergleich die Bundesrepublik Deutschland: Bei mehr als dreimal so vielen Beschäftigten nur ein Zehntel Arbeitsausfall. Ein Hoch auf unsere Gewerkschaften!)
Immer wieder ist deshalb zu hören: Australier sind faul! Das ist so falsch wie jedes andere nationale Vorurteil. Richtig ist, sie haben eine andere Vorstellung vom Begriff Lebensqualität. »Es muß doch einen Sinn haben, daß die Sonne bei uns dreihundert Tage im Jahr scheint und daß Gott auf unserem Boden alles wachsen läßt, was wir zum Leben brauchen.«

*D*as seit Beginn der Besiedlung überwiegend landwirtschaftlich strukturierte Australien begann erst durch die japanische Bedrohung im Zweiten Weltkrieg mit dem Aufbau einer eigenen Industrie. Der Bergbau und Dienstleistungsbetriebe lösten die Landwirtschaft als führenden Wirtschaftszweig ab. Heute macht der Agrarsektor nur noch sieben Prozent der Gesamtproduktion des Landes aus. Binnenwirtschaftliche Gründe ebenso wie eine weltweite Rezession brachten Australien zwischen den Jahren 1982 und 1984 die schlimmste Wirtschaftskrise seiner Geschichte. Auf der Welt-Wohlstandsskala rutschte das so enorm reiche Land vom fünften Platz im Jahre 1950 auf die 21. Position ab. Man spricht von einer langsamen Erholung der Industriezentren des Landes, deren Existenz aber weitgehend von extrem hohen Schutzzöllen abhängig ist. Die Wachstumsraten bleiben seit Jahren hinter denen der asiatischen Nachbarn zurück. Und die drängt es allesamt mit Macht nach Australien.

Zur Zeit spielt sich auf dem Immobiliensektor ein unglaublicher Boom ab. Vornehmlich Chinesen kaufen, was gut und teuer ist. Der Grund dafür wird im Auslaufen des Vertrags zwischen China und Großbritannien im Jahre 1997 gesehen, wenn die Kronkolonie Hongkong nach 99 Jahren Pacht an China zurückgegeben wird. Schon denkt die australische Regierung darüber nach, wie der Ausverkauf von Grund und Boden an nichtaustralische Interessenten gesetzlich gestoppt werden kann.

Der Wirtschaftszweig Tourismus auf dem Fünften Kontinent erlebt in letzter Zeit einen rasanten Aufschwung. Die Globetrotter haben das Land unter dem Kreuz des Südens entdeckt. Waren es Ende der siebziger Jahre knapp 13 000 bundesrepublikanische Fernwehkranke, die an den fast 25 000 Kilometer Stränden des Kontinents Entspannung und garantierte Sonne suchten, geben heute bereits mehr als 50000 Deutsche ihre gute Mark in den Touristenzentren Sydney, Canberra, Alice Springs, an der Gold Coast und am Great Barrier Reef aus. Immer mehr reiselustige Landsleute treffen sich an den reichgedeckten Tischen der gemütlichen Schänken im Barossa Valley, gleiten im europäischen Sommer über die gepflegten Pisten der schneebedeckten Hänge in den australischen Alpen, trampen auf der Suche nach Abenteuern durch die unendlichen Weiten der Outbacks zwischen Darwin und Adelaide, zwischen Perth und Sydney.

Die Zweihundertjahrfeiern in allen Teilen des Landes und die Weltausstellung »EXPO 88« in Brisbane werden die Blicke der Welt auf Australien lenken, werden der Wirtschaft wie dem Tourismus neue, starke Impulse geben, werden Australien einen Schritt weiterbringen auf dem Weg in die Zukunft der pazifischen Herausforderung.

Mast- und Schotbruch

Sydney–Hobart-Hochseerennen

Am Woollahra Point, der äußersten Spitze des wie eine Halbinsel in den Port Jackson hineinragenden Point Piper, ziehen vor den Fenstern der Villenbesitzer Tag für Tag die Segel unzähliger Regattateilnehmer vorbei. Die zwischen der Landspitze und der vorgelagerten, kleinen »Haifischinsel« notwendigen Wendemanöver, um nach Rose Bay hinein- oder herauszukommen, lassen den Wind in die nach Backbord oder Steuerbord drehenden Segel knallen, tragen das aufgeregte Geschrei und die saftigen, mit viel »bloody« untermischten Flüche der Steuerleute nach Raum über das Wasser.

Point Piper verdankt seinen Namen einem britischen Seefahrer, der sich vor einigen hundert Jahren als Gentleman erwiesen hat. Und wenn die Geschichte nicht wahr ist, dann ist sie eben gut erfunden.

Nach monatelanger Fahrt erreichte Captain Pipers Schiff die lieblichen Gestade einer breiten Bucht an der Südseite von Port Jackson. Nachdem die Segel eingeholt und die Anker gesetzt waren, verlangte es Captain Piper nach einem erfrischenden Bad im glasklaren Wasser. Die Geschichte vermerkt nicht, ob Captain Piper Angst vor Haien hatte oder ob er Nichtschwimmer war. Jedenfalls ließ er sich von einigen Matrosen in einem Beiboot in das niedrige Wasser vor der Küste rudern. Aufrecht stand er am Heck und sah den Freuden seines Bades in den leicht gekräuselten, sanft auf den Strand zulaufenden Wellen entgegen. Seine Matrosen dürften baß erstaunt gewesen sein, als ihnen ihr Captain plötzlich den Befehl erteilte, auf der Stelle zu wenden und zum Schiff zurückzurudern. Nunmehr den schönen Strand vor Augen, muß ihnen die Drohung des Captain völlig unverständlich erschienen sein, er würde jeden »kielholen« lassen, der es wagen würde, den Kopf zu heben, bevor sie hundert Ruderschläge getan hätten.

Einige Tage nach diesem seltsamen Verhalten Captain Pipers überbrachte ihm ein Bote eine Einladung in das Haus des Gouverneurs. In Gala trat Captain Piper am Abend vor den Vertreter Ihrer britischen Majestät und dürfte über dessen Anrede nicht wenig erstaunt gewesen sein.

»Captain Piper, ich freue mich, in Ihnen einen außergewöhnlichen Gentleman begrüßen zu dürfen!«

»Was verschafft mir die Ehre Ihrer Einladung, Gouverneur?«

»Sie haben sich neulich von Ihren Matrosen an den Strand rudern lassen wollen?«

»Ja, Sir.«

»Warum haben Sie wenden lassen, bevor Sie Ihr Ziel erreichten?«

»Sir, ich entdeckte unweit meines Bootes eine Dame beim Bade. Ich wollte sie nicht der Peinlichkeit meiner Blicke noch der meiner Leute aussetzen.«

Der Gouverneur musterte den Captain mit einem langen, anerkennenden Blick. »Meine Frau hat mir von dieser Begegnung berichtet, Captain Piper. Sie läßt Ihnen für diese Höflichkeit danken. Lassen Sie mich Ihnen zum Zeichen meiner Dankbarkeit diese Urkunde überreichen.«

Auf der Urkunde war vermerkt, daß der Vertreter Ihrer britischen Majestät und Gouverneur von New South Wales die Halbinsel, vor der das Schiff des Captain Piper ankerte, diesem wegen besonderer Verdienste zugeeignet und verfügt habe, sie solle künftig den Namen ihres neuen Besitzers tragen, »Point Piper«.

Man kann sein Glück auch mit geschlossenen Augen machen.

Was der Royal Motor Yacht Club in Point Piper ist, das ist für die Segler der Royal Cruising Yacht Club in der zwei Buchten weiter westlich gelegenen Rushcutters Bay. Hier trifft sich jedes Jahr die Creme der Hochseesegler zum traditionellen Sydney–Hobart-Rennen.

In der Woche vor Weihnachten kommen sie aus allen

Teilen der Welt. Die Besitzer der Millionen-Jachten und ihre Besatzungen stellen sich diesem Abenteuer, wollen wissen, ob sie der Zerreißprobe für Mensch und Material gewachsen sind. Schon einige dieser hochgezüchteten Rennjachten wurden in den vergangenen Jahren auf ihrem Weg nach Süden von Stürmen und Wellen zerschlagen, haben ihr Ziel nie erreicht.

Der Kurs führt aus dem Hafen von Sydney, 650 Seemeilen südwärts, in den Hafen von Hobart, der Hauptstadt der zu Australien gehörenden Insel Tasmanien.

Es scheint, die Stadt und die Menschen sind von einem Fieber befallen, das vom Tag der Ankunft der ersten Teilnehmer bis zum Start der weit über einhundert Boote, am 26. Dezember, langsam aber stetig bis zum Siedepunkt steigt. An den Weihnachtstagen kocht der Hafen wie eine Nudelsuppe. Hunderte von Schiffen begleiten die Testläufe der Rennjachten zu den Heads und zurück. Tausende von Schaulustigen belagern den Cruising Yacht Club und tummeln sich auf den Wiesen des nahen Rushcutters Bay Park, beobachten die Besatzungen bei ihren Vorbereitungsarbeiten, begutachten die teilnehmenden Boote, sparen nicht mit Lob und Kritik. Jeder Australier ein Segler, könnte man meinen.

Kein anderes Thema mehr in der Stadt als Sydney–Hobart. Gewettet wird, was das Zeug hält.

Wer wird als erster über die Startlinie laufen?

Wer wird als erster durch die Heads gehen?

Wer wird als erster in Hobart einlaufen?

Dabei geht es um viele Kästen Bier, es geht um viele Kisten Champagner, und es geht hoch her im Cruising Yacht Club.

Nach harter Tagesarbeit an Masten, Segeln, Schoten,

330

Rudern und Ausrüstungsgegenständen zu Hauf, an Deck ausgebreitet und wieder und wieder geprüft, gezählt und registriert, verändert sich die Szene am Abend zum Rummelplatz am Wasser. Die knallharten Segler widmen sich dem reichlichen Angebot an knallengen Shorts mit höchst appetitlichem Inhalt, dem sie gerne auf und unter Deck zeigen, wie gut sie gerüstet sind. Auf den Stegen drängt sich die Menge vor den Booten auf Tuchfühlung, und manch einer nimmt zur Erheiterung der trinkfreudigen Runde, möglicherweise aber auch gänzlich unfreiwillig, ein überraschendes Bad im Hafen in voller Montur.

Über dieser fröhlich bunten Szene liegt der Duft ganz teurer und ganz billiger Parfums, von Meer und Teer, von Menschen und Mennige, von Feuer und Fett, denn ganze Wolken steigen auf von den überall aufgestellten Bratrosten, auf denen köstlich gewürzte Steaks brutzeln, groß wie Klosettdeckel, halbe Hühnchen und ganze Zwiebeln, mit Knoblauchöl getränktes Brot, frische Fische und alte Würstchen aus der Dose. Krüge und Flaschen kreisen bis tief in die Nacht, die irgendwann gnädig ihren Mantel über alles deckt, was da aus Laune, Lust und Liebe geschieht.

Der Ernst der Sache beginnt in den Vormittagsstunden des 26. Dezember. Die Medien konzentrieren sich auf das Ereignis. Fernsehkameras haben an beiden Seiten des Hafens auf Stahlrohrtürmen ihre Positionen eingenommen. Reporter Dutzender privater Radiostationen interviewen in der Stadt alles, was ihnen in die Quere kommt, zum Rennen und seinem vermuteten Verlauf. Die Zeitungen zeigen auf den ersten Seiten die Bilder der siegverdächtigen Boote und deren Eigner, kommentieren Meinungen und Gemeinheiten, die am Rande des

Spektakels geäußert und vollbracht wurden. Man hört von Spionage an, in und unter den Booten, von Diebstahl von Ausrüstungsgegenständen, Abwerbung von besonders spezialisierten Besatzungsmitgliedern und dergleichen mehr.

Rolf Lauenstein, Repräsentant von MAN in Australien, und Klaus Braune, vor fünfzehn Jahren ausgewanderter deutscher Bootsbauer, haben auf ihr Schiff eingeladen. Jeder der Gäste brachte Köstliches für den langen Tag auf dem Wasser, die Damen aus der Küche, die Herren aus dem Keller, da läßt sich keiner lumpen. Und dann geht's los, hinein in den Hexenkessel von Rushcutters Bay.

Dicht an dicht bewegen sich unzählige Boote in Schleichfahrt, oft zentimetergenau vor-, hinter- und aneinander vorbei. Aus nächster Nähe will man die letzten Vorbereitungen auf den Rennjachten verfolgen. Vorbei die ausgelassene Fröhlichkeit der Crews. Gespannt und konzentriert verrichtet jeder seine Arbeit. Ab jetzt muß jeder Handgriff sitzen, alles an seinem Platz sein. Jeder Fehler, jede kleine Nachlässigkeit kann den Start verderben.

Wir liegen günstig. Direkt vor uns einige der Favoriten. Die neue, dunkelrote, 22 Meter lange »Sovereign«, wahrhaft königlich. Zwanzig Mann Besatzung, alle in Weiß und Rot. Wir rufen ein »good luck« hinüber, sie winken ihren Dank zurück. Langsam legt sie rückwärts vom Liegeplatz ab, gibt den Blick frei auf die schneeweiße »Enterprise«. Wird ihr Törn eine glückliche Unternehmung oder ein Wagnis. Nomen est omen gilt in diesem Fall für beide Bedeutungen. Ein paar Plätze weiter legt die »Condor« ab, dreht langsam in den Wind, setzt das Vorsegel. »Good luck« auch ihr und allen anderen, die sich nacheinander von ihren Liegeplätzen lösen, in verhaltener Fahrt Rushcutters Bay verlassen, einschwenken in die Fahrrinne des Port Jackson, geleitet, begleitet und verfolgt von einem immer dichter auflaufenden Pulk von Schiffen jeder nur denkbaren Art. Vom Flaggschiff der Captain-Cook-Hafenrundfahrten, der stolzen »City of Sydney«, über sündteuere Status-Dschunken, auf denen weißgekleidete Stewards topless Ladies Champagner servieren, bis zum Hausboot umfunktionierten Rostlauben, auf denen statt bunter Wimpel die zum Trocknen aufgehängte Familienwäsche flattert. Alles fiebert dem auf 14 Uhr festgelegten Start entgegen.

»HMAS Fremantle« wird mit ihrer Bugkanone Schlag 14 Uhr den Startschuß abfeuern. Unser Captain versucht mit bewundernswerter Geschicklichkeit, so nah wie möglich an die »Fremantle« heranzukommen. Es gelingt ihm mit abenteuerlichen Vor- und Rückwärtsmanövern mit beiden Motoren, bis wir fast längsseits liegen.

Draußen im Hafen, hinter der Startlinie, die ungefähr vom Steel Point am Nielsen Park hinüber zum Chowder Head am Sydney Harbour National Park verläuft, haben die Crews der großen Jachten die Segel gesetzt. Auf engem Raum kreisen sie umeinander, beobachten sich gegenseitig, kämpfen mit allen Raffinessen um die beste Startposition.

Der Countdown läuft. Ein Schuß der »Fremantle« zeigt an: noch zehn Minuten! Tausende Ferngläser, Kameras und Fotoapparate richten sich auf die Szene. Hubschrauber kreisen mit Live-Kameras über dem Startfeld, übertragen hautnah die monatelang trainierte Präzisionsarbeit der Crews senkrecht unter ihnen.

Zweiter Schuß von der »Fremantle« – noch fünf Minuten! Immer enger zieht sich das Feld der Rennjachten zusammen. Der vorletzte Törn wird eingeleitet. Entgegen der Startrichtung oder quer dazu, um mit der letzten Wende genau auf sie zuzulaufen, sie möglichst mit dem Startschuß mit voller Geschwindigkeit zu kreuzen.

In breiter Front kommen sie. Die »Sovereign« hat die Nase leicht vorn. Das Schreien der Crews mischt sich mit den Anfeuerungsrufen aus hunderttausend Kehlen; die Spannung macht sich Luft in einem einzigen Gebrüll, so infernalisch, daß nur die kleine weiße Wolke aus der Kanone der »Fremantle« zeigt, daß der Startschuß gefallen ist. Sydney–Hobart, das berühmteste, berüchtigste Langstrecken-Hochseerennen der Welt hat begonnen.

Die »Sovereign« geht als erste über die Linie und zieht auf und davon. Neu gebaut, zum erstenmal im Einsatz, ist sie selbst den Fachleuten noch ein Geheimnis. Man hat sich Wunderdinge erzählt. Jetzt schlägt für sie die Stunde der Wahrheit, und sie scheint zu halten, was man von ihr erwartet.

Unter vollen Segeln läuft sie ihren Kurs auf die Bucht von Manly zu, das übrige Feld schon einige Längen hinter sich lassend.

Die Gruppe der kleineren Jachten hat inzwischen die weiter zurückliegende Startlinie gekreuzt und folgt, umgeben von allem, was sich auf Wasser bewegen kann, den durch die Heads laufenden »dicken Brummern«. Für uns bayerische Landratten ein Bild des totalen Chaos zu Wasser. Vergleichbar zu Lande vermutlich nur mit dem Straßenverkehr während der Rush-hour in Tokio, Paris oder Rom. Unbegreiflich, daß es nicht an allen Ecken und Enden kracht. Beinahzusammenstöße gibt es in Fülle, auch wir kommen einem Segler auf Haaresbreite nahe, und da die Segler gegenüber Motorschiffen immer Vorfahrt haben, werden wir mit viel »bloody« gewürzten Schimpfwörtern nur so eingedeckt.

Weit draußen schon, den gigantischen Spinnaker gebläht, geht die »Sovereign« auf Kurs Richtung Süd, ihrem Ziel entgegen, Hobart.

*B*ei uns an Bord läßt die Spannung nach, die aus dem Pazifik anrollende See nimmt zu, und der Kapitän vertritt die Meinung, wenn wir die mitgebrachten Köstlichkeiten aus Küche und Keller noch genießen wollten, sei es wohl besser, er würde durch die Heads zurück in die sanfteren Gewässer des Hafens steuern. Es ist nicht einfach, in einer der vielen Buchten einen Ankerplatz für das traditionelle Sydney–Hobart-Picknick zu finden, denn an diesem Tag bleiben fast alle heimischen Küchen kalt.

Achtundvierzig Stunden später gibt es für einige risikofreudige Wetter ein teures Erwachen. Die »Sovereign« ist, allen anderen meilenweit voraus, mit einem Mastbruch ausgeschieden. Sieger von Sydney–Hobart 1986 wird die »Condor«.

Essen wie Gott in Australien

Es gibt nichts, was es nicht gibt

Wo man singt, da laß dich nieder,
böse Menschen haben keine Lieder.«
Lassen Sie mich diesen Spruch für ein kurzes, aber
nahrhaftes Kapitel modifizieren:
»Setz dich und freu dich überall in der Welt,
wo Essen und Trinken Leib und Seele zusammenhält.«
Ich sehe Sie schmunzeln. Will er uns jetzt vielleicht
auch noch Känguruhfleisch verkaufen? Australien, ein
Land für Gourmets? Doch wohl eher für Gourmands.
Vielleicht können wir uns auf beides einigen, viel und
gut. Die Natur sorgt für reich gedeckte Tische, und die
vielen, aus allen Himmels- und Geschmacksrichtungen
eingewanderten Hobby- und Profiköche wissen wahrlich Köstliches zu bereiten aus dem, was Gott auf der
»Terra Australis« wachsen läßt. Und sie verstehen es,
ihre Ware an die Menschen der Millionenstadt Sydney
zu bringen.
»Catering« heißt das Wort für die Versorgung mit Mahl-
zeiten zu Haus. Das Angebot ist fast unübersehbar. Man
schlägt »die gelben Seiten« im Telefonbuch auf und
geht das Alphabet durch. Was das Herz auch begehren
mag, es wird prompt geliefert. Eine halbe Stunde später, gegen geringen Aufpreis. Arabische, birmesische,
chinesische, deutsche, französische, griechische, ha-
waiische, indische, italienische, jugoslawische, japanische, koreanische, libanesische, malaiische, öster-
reichische, portugiesische, spanische, türkische, ungarische, vietnamesische Gerichte und Spezialitäten, und
damit der letzte Buchstabe noch vertreten ist, Züricher

Geschnetzeltes ist auch dabei. »Meals on wheels«, Essen auf Rädern, heißt das gutschmeckende und gutgehende Geschäft.

Die Australier lieben Partys und bewirten gern Gäste. Sie können aber auch rechnen. Warum nicht das Nützliche mit dem Angenehmen verbinden? Was da ins Haus geliefert wird, könnte die Gastgeberin vielleicht individueller selber kochen, aber kaum preiswerter.

Restaurants sind unterschieden in lizensierte und nicht lizensierte, was den Ausschank alkoholischer Getränke betrifft. Ein Schild an der Tür mit den Buchstaben »BYO« bedeutet »bring your own«, also stellt man die mitgebrachten Flaschen auf den Tisch. Auch ohne Korkengeld wird die Bedienung gern bereit sein, den edlen Inhalt der gewünschten Temperatur anzugleichen.

Überhaupt, die Bedienungen sind einer Erwähnung wert. Natürlich gibt es Ausnahmen. Wo nicht? Aber die meisten sind ganz einfach freundlich, interessieren sich für den Gast, auch wenn sie ihn nicht kennen, und nicht wenige zeigen sich über ein Trinkgeld eher verwundert denn erfreut.

Wer es ganz einfach, aber keineswegs weniger gut haben möchte, findet über die Stadt verteilt, in dicht bevölkerten Passagen über und unter der Erde, appetitliche Stände und Minirestaurants reihenweise. Für wenige Dollars liegt auch hier das ganze Alphabet an Gaumenfreuden fertig zubereitet vor den gierigen Augen. Glauben Sie mir, für den hungrigen Wanderer durch die Weltstadt Sydney wird bei so etwas die Wahl wirklich zur Qual.

Während ich schreibe, läuft mir das Wasser im Mund zusammen. Ich denke an unseren letzten Bummel durch die Passage im Cosmopolitan Centre, in Double Bay, mit den Auslagen von Ivans Delikatessengeschäft, an die Abende in den Parks und an den Stränden, wo fröhliche Sydney-sider um die Barbecues herumstehen. Ich erinnere mich an das Gewimmel der Schiffe an einem Sonnentag im Hafen. Ich denke an die Menschen, die wir in den vergangenen Jahren kennengelernt haben, die unsere Freunde geworden sind.

Das alles ist ganz nah und doch eine halbe Erdumdrehung weit weg. Es ist 22.30 Uhr, an einem Herbstabend, Ende Oktober in Deutschland. Auf der anderen Seite ist es 7.30 Uhr, an einem beginnenden Frühlingstag. Die Sonne steigt langsam über den Horizont.

Guten Morgen, Australien.

Ein Volkslied, die Hymne und die Fahne

Symbole der Selbstfindung

Würde ich Sie jetzt bitten, ohne lange zu überlegen, ein deutsches Lied zu nennen, welches würde Ihnen einfallen? Ich hab's probiert. »Am Brunnen vor dem Tore«, »Ein Männlein steht im Walde«, »Sah ein Knab' ein Röslein stehn«, »Fuchs, du hast die Gans gestohlen«, Loreleys »Ich weiß nicht, was soll es bedeuten« scheinen die Favoriten des deutschen Liedgutes zu sein, vom schönen Westerwald mal abgesehen oder von der gern benutzten, in Noten gefaßten Frage: »Wer soll das bezahlen?«

Bittet man Australier, gleich welchen Geschlechts, Alters oder welcher Herkunft, ein typisch australisches

Lied zu nennen, bekommt man mit fast absoluter Sicherheit nur eines zu hören: »Waltzing Matilda«.

An diesem Song kommt keiner vorbei. Nicht auf der Straße, nicht im Radio, nicht in den Salons feinerer Häuser, nicht in den Outbacks draußen, bei Lammbraten und Apple Pie, und schon gar nicht in den Pubs oder in der Argyle Tavern in den Rocks, wo heute lustige Zecher aus aller Welt in restaurierten Räumen tafeln, in denen vor einhundertfünfzig oder mehr Jahren noch Sydneys Sträflinge schmachteten. Jede Wette kann gewonnen werden, daß nach einer bestimmten Zeit und nach einer bestimmten Zahl von gehobenen Gläsern die fast sentimentale Melodie dieser uraustralischen Ballade ertönt, die seit langem schon von Malern, Zeichnern und Dichtern gepriesen wird. Selbst von Staats und Obrigkeits wegen wurde der »Walzenden Mathilde« Reverenz erwiesen, indem man überlegte, sie zur offiziellen Nationalhymne zu erheben, bevor man sich für »Advance Australia Fair« entschied.

Um was es bei der »Waltzing Matilda« geht? Es gibt viele Versionen. Der Text, das steht auf jeden Fall fest, stammt von dem berühmtesten australischen Volksdichter, Andrew Barton Patterson. Um das Jahr 1895 herum sollen ihm die Worte zu der Ballade an einem Wasserloch bei Winton eingefallen sein. Dafür soll es Beweise in der National Library in Canberra geben. Dieses Wasserloch, an dem Andrew Barton »Banjo« Patterson seine traurige Landstreicherballade erfand, wurde im Laufe der Jahre zu einer Art nationaler Wallfahrtsstätte.

Die Melodie, so erzählt man sich, sei in den Tagen des Goldrush von deutschen oder österreichischen Goldgräbern ins Land gebracht worden. Sie hätten ein Wiener Lied vermischt mit australischen Folksongs, mit dem sie gegen die traditionelle Feindschaft zwischen den Sträflingen, Ex-Sträflingen und »troopers«, also der Polizei, angesungen hätten. Daraus ergab sich so eine Art besonderer Zuneigung der Australier zu den »under-dogs«, die sie mehr und mehr in der Rolle der Helden sahen, ungeachtet ihrer Vergangenheit als Diebe und Mörder.

»Waltzing Matilda« bedeutet im Sprachgebrauch draußen im australischen Busch soviel wie »das auf der Wanderschaft auf dem Buckel getragene Bündel«. Da ist es wieder, das Wort, das ich von meinem Vater zum erstenmal gehört habe, »auf die Walz« – auf Wanderschaft gehen. Und im alten Wien, sagt man, hätte man das Reisebündel »Mathilde« genannt.

Ihren Platz in der australischen »Mythologie« hatte »Waltzing Matilda« endgültig gefunden, nachdem sie zum Lieblingslied der australischen Soldaten in den beiden Weltkriegen geworden war. Vielleicht so was Ähnliches wie bei uns damals »Lilli Marlen«.

Waltzing Matilda

Einst saß ein fröhlicher Tramp am Wasserloch
Im Schatten eines Coolibah-Baumes,
Und er sang beim Schauen und Warten,
Bis sein Kessel zum Kochen kam.
»Wer will kommen und Waltzing Matilda tanzen
Mit mir?«

Sprang ein Bocklamm herab, zu saufen am Wasserloch.
Hochfuhr der Tramp und schnappt' es mit Lust.

Und er sang, als er es
in seinen Freßbeutel steckte:
»Du wirst kommen und Waltzing Matilda tanzen
Mit mir.«

Da ritt herbei der Schafzüchter auf seinem Vollblut-
hengst,
Hinter ihm seine Reiter, eins, zwei, drei.
»Wem gehört das Bocklamm in
Deinem Beutel?
Du kommst mit, Bursche, Waltzing Matilda tanzen
Mit mir!«

Hochfuhr der Tramp und sprang in das Wasserloch.
Und er rief: »Lebend fangt ihr mich nie!«
Und ertränkte sich unter dem Coolibah-Baum.
Seinen Geisterruf hört, wer vorbeikommt am Wasser-
loch:
»Komm herein, Waltzing Matilda tanzen
Mit mir!«

So also die traurige Ballade des »Jolly Swagman« am
Combo Waterhole in Winton, 340 Kilometer östlich von
Cloncurry, in den Queensland-Outbacks, der sich lieber
in einem Wasserloch ersäufte, als sich wegen seines
Mundraubs der strafenden Obrigkeit zu ergeben.
Ein Denkmal haben sie ihm gesetzt, und seine Ge-
schichte singt man im ganzen Land. Um zur offiziellen
Nationalhymne zu werden, war sie vermutlich doch et-
was zu elegisch.

Die offizielle Hymne hatte aber offenbar auch ihre
Schwierigkeiten, wobei ich eine gewisse Parallelität
entdeckte. Wir Deutsche enthalten uns der ersten Stro-

phe unserer Hymne, um die Welt nicht weiterhin mit unserem »Deutschland, Deutschland über alles« zu erschrecken. Die Australier verzichten auf die zweite Strophe ihrer Hymne, weil sie befürchteten, die Einwanderer nach dem Zweiten Weltkrieg könnten sich beleidigt fühlen.

Die erste Zeile der ersten Strophe aber mußten sie auf Druck der Lobby ihrer Feministinnen ändern, weil ebendiese erste Strophe nur die Söhne Australiens aufforderte, sich über ihr Land zu freuen. Aus »Australia's sons let us rejoice« wurde das alle angehende:

Australians all let us rejoice
For we are young and free;
With golden soil and wealth for toil
Our home is girt by sea.
Our land abounds in nature's gifts
Of beauty, rich and rare.
In history's page let every stage
Advance Australia fair.
In joyful strains then let us sing:
Advance Australia fair.

When gallant Cook from Albion sailed
To trace wide oceans o'er,
True British courage bore him on
Till he landed on our shore.
And there he raised old England's flag,
The standart of the brave.
With all her faults we love her still,
Britannia rules the wave.
In joyful strains then let us sing:
Advance Australia fair.

Australier, freuen wir uns,
denn wir sind jung und frei.
Wir haben goldenen Boden und Überfluß für uns're
Mühe,
unsere Heimat ist vom Meer umschlungen.
Unser Land ist reich an Gaben der Natur
von kostbarer und erlesener Schönheit.
Möge im Buch der Geschichte mit jedem Abschnitt
das glückliche Australien weiter voranschreiten.
Drum laßt uns in frohen Klängen singen:
Vorwärts, schönes, glückliches Australien!

Als der kühne Cook von Albion segelte und
seine Spur durch die Weite des Ozeans zog,
trug ihn wahrer britischer Mut immer weiter,
bis er an unserer Küste landete.
Hier hißte er Old Englands Flagge,
das Banner der Unerschrockenen.
Mit all ihren Fehlern, wir lieben sie dennoch.
Britannien beherrscht die Meere.
Drum laßt uns in frohen Klängen singen:
Vorwärts, schönes, glückliches Australien!

Bei allem Respekt vor hehren, nationalen Gesängen,
der Protest der australischen Frauen ist absolut verständlich. Warum sollten sie in die freudigen Klänge
über ihr schönes Land nicht einstimmen dürfen? Hatten
sie doch schließlich die Söhne geboren, die da aufgefor-
dert waren zu singen. Oder?
Was aber den Bann gegen die zweite Strophe betrifft,
der ist mir nicht ganz ergründlich und war es auch denen nicht, deren Gefühle durch sie verletzt werden sollten, den Einwanderern nach dem Zweiten Weltkrieg.
Wir sprachen mit vielen von ihnen. Keiner hatte etwas

gegen den mutigen Captain Cook, der vor zweihundert Jahren das Land entdeckte, in dem sie sich fast ausnahmslos wohl fühlen. Daß er damals die englische Flagge auf den neuentdeckten Kontinent pflanzte, wer wollte ihm das heutzutage übelnehmen? Aufhorchen läßt vielleicht die Zeile, daß sie »mit all ihren Fehlern dennoch geliebt wird«. Ein Kommentar steht einem eben erst als »Permanent Resident« Anerkannten nicht zu. Bleibt die Behauptung in der drittletzten Zeile der zweiten Strophe: »Britannia rules the wave.« Ob das dem aktuellen Stand der Herrschaft auf den Weltmeeren entspricht? Aber auch die Verneinung dieser Frage wäre doch keine Beleidigung, eher das Gegenteil.

Ist es also vielleicht ein Rest an Zartgefühl gegenüber dem Mutterland, dem man zwar im Commonwealth angehört, von dessen langer Bevormundung sich Australien aber im Laufe seiner Geschichte befreit hat? Was sich auch an dem Zeichen staatlicher Hoheit manifestiert, vor dem in allen Ländern die Menschen Respekt zu bezeugen, das Haupt zu beugen haben, der Fahne.

Die Geschichte des »Southern Cross«, der australischen Nationalflagge, entnehme ich der Broschüre einer Fahnenfabrik im Bundesstaat Victoria.

»Erstaunlicherweise wurde unsere Fahne erst im Jahre 1953 offiziell zur australischen Nationalflagge erhoben.

Mit dem Staatenbund und der Zusammenführung aller Australier im Commonwealth of Australia entstand der Wunsch nach einer Flagge, unter der sich die Völker der sechs Kolonien vereinigen konnten. Also wurde 1901 ein weltweiter Wettbewerb für eine neue Nationalflagge ausgeschrieben. Das ›Commonwealth – The

Review of Reviews‹, eine damalige Tageszeitung, und die Havelock Tobacco Company setzten einen Preis von 200 Pfund aus. Die Beteiligung an diesem Wettbewerb war rege.

Über 30000 Flaggenentwürfe wurden im September 1901 im Messegebäude von Melbourne ausgestellt. Fünf davon kamen in die engere Wahl. Es wurde entschieden, daß das Preisgeld auf die Einsender dieser fünf Entwürfe verteilt werden sollte. Die Gewinner waren die Herren I. Evans und E. J. Nutall aus Melbourne, L. Hawkins aus Sydney, W. Stevens aus Auckland, Neuseeland, und last but not least eine Dame aus Perth, Mrs. A. Dorrington.

An dem Tag, an dem der damalige Premierminister, Mr. E. Barton, die Gewinner des Wettbewerbs bekanntgab, flatterte eine Flagge mit den fünf siegreichen Entwürfen stolz vom Mast des Messegebäudes in Melbourne. Sie ähnelte schon sehr derjenigen, die zweiundfünfzig Jahre später zur australischen Nationalflagge erkoren wurde. Am oberen Rand war der Union Jack aus den Kreuzen von St. George, St. Andrew und St. Patrick, darunter ein sechszackiger Stern, der die sechs Staaten verkörpert, im Hauptfeld der Flagge die fünf Sterne des Southern Cross.

Der Union Jack zeigte unser Erbe, der große sechszackige Stern die Einheit der sechs Staaten im Commonwealth of Australia, während die fünf Sterne des Southern Cross für unseren Platz im Universum stehen – Symbole unserer Geschichte, unserer Einheit und Unabhängigkeit.

König Edward genehmigte diesen Entwurf 1903 als Flagge für Australien und für die Handelsschiffahrt. 1908 wurde der große Stern siebenzackig und repräsen-

tierte fortan die Staaten und Territorien des Commonwealth. Dieser neue siebenzackige Stern wurde dem
Stern im Staatswappen angeglichen.«

Doch in den frühen Jahren des Commonwealth war es
noch nicht üblich, die Flagge zu hissen. Erst 1941, unter
Premierminister Robert Menzies, setzte ein Gesin-
nungswandel ein. Die australische Regierung empfahl
König Georg VI., den sogenannten Blue Ensign als
Staatsflagge zu akzeptieren. Und so wurde im Flag's
Act der Blue Ensign zur Nationalflagge und der Red
Ensign zur korrekten Flagge auf allen in Australien re-
gistrierten Handelsschiffen.

Die Australier sind stolz auf das Symbol, unter dem sie
als Volk einer Nation zusammenfinden sollen, und auf
ihr Land, an dessen Zukunft sie glauben.

Advance Australia fair!

Karten

DER SÜDEN
SÜDAUSTRALIENS

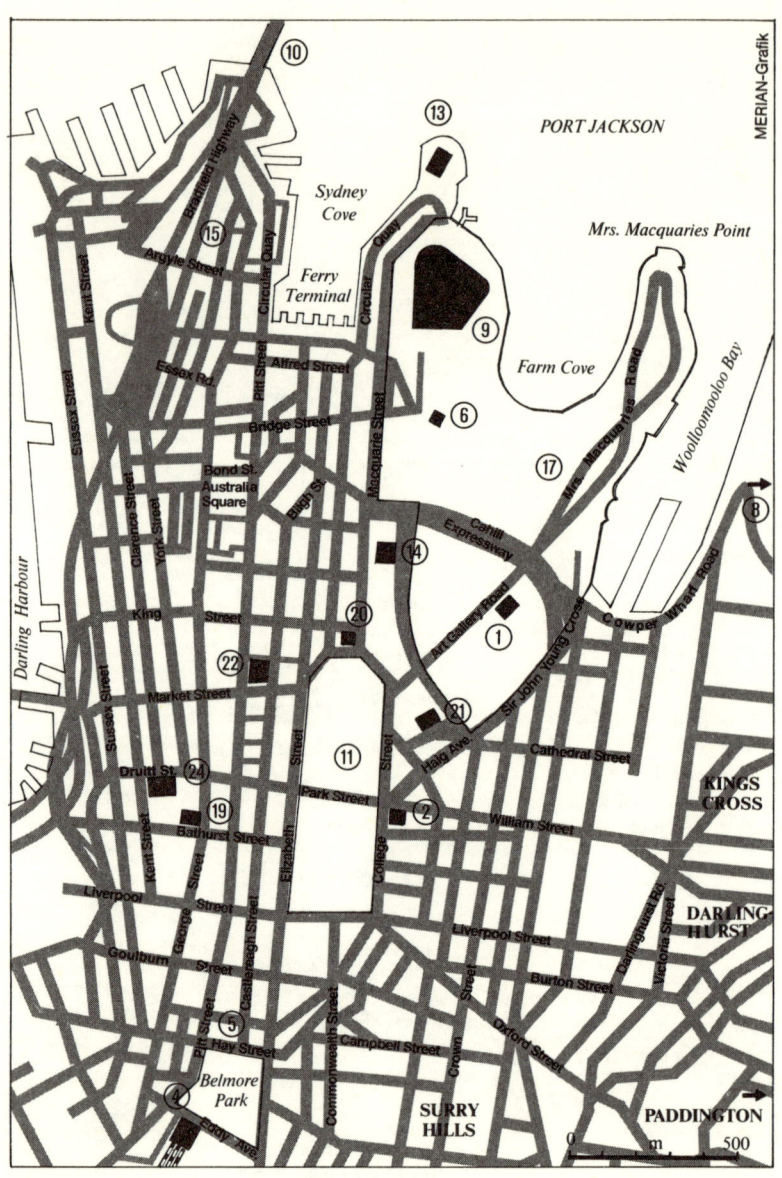

Sydney

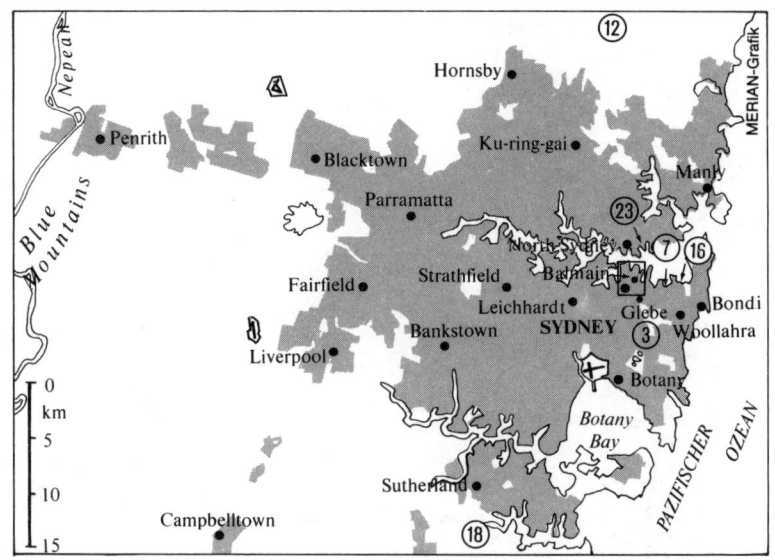

1 Art Gallery of New South Wales
2 Australian Museum
3 Centennial Park
4 Central Station
5 Chinatown
6 Conservatorium of Music
7 Double Bay
8 Elizabeth Bay
9 Government House
10 Harbour Bridge
11 Hyde Park
12 Ku-ring-gai Chase National
   Park
13 Opera House
14 Parliament House
15 The Rocks
16 Rose Bay
17 Royal Botanic Gardens
18 Royal National Park
19 St. Andrew's Cathedral
20 St. James's Church
21 St. Mary's Cathedral
22 Sydney Tower (Centre Point
   Tower)
23 Taronga Park Zoological
   Gardens
24 Town Hall

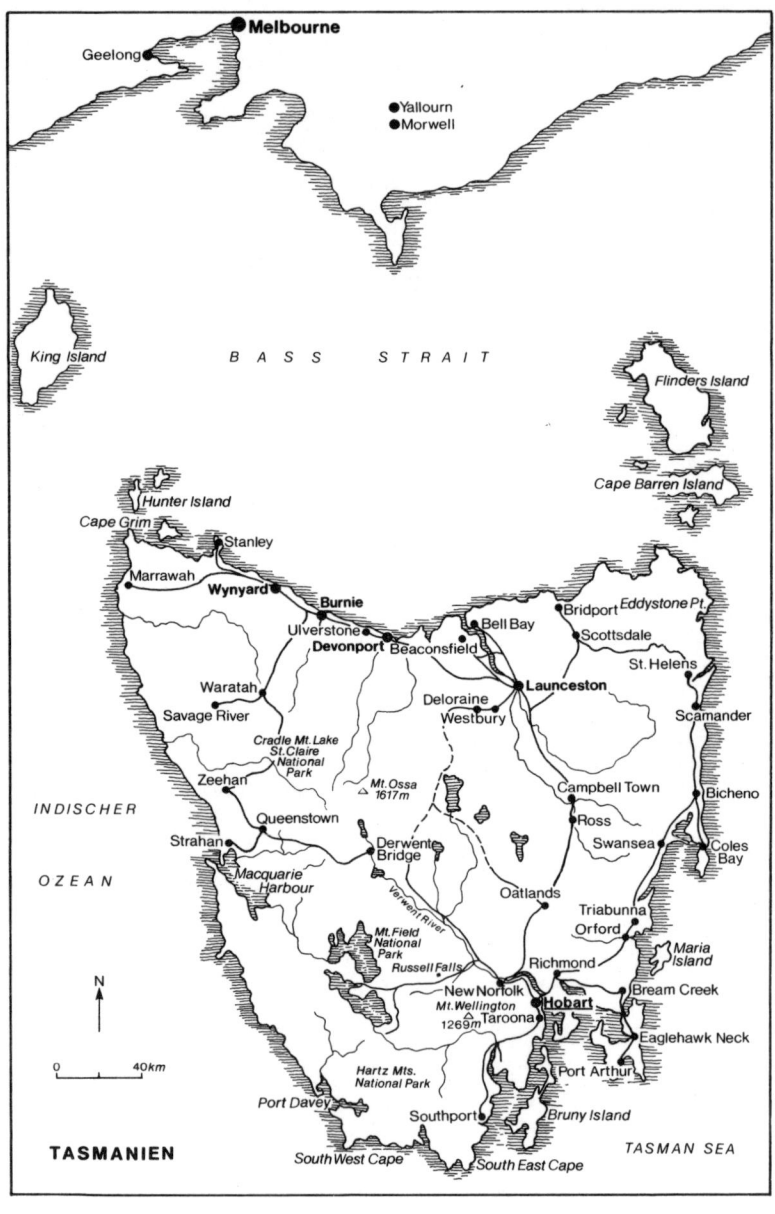

TASMANIEN

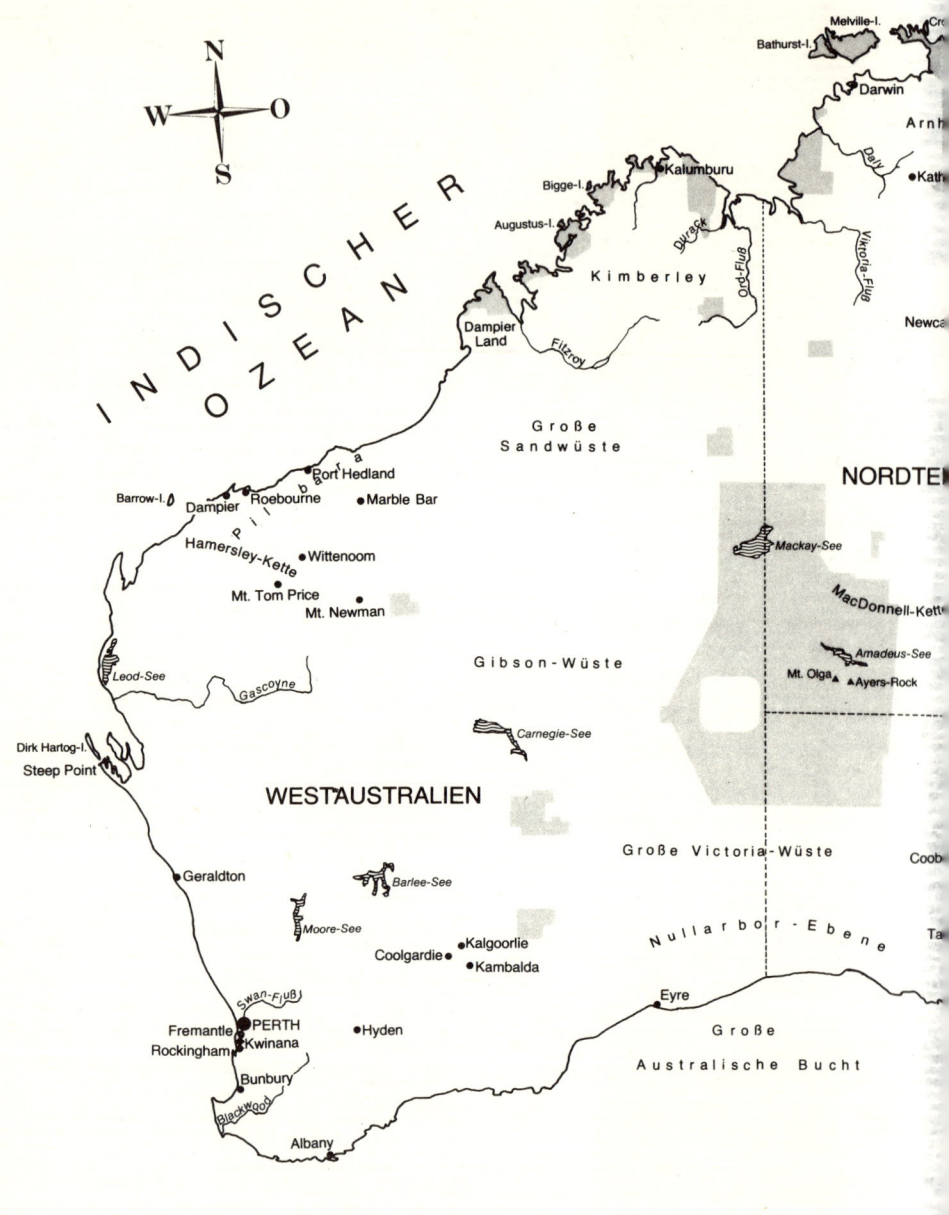